CHANGE LE MONDE
AVEC AMOUR

Wolfgang Peter Schmidt

Conception de la couverture et mise en page : Jaroslav Semerak

© 2025 Wolfgang Peter Schmidt
Édition : BoD · Books on Demand, 31 avenue Saint-
Rémy, 57600 Forbach, bod@bod.fr
Impression : Libri Plureos GmbH, Friedensallee 273,
22763 Hamburg (Allemagne)

ISBN : 978-2-3225-3467-8
Dépôt légal : février 2025

Illustrations :

Toutes les photos dans le livre ont été prises par nous et nos amis.

Couverture du livre

Photo du haut : Panne d'une voiture chargée de charbon de bois,
à la périphérie de Kinshasa, République démocratique du Congo
Prise de vue : W. P. Schmidt
Photo du bas : Wolfgang et Lenka avec leur fille Anissa à Kinshasa
Prise de vue : Michael Mageropoulos

Dos du livre

Photo du haut : Wolfgang avec un taxi-moto sur le chemin de notre
école dans la brousse
Prise de vue : Francois Mpona Minga
Photo du bas : La fille de Wolfgang, Angela, avec 11 professeurs
et 500 élèves de 4 villages dans la cour de notre école à Mushapo
Prise de vue : W. P. Schmidt

En soutien du peuple congolais,
ainsi que pour le bénéfice personnel
de chaque lecteur.

Je suis très reconnaissant envers tous les amis et collaborateurs qui ont aidé à rédiger ce manuscrit. Je remercie particulièrement mon épouse pour sa contribution et la patience dont elle et notre fille ont fait preuve à mon égard au cours des années où j'ai travaillé sur ce livre.

Table des matières

Préface

Il y a tellement de problèmes dans le monde d'aujourd'hui qu'on se sent souvent impuissant et qu'on se dit qu'on ne peut rien y faire. Mais je suis convaincu que nous pouvons tous contribuer à changer le monde pour en faire un meilleur. Si nous agissons avec amour, les choses vont s'améliorer à tous les niveaux – dans notre vie personnelle, dans notre famille, dans le quartier et dans l'ensemble de la société.

Ce livre a pour vocation d'inspirer tout le monde à travailler ensemble pour le bien de l'humanité. Tous sont encouragés à œuvrer en faveur de l'objectif commun : faire de notre monde un meilleur endroit par des actions remplies d'amour, une assistance active et l'entraide mutuelle. J'espère que ce livre enrichira la vie de chacun et qu'il donnera une perspective positive et du courage pour un avenir meilleur.

Dans ce livre, j'aborde différents défis de notre époque et je me lance dans la recherche de solutions. Voici un bref aperçu du contenu du livre :

- Le **chapitre 1** décrit la vie dans l'un des pays les plus pauvres de la planète, la République démocratique du Congo (désormais appelée « RDC » ou simplement « Congo »), où je suis engagé depuis 2003 dans des projets d'aide au développement. J'écris sur les nombreux défis et le potentiel énorme de ce vaste pays.

- Le **chapitre 2** montre comment une petite équipe peut réaliser des progrès tangibles dans plusieurs pays d'Afrique, notamment en RDC – même dans des conditions difficiles.

- Le **chapitre 3** traite de la vie dans les pays industrialisés. Je me suis réinstallé en Europe récemment après l'avoir quittée 20 ans plus tôt et avoir passé plus de 10 ans en Afrique. Il m'est donc d'une certaine manière plus facile d'identifier les problèmes et de proposer des solutions qui pourraient améliorer nos vies dans les pays développés. C'est pourquoi je propose dans ce chapitre

quelques idées pratiques sur la façon de surmonter certaines
« maladies de civilisation. »

- Le **chapitre 4** ouvre une nouvelle perspective sur la vie. Le côté
spirituel de la vie est abordé, la sphère qui contient l'amour et la
foi véritables – deux clés importantes pour résoudre les problèmes à la fois globaux et personnels.

- Dans le **chapitre 5**, je présente des fascinantes merveilles naturelles et des miracles réels, dont ma famille et moi-même, ainsi
que certains de nos amis, avons été directement témoins.

- Le **chapitre 6** donne un aperçu du plus grand miracle de tous :
l'amour véritable – avec des exemples qui offrent des encouragements et de l'espoir. Je montre les différentes caractéristiques de
cette vertu, et à la fin j'explique comment, à mon avis, on peut
recevoir la plus haute forme d'amour.

Références

J'ai utilisé un certain nombre de liens de sites Web comme références et les ai placés sur le site de ce livre afin que l'on puisse accéder plus facilement aux articles, vidéos, podcasts et chansons correspondants. Chaque référence dans le livre est identifiée par un numéro, par exemple [Réf. 1]. Ce numéro correspond à la référence sur le site Web du livre sous le même numéro :

www.w-p-schmidt.com/references

La plupart des vidéos YouTube permettent d'afficher et de traduire des sous-titres.

Photos

Sur le site du livre, les photos figurant dans le livre se trouvent en format plus grand. Chaque photo du livre est marquée d'un numéro, par exemple (Photo 1). Ce numéro correspond à la photo publiée sur le site du livre sous le même numéro :

www.w-p-schmidt.com/photos

Chapitre 1

La vie dans la
République démocratique du Congo

Introduction

La plupart des gens qui lisent ce livre sont probablement nés dans un hôpital propre et bien équipé et ont reçu une éducation adéquate. Des millions de personnes au Congo et dans beaucoup d'autres régions d'Afrique seront dans l'incapacité de lire ce livre parce qu'ils n'ont jamais appris à lire et à écrire. Ils n'ont pas eu accès à une école, soit parce qu'il n'y en avait pas à proximité, soit parce que leurs parents étaient trop pauvres pour payer les frais de scolarité obligatoires.

Dans la capitale, Kinshasa, de nombreux bébés sont abandonnés dans la rue ou devant un orphelinat qui, lui-même, peine à joindre les deux bouts. Certaines personnes sont si pauvres et vivent dans des conditions si difficiles dans cette ville bondée, qu'elles ne savent pas comment répondre aux besoins de leurs enfants.

Madlen, une amie proche, travaille dans le plus grand orphelinat du pays, dans le quartier de Kimbondo, à la périphérie de la ville de Kinshasa (Photo 1). Au début, il s'agissait d'un simple cabinet médical où les pauvres étaient soignés gratuitement par des médecins. Au fil du temps, il s'est transformé en un véritable hôpital et, finalement, en un immense foyer d'enfants qui accueille et prend en charge aujourd'hui quelque 500 enfants abandonnés. Le foyer a été créé dans l'urgence, certains parents ayant amené leurs enfants pour des soins médicaux et n'étant jamais retournés les chercher. D'autres abandonnaient leurs bébés devant la porte d'entrée.

Des milliers d'enfants et d'adolescents (appelés là-bas les « shégués ») vivent dans les rues de Kinshasa. Ces enfants des rues n'ont aucune chance réelle d'avoir une vie meilleure si personne n'intervient et ne prend soin d'eux.

Une des premières questions qui nous est parfois posée quand nous parlons de notre travail au Congo est la suivante : « Est-on en sécurité là-bas ? » Comparé à certains autres pays africains, nous dirons que c'est le cas. Ailleurs, les victimes de vols peuvent perdre la vie, alors qu'au Congo, le principe est le suivant : « Donne aux voleurs ce qu'ils veulent et ils te laisseront tranquille. » Nous nous y sommes sentis en sécurité – en ville comme dans les zones rurales. Mais on nous a conseillé de rester chez nous à la tombée de la nuit, ce que nous avons fait en général.

République démocratique du Congo

1. **Nombre d'habitants :**
environ 100 millions

2. **Ancienne colonie belge,**
renommée « Zaïre » sous le président Mobutu ;

3. **7 fois la taille de l'Allemagne,** le deuxième pays le plus peuplé d'Afrique, le plus grand territoire au sud du Sahara

4. **Principales langues locales :** lingala, swahili, tshiluba, and kikongo, **langue officielle nationale :** français

5. **Religion :** La plupart des Congolais sont chrétiens, les catholiques étant majoritaires. Il y a des petites minorités de musulmans et d'adeptes de religions traditionnelles.

6. **« L'Indice de développement humain » des Nations unies**
(recense le niveau de développement humain de chaque nation) : la RD Congo est classée depuis de nombreuses années parmi les plus bas des 189 pays repris sur la liste [Réf. 1].

On ne dispose pas de statistiques crédibles sur le Congo et il est donc difficile d'établir des faits et des chiffres fiables. Les données provenant de différentes sources Internet varient parfois considérablement. J'essaie donc de refléter autant que possible la réalité avec mes estimations. Sur l'infographie suivante, j'ai compilé les données les plus importantes sur la RD Congo.

Mon épouse Lenka et moi sommes arrivés à Kinshasa en 2003, après que la grande guerre qui s'y déroulait se soit déplacée vers l'est du pays. Nous sommes immédiatement tombés « amoureux » des gens là-bas. C'était exactement l'endroit où nous voulions vivre et aider, car c'était le pays le plus nécessiteux où nous n'ayons jamais travaillé.

Notre équipe

Avant de décrire plus en détail la vie au Congo, permettez-moi de vous présenter brièvement notre équipe. Lenka est originaire de Prague et moi, je viens de Mayence. Au cours du livre, je vous en dirai plus sur notre vie personnelle.

En l'an 2000, nous avons commencé notre bénévolat en Afrique, et avec des amis allemands, nous avons créé l'association à but non lucratif « Aktive Direkt Hilfe e. V. » (Aide Active Directe).

Jens Ottinger (sociologue) et son épouse Melanie (psychologue) ont visité notre projet à Mushapo en 2011 (Photo 2). Après son séjour de deux mois au Congo, Jens a lancé un site Internet en quatre langues pour notre association : **www.adh-congo.org**. Entre-temps, tous les deux ont rejoint officiellement notre association. Depuis 2017, Melanie a repris bénévolement la gestion de notre trésorerie, et Jens a été élu premier président d'ADH en 2020.

Voici une petite déclaration de chacun d'eux sur leur engagement dans notre association. Jens : « J'ai pris conscience de l'importance de tels microprojets dans les régions rurales pour l'amélioration durable des conditions de la vie locale. ADH s'installe là où d'autres aides s'arrêtent et, pour moi, c'est précisément ce qui rend le travail de l'association si digne d'être soutenu ! Une vie, un enfant, un village : cela fait une grande différence – dans notre monde ! »

Melanie : « Avec mon travail pour l'association, je veux contribuer à donner aux populations du Congo la possibilité d'une vie meilleure en les aidant à devenir autonomes. »

Jos Voorn, un ami hollandais de longue date, est entré dans notre projet au Congo en 2011, et les années suivantes, il a passé plus de temps dans la « brousse » à Mushapo que n'importe qui de notre équipe. Selon ses propres termes : « Après m'être engagé en tant que bénévole à plein temps en Slovaquie, en Bosnie et à Chypre pendant environ 15 ans, j'ai saisi l'occasion d'assister Wolfgang au Congo, quand il m'a prié de participer au projet scolaire de Mushapo. J'y suis allé trois fois et à deux reprises j'ai passé plusieurs mois sur place à aider à organiser et gérer le projet, ce qui a eu des retombées importantes sur la population locale, notamment sur les enfants. »

En outre, nous avons créé en 2011 avec des amis congolais une association à but non lucratif au Congo, appelée « ADH Congo Asbl ». Les membres, le PDG Gilbert Nkuli, le professeur François Mpona et le professeur André Kapanga, sont d'une aide considérable, car nous pouvons les consulter sur des questions relatives à notre travail. Comme nous ne sommes pas autochtones, leur conseil est très précieux car ils connaissent leurs compatriotes et leur culture. Ils disposent également de contacts qui peuvent faire avancer nos projets, par exemple dans l'enregistrement des écoles construites par notre association. Un autre membre de l'équipe, l'ingénieur Jean Vita, est notre chef de projet local depuis 2011, une aide inestimable sur le terrain, notamment à l'intérieur du pays (Photo 3).

Nous sommes très reconnaissants envers eux et envers tous les autres qui rendent possible un tel travail. Plus d'informations sur chaque membre de notre équipe sont disponibles sur le site Web de l'ADH [Réf. 2].

L'appel de l'Afrique

« Si tu aimes l'aventure, tu es ici au bon endroit ! » Voilà ce qu'avait dit notre ami belge, Vincent, à Kinshasa, lorsqu'il a accueilli Jos, qui venait d'arriver au Congo. En effet, le Congo n'est pas un lieu pour les vacanciers ni les touristes, bien qu'il y ait une plage, de belles chutes d'eau, d'immenses forêts tropicales, des régions montagneuses vierges, des volcans, de grands lacs et le Congo, qui est le second fleuve le plus riche en eau du monde.

On n'y va pas sans raison importante et on doit être disposé à affronter des difficultés si on veut y accomplir quelque chose. Mais si on est prêt à le faire, on peut y vivre une expérience enrichissante et des moments inoubliables.

Lenka et moi avons vécu et travaillé dans six pays d'Afrique : au Nigéria, en Guinée, en Zambie, au Cameroun, en Afrique du Sud et principalement au Congo. Certains pays, comme le Congo, sont extrêmement riches en ressources naturelles, et pourtant la population vit dans une pauvreté abominable.

Beaucoup d'Africains sont très attachants, mais certains de leurs pays sont en proie à des atrocités, souvent commises à l'extérieur du pays, afin de s'approprier leurs ressources. Certaines personnes disent que soit vous aimez l'Afrique, soit vous ne supportez pas l'Afrique – il n'y a pas d'entre-deux. Aussi difficile que soit la vie là-bas, elle peut aussi avoir un attrait particulier.

Un grand potentiel

« Le Congo est un cours universitaire gratuit où l'on apprend à surmonter les obstacles, » nous a confié un ami indien, homme d'affaires, lorsque nous avons rencontré quelques difficultés au début de notre travail là-bas.

Bien que les Congolais vivent dans des conditions très défavorables, ils n'abandonnent pas facilement. Je n'ai jamais vu un pays avec autant de vieilles voitures et de camionnettes en mauvais état. Si un de ces vieux véhicules s'arrête en plein milieu de la circulation et ne veut pas redémarrer, ils le poussent jusqu'à ce qu'il reparte. Si un camion s'enlise sur une voie sablonneuse, ils le poussent – même en côte – jusqu'à ce que ses roues retrouvent leur adhérence et qu'il se remette à avancer (Photo 4).

Malgré les nombreuses difficultés rencontrées dans ce pays, il y a aussi beaucoup de récompenses. En tout cas, nous nous sommes rapidement adaptés, avons trouvé des amis sincères et passé des moments passionnants.

Le Congo, comme l'Afrique en général, possède un énorme potentiel, c'est un immense pays avec de vastes étendues de terres intactes, et il est riche en ressources minérales. Il y a du pétrole, de l'or, des diamants, du cuivre, de l'étain et de l'uranium avec lequel les Américains ont construit leurs premières bombes nucléaires.

Vous serez peut-être surpris d'apprendre que pratiquement tous ceux qui utilisent un téléphone portable ou un ordinateur ont un lien avec la RDC. En effet, pour la production de téléphones et d'ordinateurs, un minerai rare et cher appelé coltan est nécessaire, et la plupart du coltan utilisé aujourd'hui vient du Congo.

Ceux qui possèdent une voiture ont également un lien avec ce pays, puisque les batteries de voitures sont fabriquées à partir d'un autre matériau coûteux, le cobalt, et environ deux tiers des réserves mondiales de cobalt se trouvent au Congo. En outre, il y a beaucoup d'autres ressources naturelles et minérales – toutes de la plus haute qualité et en quantité énorme ! C'est pourquoi de nombreux autres pays souhaitent participer à l'exploitation et à l'exportation de ces ressources. Des troubles incessants en sont la conséquence.

Voici un extrait d'un exposé que j'ai fait sur la situation au Congo. Il y a une vidéo de cette conférence [Réf. 3] et du TEDx Talk [Réf. 4, Photo 5] que j'ai présentée sur ce sujet.

Anissa

Au Congo, il y a beaucoup d'enfants et de jeunes qui pourraient faire beaucoup de choses utiles dans leur vie si on leur donnait une chance. D'un orphelinat à Kinshasa, dirigé par une « maman » bienveillante, comme on les appelle là-bas, Lenka et moi avons adopté une petite fille quand elle avait tout juste sept jours, et l'avons appelée Anissa, ce qui signifie « pur/sacré » (Photo 6).

Grandir chez nous lui a donné l'occasion de développer ses talents. Elle parle couramment l'anglais et le tchèque et apprend l'allemand avec moi. Elle se débrouille bien à l'école, aime faire du ski et du snowboard, du patinage sur glace et du roller. Elle s'amuse dans pratiquement tous les sports. Elle est la preuve de tout le potentiel présent sur le continent africain si ses enfants ont l'occasion de se développer librement.

Anissa est une petite fille joyeuse et pleine de vie. Parce qu'elle reçoit une éducation adaptée et une alimentation saine pour une bonne croissance physique, elle a une réelle chance de faire quelque chose de formidable de sa vie. Ce qui est considéré comme acquis dans de nombreuses parties du monde ne l'est pas forcément ailleurs.

Peu après que nous l'ayons adoptée, quelqu'un au Congo nous a dit : « Elle a gagné à la loterie, » ce à quoi nous avons répondu : « Oui, nous aussi ! » Car c'est une enfant très particulière – la joie de notre vie (voir photo de couverture, ci-dessous, ainsi que les photos 7 et 8). Ce serait merveilleux si tous les enfants du Congo avaient des chances similaires de développer leurs talents dans leur propre pays !

Joseph

La plupart des Congolais sont satisfaits s'ils peuvent seulement couvrir leurs besoins de base. Il est étonnant de voir à quel point ils s'en sortent avec peu de moyens. Joseph Nlandu, l'un de nos premiers amis au Congo, a eu une enfance très difficile qui l'a empêché d'obtenir une formation décente. Mais il est très ingénieux. Une fois, lorsqu'il nous a emmenés dans sa voiture apporter de la nourriture à quelques orphelins, son vieux véhicule est tombé en panne en cours de route. Pendant que nous distribuions de la nourriture, il s'est rendu en ville, a acheté les pièces de rechange nécessaires et a commencé à réparer sa voiture.

Vers 18 h, à la tombée de la nuit, il a continué à travailler avec des bougies, une au-dessus et une en dessous du moteur. Finalement, vers 22 h, il avait réparé le véhicule et il nous a ramenés à la maison. Nous étions très reconnaissants car sans son habileté et sa persévérance, il nous aurait été très difficile de rentrer de ce quartier isolé de la ville.

Quelques années plus tard, Joseph a commencé à fabriquer des choses comme des lave-mains à pédale (Photo 9) et a même ouvert son propre atelier avec quelques employés à Kinshasa. Il a vendu ces articles à des commerces ainsi qu'à des particuliers et a même construit une voiture à partir d'un vieux scooter avec des outils et des matériaux très simples (Photo 10).

Quand le gouverneur du Bas-Congo, appelé aujourd'hui Congo-Central, a vu le véhicule, il a immédiatement embauché Joseph. Plus tard, Joseph a construit, à partir d'une vieille moto, une seconde voiture qui pouvait même rouler sur des terrains difficiles. Je remercie le gouverneur d'avoir reconnu le potentiel de notre ami et de l'avoir pris sous son aile. Si plus de Congolais avaient une occasion de développer leurs talents et ainsi d'aider leur pays, celui-ci progresserait beaucoup plus vite.

« Made in Congo »

En 2013, une Congolaise, Mme Kirongozi, a conçu, après avoir terminé ses études d'électrotechnique, des feux de signalisation qui ressemblent à des robots (Photo 11). Depuis, ils ont été perfectionnés et sont désormais en service à plusieurs endroits à Kinshasa. Ils sont au milieu de la rue, affichent « rouge » et « vert », sont « made in Congo » et peuvent être réparés par des locaux.

Nos amis congolais sont chaleureux, aimables, intelligents et inventifs ; ils essaient de faire avancer leur pays. Ils aiment les enfants, les liens familiaux sont forts, et en général, comme la plupart des Africains, ils ont une foi solide en Dieu. Avec une planification réfléchie, de l'organisation, une éducation, de la coopération et du développement, le pays pourrait prospérer. Avec une gouvernance adéquate, il y aurait peu de famine et de pauvreté. Malheureusement, la population est confrontée à d'énormes obstacles, car la situation politique au Congo et l'ingérence d'autres pays n'offrent que peu de chances aux populations locales de déployer leur potentiel.

Je suis toujours étonné de voir à quel point les Congolais sont capables de contrôler leur sensation de faim. J'ai l'habitude de manger trois fois par jour. En revanche, de nombreux Congolais ne mangent qu'une fois par jour une repas décent en rentrant du travail, – avec peu ou pas de petit-déjeuner et de déjeuner – et ils ne s'en plaignent pas.

Le Dr Ben Carson donne une idée intéressante du potentiel des Afro-Américains. Il a été le premier neurochirurgien au monde à réussir à séparer les jumeaux siamois qui étaient reliés par l'arrière du crâne. Dans un discours [Réf. 5], il explique que beaucoup d'Afro-Américains, par leur éducation et leur entourage, sous-estiment leurs compétences et ne développent pas leur potentiel. Il insiste sur l'importance de donner aux enfants et aux jeunes une vision de ce qu'ils peuvent accomplir dans leur vie.

Le Dr Carson a aussi prodigué des conseils utiles à la population congolaise. Il a grandi dans la pauvreté et sa famille semblait n'avoir jamais assez d'argent pour subvenir à ses besoins. Au début, il ne rapportait que des mauvaises notes de l'école, mais malgré cela, sa mère continuait à croire fermement en lui et l'encourageait à s'améliorer. Il a pris cela à cœur, a travaillé avec zèle à l'école, puis à l'université. Il a fait de sa vie quelque chose d'admirable. Le film « Gifted Hands : the Ben Carson Story » (NDLT : Des mains en or) montre de façon impressionnante ce que l'on peut accomplir avec des encouragements et de la persévérance [Réf. 6].

La notion du temps

Avant mon premier séjour en Afrique, mon frère aîné, Klaus, qui travaillait sur des documentaires pour la deuxième chaîne de télévision allemande ZDF, dont certains ont été tournés dans des pays africains, m'a donné un bon conseil : « Si tu y vas, prends ton temps. » Il m'a cité la parole de sagesse africaine suivante : « Quand Dieu créa le monde, il donna la montre aux Européens et le temps aux Africains. » C'est absolument vrai. Le temps est relatif et les gens peuvent le percevoir de différentes manières.

À Kinshasa, si vous arrivez avec une demi-heure de retard et que vous vous excusez parce que la circulation vous a empêché d'être à l'heure, les gens se demandent pourquoi vous en parlez. Cela arrive à tout le monde, et personne n'en fait toute une histoire.

Quand j'essaie de convenir d'un rendez-vous avec des étrangers qui se sont adaptés au style de vie local, cela se passe aussi très différemment par rapport à l'Europe. Quand je les appelle par exemple le jeudi ou le vendredi pour convenir d'un rendez-vous pour la semaine suivante, je reçois souvent la réponse : « S'il te plaît, rappelle-moi lundi, je ne peux pas planifier aussi longtemps à l'avance. »

Ce genre de planning est en fait difficile, car tout peut arriver. Les hommes et femmes d'affaires peuvent avoir à se rendre à la dernière minute dans la ville portuaire de Matadi (environ 5 heures de route), si, par exemple, les douanes de cette ville ont bloqué un de leurs conteneurs maritimes. S'ils ne parviennent pas à résoudre ce problème rapidement, cela peut leur coûter cher. Ils pourraient même devoir y rester un jour ou deux jusqu'à ce que le problème soit résolu.

En cas de rendez-vous, il est conseillé d'appeler avant de quitter la maison le jour convenu. Souvent, nous nous sommes présentés dans le bureau de quelqu'un au moment convenu, et la personne n'était pas là. De tels rendez-vous s'avèrent être très frustrants. Il se peut que vous attendiez une heure ou deux pour voir quelqu'un, et à la fin, la personne ne se présente tout simplement pas. Pour ces raisons, il est conseillé de toujours emporter du travail afin de s'occuper de façon utile pendant de longues périodes d'attente.

Un jour, un ami belge qui avait grandi au Congo m'a invité à une réunion dans un café. J'étais à l'heure et j'ai attendu une demi-heure. Puis je lui ai envoyé un texto disant que j'étais là et que je l'attendais. Il m'a répondu qu'il arrivait.

Pendant l'attente, j'ai observé les autres clients : seuls les étrangers et les Congolais de la classe supérieure peuvent se permettre d'aller dans ce café cher. Ils viennent avec leurs grosses jeeps, habillés en costume-cravate. Dehors, des jeunes hommes aux vêtements usés tentent de vendre aux clients un CD, un DVD, des cartes téléphoniques prépayées, etc., ou proposent de laver leurs voitures de luxe. Certains demandent de l'argent ou de quoi manger et veulent vous cirer les chaussures, même si vous portez des sandales.

Dans les restaurants de ce genre, on voit souvent des étrangers fortunés avec des Congolais qui veulent lancer une entreprise commune ou qui ont déjà une affaire ensemble. En outre, on voit des employés de l'ONU, de la Banque mondiale ou d'une des nombreuses grandes ONG internationales qui règlent des affaires. Il y a aussi de riches familles congolaises qui sont si aisées qu'on se demande comment elles ont pu obtenir tant d'argent.

Tous les restaurants et cafés chics sont climatisés. Dans ce café en particulier, vous pouvez commander une boule de glace pour 2 $ ou d'autres spécialités de glace de qualité entre 5 $ et 14 $. Seule la classe moyenne peut se permettre de payer ces tarifs avec un taux de chômage de 80 % et un salaire mensuel moyen d'environ 100 dollars pour de nombreux travailleurs si, par chance, ils trouvent du travail.

Les fourmis

Après avoir attendu plus d'une heure, mon ami m'a appelé pour me dire qu'il avait eu une autre rencontre inattendue, mais qu'il était maintenant en route pour me rejoindre. Pendant que j'attendais, j'ai remarqué de minuscules fourmis qui rampaient sur mon sac, et je me suis demandé pourquoi elles étaient si nombreuses. En y regardant de plus près, j'ai remarqué que j'avais dans mon sac un morceau de pain de la veille encore emballé. Les petits insectes l'avaient découvert et s'étaient immédiatement jetés dessus.

Chez nous, il arrive souvent que des fourmis rampent sur la table, même lorsqu'il n'y a pas de nourriture dessus. Ou bien elles forment des « routes » sur le mur que j'essaie toujours d'effacer avec une éponge humide. Elles aiment aussi mon écran d'ordinateur portable, mais je doute qu'elles aient vraiment envie de lire ! Si elles sont *vraiment* audacieuses, elles tournent même autour de mes lunettes ou rampent sur moi. En Europe, nous pouvons facilement laisser de la nourriture n'importe où. En Afrique, par contre, les fourmis arrivent immédiatement si vous en oubliez quelque part, même pendant un court laps de temps.

Au bout de deux heures, j'ai finalement quitté le café sans avoir vu mon ami. Par expérience, je savais qu'il voulait me rencontrer, mais il s'était passé quelque chose, ce qui peut très facilement arriver au Congo.

La ponctualité allemande

En Allemagne, nos rendez-vous sont fixés de manière très différente. Normalement, nous parcourons l'Allemagne une fois par an pour rendre visite à nos amis et sympathisants. Ce n'est pas facile de planifier beaucoup de rendez-vous dans différentes villes, et il se peut que nous soyons obligés de changer d'itinéraire parce que quelqu'un n'est pas disponible le jour même où nous avions prévu de venir dans sa ville. Comme des changements sont parfois nécessaires, mon frère Franz m'a dit qu'il ne notait jamais nos rendez-vous dans son agenda autrement qu'au crayon, parce qu'il sait que je dois éventuellement changer la date convenue.

La planification de notre tournée en Allemagne pourrait se dérouler à peu près comme ceci : plusieurs mois à l'avance, j'envoie des mails à nos amis leur demandant s'ils seraient disponibles à une date précise où nous serions dans leur région, leur réponse étant par exemple : « Le jour où vous voulez venir, nous n'avons pas encore de rendez-vous, et nous vous réservons le plus de temps possible. Ce serait bien si nous pouvions nous rencontrer entre 14h30 et 15h. » Ce mail m'arrive des mois avant notre visite prévue ! Quelle différence avec le calendrier africain ! Mais c'est compréhensible, car tout se passe à la minute près en Allemagne.

Je n'oublierai jamais comment je me suis précipité vers mon train une fois en Allemagne, parce que j'étais un peu en retard. Je suis arrivé juste à temps sur le bon quai, mais alors que j'étais encore dans les escaliers, j'ai vu, à ma grande consternation, le train se mettre déjà en marche. Comme j'étais arrivé à la minute même du départ du train, j'ai demandé au surveillant du quai : « Pourquoi le train a-t-il déjà démarré ? Il ne devait partir que maintenant ? » Il se retourna calmement, pointant du doigt la grande horloge du quai, et dit : « Si vous regardez bien l'aiguille, c'est 20 secondes après la minute à laquelle votre train devait partir. » J'étais stupéfait – mais il avait raison !

Au Congo, il y a très peu de trains qui circulent. Le matin, un train de voyageurs arrive depuis la banlieue dans le centre de Kinshasa, puis repart le soir. Il est si bondé que des passagers s'accrochent aux portes, s'asseyent dans des fenêtres et certains sont même assis ou debout sur le toit. L'une des raisons en est que ceux qui n'ont pas de ticket peuvent s'enfuir plus rapidement lorsqu'un contrôleur arrive.

Il y a aussi un nouveau train avec des compartiments modernes et une première classe qui circule entre Kinshasa et Matadi, la ville portuaire, à l'ouest de la capitale.

Né quand ?

Certains Congolais, surtout les plus âgés, ne connaissent ni la date ni l'année de leur naissance. Un jour, j'ai demandé à Thomas, le jardinier de François, un des membres de notre association, quel âge il avait, car il semblait déjà très âgé pour le dur travail qu'il effectuait. Il me dit qu'il était né il y a *environ* 70 ans, mais qu'il ne le savait pas lui-même.

Papin, un ami rencontré récemment, a mentionné sur ce point : « La plupart du temps, c'est parce que beaucoup de personnes âgées sont analphabètes et que leurs parents étaient aussi analphabètes. La plupart de ceux qui sont nés avant 1960 ne connaissent pas leurs dates de naissance réelles. »

Les Africains, au-delà des différences de notion du temps, ont une attitude similaire envers les unités mesurables telles que celles des températures. En 2001, nous vivions à Lusaka, la capitale de la Zambie, située à environ 1 000 mètres au-dessus du niveau de la mer. Il fait assez froid en hiver là-bas. Un matin, j'ai demandé à une domestique : « Il fait froid dehors ? Elle m'a répondu : « Oui, très froid. » J'étais d'accord avec elle, mais je lui ai demandé à nouveau : « C'est-à-dire ? » et je m'attendais à une réponse simple comme « 10 degrés Celsius. » Au lieu de cela, elle a déclaré : « Il fait très froid. » J'ai essayé de lui expliquer à quelle réponse je m'attendais, et elle m'a répondu : « Il fait très, très froid ! » Et cela a continué un moment, jusqu'à ce que je me rende compte qu'elle n'avait pas l'habitude de ces termes précis. Et pourquoi l'aurait-elle ? « Très froid » lui suffisait – et en fait, à moi aussi.

Riches et pauvres

Il existe de grandes différences entre les riches et les pauvres dans de nombreuses régions du monde. Mais en Afrique, et particulièrement au Congo, le fossé est énorme. Le degré de pauvreté est inimaginable et touche la majeure partie de la population.

La corruption est partout. Mais si des sommes d'argent importantes disparaissent dans les poches des classes supérieures dans un pays pauvre comme le Congo, les effets sont beaucoup plus flagrants. Après tout, le budget total du pays ne représente qu'une faible fraction de l'argent dont disposent les pays développés.

Ce qui est consommé au Congo dépend de la situation financière de chacun. Les riches achètent dans des supermarchés et des magasins coûteux dont l'approvisionnement est presque exclusivement constitué de produits importés : alimentation, machines, matériaux de construction, peu importe ! L'une des raisons de la forte importation de marchandises est la faible production propre du pays.

Tous les produits importés sont très chers en raison des coûts de transport élevés, des taxes et des droits de douane. Un de nos amis expatriés m'a raconté qu'un jour il avait dû payer 62 dollars pour seulement 600 grammes de jambon, 500 grammes de fromage et une tablette de chocolat pour un snack qu'il avait acheté dans un supermarché pour le déjeuner de son équipe.

On ne trouve pas de lait frais – seulement du lait stérilisé importé. Ceux qui peuvent se le permettre achètent du lait en poudre importé. Il n'y a qu'un fromage à pâte dure local produit dans les régions plus élevées du Congo-Est. Il est délicieux et c'est le seul fromage que nous puissions nous permettre d'acheter.

Les pauvres achètent des aliments cultivés localement, comme le manioc (également appelé « Cassava » ou « Yuca »), auprès de marchands de rue ou sur des marchés ouverts. Ils mangent la racine féculente, préparée sous la forme d'une grosse boulette ronde appelée « Fufu » en lingala (la langue locale de Kinshasa et d'autres régions du pays), et les feuilles de la plante, qui sont transformées en une sorte d'épinard appelé « Pondu ». Ce sont les deux aliments de base et les plats les plus populaires du Congo parce que le manioc pousse partout.

Ce que les gens mangent pour s'alimenter en protéines varie d'une région à l'autre et dépend de leurs revenus. Les riches mangent souvent de la viande et du poisson, les pauvres mangent souvent des haricots comme protéines. La façon dont les Congolais préparent les haricots est délicieuse. J'aime aussi un plat de petits poissons de 2 à 3 cm de long appelé « Ndakala ».

Les riches de Kinshasa envoient leurs enfants dans des écoles privées onéreuses, comme l'école française ou américaine, gérée par des étrangers, qui coûtent 500 dollars par mois ou plus par élève. TASOK, « The American School of Kinshasa », facture chaque mois plus de 2000 dollars pour les classes du secondaire ! Ces écoles privées réussissent parce qu'elles offrent un niveau d'éducation élevé et que leurs examens sont reconnus au niveau international.

Les enfants les plus pauvres fréquentent principalement des écoles publiques dont les normes sont beaucoup moins élevées. Pour le Congo, il n'existe pas de statistiques précises sur l'éducation scolaire. Cependant, on estime qu'environ 50% des enfants en âge d'être scolarisés n'ont pas accès à l'école en raison d'un manque d'établissements d'enseignement dans tout le pays. S'il y a des bâtiments scolaires à l'intérieur du pays, ils n'ont souvent ni toit solide, ni bancs de classe.

En outre, il existe des différences considérables concernant l'habitat. À Kinshasa, vous pouvez louer un appartement de luxe avec trois chambres et piscine dans une habitation bien sécurisée, pour 10 000 dollars par mois, ou un appartement de 2 à 3 pièces dans une résidence plus simple pour 2 000 à 3 000 dollars par mois. Les prix ont explosé lorsque les employés de l'opération MONUC (mission de l'ONU au Congo) sont arrivés en 1999. En raison de leurs salaires élevés, ils pouvaient se permettre de payer ces loyers, surtout lorsque plusieurs employés partageaient un logement.

Les pauvres vivent dans ce qu'on appelle la « cité », les banlieues de la ville, où ils doivent payer un loyer à peine abordable pour même les pièces les plus modestes.

Les riches conduisent des voitures onéreuses, comme les grosses Toyota SUV, Mercedes, etc., et j'ai vu plus de jeeps Hummer à Kinshasa que n'importe où dans le monde. Ils préfèrent ces grosses voitures en raison du mauvais état des routes.

De nombreuses voitures qui ne conviennent plus aux pays du Nord sont vendues à bas prix en Afrique, où elles circulent encore pendant des années (voir la photo de la page couverture ci-dessus). Lorsque ces vieilles voitures, qui ne valent peut-être pas plus que 500 dollars à l'étranger, arrivent à Kinshasa, elles coûtent environ trois fois plus cher, en raison des coûts élevés du transport par voie maritime et des taxes d'importation. Beaucoup de ces voitures circulent dans le boulevard du centre-ville de Kinshasa en tant que taxis collectifs et rapportent aux chauffeurs et propriétaires un bon revenu. La majorité de la population utilise des taxi-bus bon marché et surchargés. S'ils ne peuvent pas se permettre le taxi-bus, ils marchent sur de longues distances. Depuis quelques années, il existe un nouveau moyen de transport : des bus publics peu coûteux, propres et sûrs pour les passagers.

À côté de la très petite classe supérieure, il y a une petite classe moyenne ayant des revenus réguliers. Même ces gens-là vivent avec parcimonie, parce qu'ils doivent généralement soutenir beaucoup de parents qui dépendent d'eux financièrement. Ils ne dépensent de l'argent que lorsque c'est nécessaire. À Noël, certains d'entre eux ont peut-être un petit sapin en plastique avec une simple décoration, mais pas de cadeaux ou de gâteaux de Noël.

Celui qui a assez d'argent achète un smartphone. Pour le reste, beaucoup d'entre eux utilisent encore des téléphones portables plus anciens et achètent des cartes prépayées qui leur permettent de recharger leurs crédits à volonté, pour 5 dollars, 10 dollars, etc. Les pauvres n'achètent que des très petits crédits téléphoniques, comme 1 dollar, voire 50 centimes, rechargés par « flash » par un marchand de rue ou dans un magasin (Photo 12). Le commerçant charge le téléphone avec le montant demandé. Beaucoup de gens pauvres appellent et raccrochent tout de suite, ils s'attendent à être rappelés parce qu'ils n'ont pas de crédit sur leur téléphone.

Au début de notre séjour au Congo, nous n'avons pas remarqué de vente de cigarettes et personne ne fumait. Mais malheureusement, depuis quelques années, on pousse les cigarettes sur le marché, ce qui est triste, car les fumeurs ne savent pas à quel point c'est mauvais pour la santé. De toute façon, les pauvres n'ont pas assez d'argent pour la nourriture, et encore moins pour les cigarettes. Certaines personnes n'achètent qu'une seule cigarette et la partagent avec quelqu'un d'autre.

Cas extrêmes

La majorité de la population vit dans la pauvreté, certains dans des circonstances particulièrement difficiles. Certains n'ont pas assez d'argent pour nourrir correctement leurs enfants et, dans certains cas, ils vont jusqu'à les abandonner dans la rue. Gilbert, un membre de notre association, nous a raconté comment la police avait vu une femme déposer son enfant dans une canalisation abandonnée, et s'enfuir ensuite. Les policiers ont rattrapé la femme et lui ont demandé pourquoi elle avait fait cela, et elle a répondu : « J'ai trois enfants et j'ai trouvé un homme qui m'a dit qu'il prendrait soin de moi et de mes deux enfants plus âgés si je me débarrassais du plus jeune. Que dois-je faire ? »

Il n'y a pas de « boîte à bébés » ou d'endroit où les parents peuvent donner leur bébé s'ils ne sont pas en mesure d'en prendre soin. Ils peuvent simplement mettre leur bébé sur le bord de la route ou devant un orphelinat, dans l'espoir que quelqu'un puisse s'occuper de l'enfant.

Parfois, quatre familles vivent avec plusieurs enfants dans une maison dans laquelle elles se partagent une cuisine et un salon et ont chacune leur propre chambre à coucher. Les plus pauvres de la population ne mangent souvent qu'une fois par jour. Leur alimentation est déséquilibrée, ne contient pas de produits laitiers, pas assez de protéines et très peu de fruits et légumes. Ils mangent peut-être de la viande trois fois par an – à Noël, au Nouvel An ou à une autre occasion particulière.

Une fois, alors que je logeais chez notre ami François et que j'étais confronté à des difficultés majeures dans notre projet au Congo, il m'a fait savoir que sa nièce était décédée le matin même à l'hôpital. Il lui rendait visite tous les jours et donnait de l'argent pour ses médicaments à l'hôpital. Malheureusement, elle ne s'est pas remise et est décédée – soi-disant d'une pneumonie. Il y a tellement de gens qui meurent dans les hôpitaux, et quand on demande de quoi ils sont morts, souvent les proches ne le savent pas. J'ai entendu dire que de nombreux médicaments contrefaits entraient illégalement dans ce pays et que de nombreuses personnes en étaient mortes.

Quand j'ai demandé quel âge avait sa nièce, il m'a dit qu'elle avait 35 ans. « Seulement 35 ? » demandais-je, étonné. Il a répondu : « Elle avait plutôt 40 ans, mais à l'hôpital, ils ont écrit 35. » Puis j'ai découvert qu'elle et son mari, désormais veuf, avaient dix enfants et sept petits-enfants ! Puisqu'ils n'avaient pas assez d'argent pour payer la facture de l'hôpital, ni pour les funérailles, François et d'autres membres de la famille ont réuni l'argent pour cela. J'étais tellement désolé pour la mère décédée et sa famille. Tout à coup, mes propres problèmes étaient devenus très petits et insignifiants !

Cercle vicieux ou développement positif

Des amis au Congo m'ont fait part d'un autre obstacle qui entrave le progrès dans le pays. L'argent pour son développement s'évapore en grande partie dans les mains des gens des échelons supérieurs de l'administration. Comme cet argent n'est pas retransmis vers la base, les fonctionnaires de rang inférieur se rendent dans les commerces et chez les entrepreneurs de leur ville, inventant des histoires pour tenter d'expliquer pourquoi ils « n'agissent pas dans le respect de la loi. » Pour ces prétendues infractions, ils leur demandent des frais arbitraires. Cela favorise la corruption, car si de tels propriétaires d'entreprises ne paient pas les fonctionnaires, ceux-ci peuvent leur causer toutes sortes de problèmes, voire fermer l'entreprise ou la boutique jusqu'à ce que les redevances soient payées. Un cercle vicieux !

Si les dirigeants et les administrateurs pensaient en priorité au bien-être du pays tout entier, cela ferait évoluer les choses d'une manière positive. Si les autorités encourageaient davantage l'éducation, la construction des routes, les réseaux électriques et l'agriculture, les gens seraient plus heureux et pourraient vivre plus sainement. Cela relancerait l'économie, ce qui pourrait rapporter plus d'impôts et aider le gouvernement à faire plus de progrès dans le pays, ce serait un développement positif !

La population bénéficierait aussi d'un changement d'attitude et de vision. À Kinshasa, j'ai fait la connaissance d'un prêtre catholique, une sorte de « think-tank » (puits de réflexion) congolais, visionnaire courageux qui tente d'aider ses compatriotes à améliorer leur vie. Son idée principale et son objectif sont de motiver les gens à changer d'attitude. Au lieu de les laisser tendre la main pour demander l'aumône, il les encourage à prendre leurs vies en main et à travailler eux-mêmes pur subvenir à leurs besoins afin de ne pas être si dépendants de l'aide extérieure.

Travail

« Imagine que tu ne prennes pas de petit-déjeuner et que tu ne manges presque rien voire rien du tout à midi. Tu n'es jamais allé à l'école, ou rarement, et tu n'as pas d'éducation. Tu travailles toute la journée dans la chaleur et à la fin du mois, tu touches un salaire d'environ 100 $, ce qui n'est même pas assez pour nourrir ta famille et envoyer tes enfants à l'école. Quand tu es malade, tu dois payer toutes les factures toi-même, puisque tu n'as pas d'assurance. Tu ne peux pas non plus aller chez le médecin ou acheter des médicaments parce que tu n'as pas assez d'argent pour le faire. De ce fait, tu continues à travailler malgré la maladie. Et toi, comment pourrais-tu travailler dur dans ces conditions ? »

C'est ainsi que l'un de nos amis indiens, un inspecteur de chantier à Kinshasa, m'a expliqué pourquoi il devait à plusieurs reprises fournir les mêmes instructions aux travailleurs locaux : il s'est mis à leur place et m'a montré ainsi pourquoi ils n'étaient pas motivés pour fournir un meilleur travail.

Certains Congolais travaillent très dur. Par exemple, ils transportent de lourdes charges à travers la brousse (Photo 13), avec un vélo-cargo, ou avec une charrette à bras, dit « Pousse- Pousse », pour des trajets plus courts en ville (Photo 14). Ils poussent de toutes leurs forces, portent de vieilles paires de tongs, et pendant la saison des pluies, ils doivent parfois patauger dans la boue et de grosses flaques d'eau, faute de pouvoir les éviter.

Les pluies

D'un autre côté, il y a aussi des influences extérieures qui empêchent de nombreux Congolais de travailler aussi efficacement que leurs collègues de l'hémisphère nord. La chaleur et la pluie jouent un rôle important dans le processus de travail de nombreuses personnes. Il peut faire si chaud et humide que tout le monde travaille au ralenti, à moins d'avoir une climatisation dans la voiture ou au lieu de travail. Dès qu'il pleut, les rues se vident et on peut être sûr que les gens vont arriver en retard à leurs rendez-vous.

Même dans les bureaux chics et les grosses entreprises, il est tout à fait acceptable que les employés ne viennent au travail que lorsque la pluie a cessé. Ce qui est généralement le cas au bout d'une heure environ. Tout le monde sait combien il est difficile de se rendre à destination pendant les fortes pluies. Peu de gens ont un parapluie ou un imperméable pour se protéger. La plupart des taxis et des bus sont arrêtés pendant la pluie. Tout le monde attend qu'elle diminue.

Il y a beaucoup d'autres facteurs qui influencent le travail dans ce pays : le manque d'éducation scolaire, de formation professionnelle et de motivation. Certaines personnes travaillent pendant une longue période sans être payées. Un membre de la famille élargie de François, infirmière de formation, n'a pas pu trouver de travail pendant de nombreuses années.

Finalement, elle a été employée dans un hôpital pour une « période de formation et d'essai ». Pendant cette période, elle n'a pas été payée, et n'a reçu qu'une soi-disant « prime de transport ». Cela fait de nombreuses années que certaines de ses collègues travaillent sans recevoir de salaire, espérant que l'hôpital les paiera un jour ; alors, elles dépendent du peu d'argent qu'elles reçoivent parfois directement des patients.

Pour trouver un travail décent, il faut soit avoir des contacts, soit être diplômé d'une université prestigieuse. Il est préférable d'avoir étudié à l'étranger, ce qu'une infime minorité seulement peut se permettre. La majorité ne trouve pas de travail régulier, ce qui est le cas pour de nombreux diplômés d'université. Nous connaissons un étudiant qui travaille comme changeur de devises. Il se tient dans la rue et propose aux passants de changer leur argent à un meilleur cours que celui proposé par les banques.

Un autre de nos amis a eu du mal à obtenir une formation convenable. C'est pour cela qu'il a accepté un emploi comme agent de sécurité afin de gagner de l'argent pour ses études, et puisque son travail n'était pas assez bien payé, il a ouvert en marge, une petite « affaire ». Il achetait des vêtements et des téléphones portables et les revendait à ses collègues et à d'autres clients pour un prix un peu plus élevé. Beaucoup d'entre eux n'avaient pas assez d'argent pour lui donner tout de suite le montant total. Alors il allait les voir le jour de leur paye, espérant obtenir le reste de l'argent.

Voleurs

Dans le centre-ville de Kinshasa, il faut toujours se méfier des pick-pockets, surtout dans les endroits bondés de gens. Il y a un énorme marché qu'il faut éviter en tant qu'étranger, car il est connu pour ses voleurs. L'un d'eux m'a même arraché un jour mon chapeau de la tête et a essayé de s'enfuir avec son butin. Lorsque j'ai couru après lui, il a jeté le chapeau et a disparu. J'ai aussi entendu parler de gens qui ont été dépouillés de leurs lunettes de cette façon.

Bien sûr, il y a des vols dans beaucoup de régions du monde. Une fois, à Yaoundé, la capitale du Cameroun, j'ai accompagné dans sa voiture notre ami le Dr Emma, un médecin que nous avions rencontré là-bas. Avant de quitter sa voiture, il a sorti ses deux téléphones de sa poche et les a confiés à son chauffeur. Il m'a expliqué que dans cette rue en particulier, on pouvait justement « perdre » son téléphone d'un côté et le racheter juste après sur le côté opposé, parce qu'on le retrouvera très probablement chez l'un des vendeurs ambulants. Ces voleurs sont des professionnels !

Vendeurs

Beaucoup de vendeurs sillonnent la ville. Certains achètent des marchandises dans un magasin puis se tiennent dans la rue toute la journée pour les revendre un peu plus cher afin que leurs familles puissent avoir quelque chose à manger le soir. On vend partout – sur le trottoir ou dans les zones où les embouteillages sont fréquents et où les personnes dans les voitures deviennent ainsi des clients potentiels. On propose presque de tout : biscuits, bonbons, journaux, drapeaux (surtout avant les fêtes), chargeurs de téléphone portable, tableaux, montres, pochettes pour passeport, mouchoirs, chapeaux, chaussettes, cartes géographiques, laisses de chien, ballons, sacs, valises – même des chiots et des oiseaux en cage.

En outre, on vend dans la rue une variété de produits frais. Les femmes proposent des baguettes de pain frais ou portent sur leur tête des fruits et légumes de saison et cherchent des clients tout en marchant. Quelques-unes s'asseyent sur le trottoir et attendent que les gens viennent vers elles (Photo 15).

Les hommes vendent généralement d'autres aliments. Quelques-uns portent sur la tête des cartons d'œufs qui sont empilés sur environ un mètre de haut. Sur le dessus du carton, ils font une pyramide d'environ 70 œufs durs. Il est remarquable de voir comment ils peuvent marcher le long de la rue et garder en équilibre sur leur tête cette fragile structure, la faire descendre pour vendre un ou deux œufs et ensuite remettre le tout en place (Photo 16).

Certains hommes vendent des petits pains avec des saucisses. On pourrait se demander comment les gens peuvent encore manger ces saucisses après qu'elles aient été transportées toute la journée dans la chaleur. Lorsqu'un pêcheur attrape un gros poisson dans le fleuve Congo, il le propose aussi dans la rue.

D'autres déambulent toute la journée pour tenter de vendre des vêtements encore froissés, tout juste extraits de ballots de vêtements pressés transportés dans des conteneurs pour l'Afrique. Certains se baladent avec une ou deux paires de chaussures qu'ils proposent à la vente et peuvent éventuellement porter une chaussure sur leur tête pour attirer l'attention. Certains, qui ont plus d'épargne, ouvrent un « magasin » sur le trottoir avec des chaussures, des vêtements et d'autres articles (Photo 17).

Il y a des endroits où l'on propose des fleurs fraîches ou séchées ainsi que des objets d'art et d'artisanat. Dans une rue, les vendeurs disposent contre les murs des tapis colorés et somptueux aux motifs et dessins attrayants. Je me demandais parfois : que font-ils en cas de fortes pluies ? Certains couvrent leur marchandise de façon intelligente avec des bâches en plastique ou des couvertures de fortune. En tout cas, la vie reprend normalement après la pluie.

Pendant la saison des mangues, on peut voir un homme avec une longue perche cueillir des mangues sur d'énormes arbres au bord de la route. Son coéquipier ramasse les fruits et les met dans un sac. Vous pouvez leur acheter les mangues directement, ou ils peuvent les vendre à quelqu'un qui les revendra.

Petits commerces

En plus des emplois mentionnés jusqu'à présent, il existe de nombreuses entreprises et magasins de toutes tailles pour toutes sortes de produits et de métiers. Les gens ne peuvent pas se permettre d'ouvrir une boutique parce qu'ils doivent payer des impôts. En outre il pourrait leur arriver de faire face à des fonctionnaires corrompus qui passent et qui trouvent des « infractions ». C'est pour cela que certains travaillent depuis chez eux ou se rendent au domicile des clients.

Il y a des salons de coiffure fréquentés par des gens riches et il y a des coiffeurs sur le trottoir. Ces derniers y mettent une table et une chaise, et accrochent un miroir ainsi qu'un panneau peint à la main sur lequel sont représentées différentes coupes de cheveux parmi lesquelles on peut choisir. Beaucoup de ces « coiffeurs de rue » ne coupent les cheveux d'homme qu'avec une lame de rasoir nue, car les hommes congolais ont généralement les cheveux très courts.

Si on ne veut pas faire réparer sa voiture dans un garage coûteux, on peut faire venir chez soi un mécanicien de confiance. Celui-ci examine la voiture et on lui donne de l'argent pour acheter les pièces de rechange nécessaires – y compris les frais de transport pour l'aller-retour. On peut acheter toutes sortes de pièces de voiture, soit une copie de la pièce d'origine, fabriquée au Nigéria ou en Chine, pièces neuves mais de moindre qualité, soit des pièces d'occasion d'Europe, souvent plus fiables. Le mécanicien installe la pièce de rechange, la teste, et si elle ne fonctionne pas correctement, il la rend pour en obtenir une autre. Nos voitures ont ainsi été plutôt bien réparées de nombreuses fois, et pour beaucoup moins cher que dans un garage officiel.

Le travail artisanal est bon marché, mais les bonnes pièces de rechange sont chères. De temps en temps, des mécaniciens d'ateliers non officiels retirent les bonnes pièces des voitures qu'ils réparent, et les remplacent par d'autres de moindre qualité. Ils revendent ensuite les bonnes pièces en douce pour améliorer leurs revenus.

Si on fait réparer son pneu sur le bord de la route, les mécaniciens travaillent certes sans manomètre, mais ils le font généralement avec assez de précision et à faible coût. Une fois, j'ai fait vérifier mes pneus avec un manomètre dans le garage d'un ami, ils les avaient beaucoup trop gonflés et, en effet, l'un d'entre eux a explosé peu de temps après – Dieu merci seulement après mon retour à la maison. J'ai dû payer 100 dollars pour un pneu usagé qui, en Europe, aurait probablement été jeté !

Ange, un proche de François, est un bon mécanicien qui vient chez les membres de sa famille pour réparer leurs voitures. Connaissant notre activité et notre situation financière, il a toujours cherché à réparer nos voitures au meilleur coût possible. Une fois, il a changé les balais de charbon de notre démarreur au lieu de le jeter et d'en racheter un neuf. Pour chaque problème, il trouvait toujours des solutions de rechange ingénieuses.

J'ai entendu dire qu'en Allemagne, les mécaniciens plus âgés et plus expérimentés pensent que beaucoup de leurs jeunes collègues ne savent plus comment réparer quoi que ce soit. L'ordinateur leur montre ce qui ne va pas, et ils se contentent de changer les pièces défectueuses. Mais en Afrique, les vieilles voitures sont réparées pendant de nombreuses années encore. Les véhicules plus anciens sont même privilégiés car ils reviennent beaucoup moins chers à réparer que les modèles plus récents.

Sur le thème du travail, il est intéressant de noter que la plupart des Congolais ne touchent pas de pension de retraite ; certains reçoivent environ 30 dollars par mois. Très peu d'employés dont l'entreprise verse de l'argent dans une caisse de retraite perçoivent une pension de retraite suffisante. C'est pourquoi la plupart des Congolais travaillent aussi long-temps qu'ils le peuvent. En règle générale, ils n'ont pas non plus la possibilité de prendre des congés.

Invitation à entrer dans le pays

Avant de demander un visa pour le Congo, nous avons besoin d'une invitation officielle de quelqu'un du pays qui se porte garant pour nous. Une fois, au Congo, alors qu'il me fallait une invitation pour Lenka et Anissa, André, un membre de notre association, a proposé de nous ai-der. Il a suggéré que François rédige le texte puisqu'il avait déjà écrit beaucoup d'invitations. Cela a pris deux jours, puisque François n'avait le temps que le soir – et c'était justement le moment où il n'y avait pas d'électricité.

Après qu'André eut signé l'invitation, j'ai dû la faire certifier par un notaire. Je lui ai donc demandé s'il connaissait quelqu'un à l'Hôtel de Ville, car François m'avait dit qu'il s'y trouvait une section pour ce genre d'affaires. André m'a donné le nom et le numéro de téléphone d'une de ses connaissances qui y travaillait. Je suis allé à l'Hôtel de Ville à la porte duquel se trouvaient trois policiers qui m'ont fait entrer après une courte conversation sans demander d'argent. D'habitude, ils aiment demander de « l'argent pour la boisson ou le transport », car ils ne touchent qu'un très maigre salaire.

Dans de telles situations, il est utile d'expliquer nos activités en tant qu'agents de développement et missionnaires dans leur pays. Cela est très respecté, puisque la plupart des Congolais croient en Dieu et que les missionnaires y ont construit de nombreuses écoles et hôpitaux qui sont encore intacts aujourd'hui et qui proposent des services de haute qualité. Donc, quand j'explique à des gens comme ces policiers ce que je fais, ils ouvrent la porte sans rien attendre en retour.

Trouver la connaissance d'André était compliqué, car il n'y avait pas de bureau d'accueil. J'ai trouvé une employée serviable qui lui a télépho-né et a découvert qu'elle travaillait dans un autre quartier de la ville.

Comme elle connaissait André, elle a proposé de me retrouver en ville où je lui ai remis notre invitation. Ensuite, elle a appelé un notaire pour faire signer le papier. Deux jours plus tard, le document est revenu signé et certifié et j'ai pu le récupérer dans son bureau. L'invitation semblait impressionnante – couverte de cachets, de signatures et d'autocollants brillants.

Il m'a fallu environ cinq jours pour obtenir ce papier, et si je n'avais pas insisté pour l'avoir et que je n'avais pas eu l'aide de mes amis, cela aurait pris beaucoup plus de temps. C'est un exemple qui illustre le fait que le Congo est sans aucun doute un de ces pays où il faut des relations pour avancer.

Conduire en ville

Rouler en voiture à Kinshasa peut s'avérer être toute une aventure. Les étrangers, plus particulièrement, doivent faire attention à éviter certains agents de la circulation qui veulent se faire de l'argent. La situation s'est quelque peu améliorée depuis que l'UE a mis en place des programmes de formation à leur intention. Auparavant, ils ne gagnaient qu'environ 30 dollars par mois, ce qui explique pourquoi ils ont profité de leur position pour soutirer un complément d'argent aux automobilistes. Depuis quelques années, certains employés du gouvernement, comme les policiers, perçoivent leurs salaires sur leurs propres comptes bancaires – pas, comme autrefois, par le biais d'un versement effectué par des officiers supérieurs qui aimaient garder une partie de l'argent.

De nombreux feux de circulation à Kinshasa ne fonctionnent pas. C'est pourquoi il est difficile de savoir quand on peut repartir. Ainsi, vous conduisez comme les autres, mais en tant que « Mundele » (« personne blanche » dans la langue locale, le lingala) vous pouvez quand même être interpellé. C'est l'une des raisons pour lesquelles beaucoup de ceux qui peuvent se le permettre embauchent des chauffeurs qui savent se débrouiller dans la circulation à Kinshasa.

En se rendant au centre-ville, surtout sur le Boulevard, on peut se retrouver dans une situation fâcheuse avec des jeunes enfants des rues (« shégués »), qui en fait sont des jeunes adultes. Il y a une grande différence entre eux et les vendeurs ambulants. Les « shégués » ne vendent rien ; ils font semblant en tenant quelque chose sans valeur dans leur main. On peut les reconnaître à leur façon de regarder de près dans une voiture pour identifier ce qu'ils peuvent rapidement saisir puis s'enfuir en courant. C'est pourquoi la plupart des gens verrouillent leurs portières et gardent leurs vitres complètement relevées. Nous avons fait l'expérience de « shégués » qui avaient glissé leurs mains par la vitre légèrement ouverte de la voiture et tentaient de la faire baisser. Ils viennent le plus souvent en groupe, ils sont forts et courent très vite.

En plus de ces enfants des rues plus âgés et déjà adolescents, il y en a d'autres assez jeunes. Les petits ne font que mendier et ne deviennent pas violents. Une fois, j'ai voulu donner du pain à un petit garçon de rue quand le feu est soudain passé au vert. J'ai dû continuer à rouler, sinon les automobilistes derrière moi auraient été furieux. Le petit garçon a couru après moi jusqu'à ce que je puisse m'arrêter et lui donner le pain ; il était si reconnaissant.

Beaucoup de mendiants se dirigent vers vous quand vous devez vous arrêter dans un embouteillage ou au feu rouge. D'habitude, je leur donne un peu d'argent et quand, plus tard, j'en rencontre d'autres je leur explique qu'aujourd'hui, j'ai déjà donné quelque chose à l'un d'eux, ce qu'ils acceptent.

Après chaque déplacement en ville, on est content d'arriver sain et sauf à la maison. Parfois, pour un court trajet, je préfère prendre un taxi collectif peu coûteux ou l'un des nouveaux bus municipaux. Par contre, si je dois me rendre à plusieurs endroits plus éloignés, je suis reconnaissant à François de me prêter sa voiture car elle me permet de tout faire beaucoup plus rapidement.

L'électricité et l'eau

L'alimentation en courant électrique pose d'énormes problèmes au Congo, et nous avons entendu de nombreuses histoires sur les raisons possibles de ces difficultés. Ainsi, il y a de nombreuses années, un ami qui était « Chargé d'affaires » dans une ambassade nous a raconté l'anecdote suivante : un congolais de la centrale électrique d'État a traversé le fleuve Congo pour se rendre à Brazzaville, la capitale du plus petit pays voisin, l'ancien Congo français, pour chercher de l'argent qui était due à son entreprise : deux millions de dollars en cash. Après avoir reçu l'argent, il a quitté le pays avec deux valises et n'a jamais été revu.

Plus tard, j'ai rencontré quelqu'un qui avait auparavant occupé une position de haut niveau dans cette entreprise et je lui ai demandé si cette histoire pouvait être vraie. Il a dit qu'elle était crédible. Alors j'ai demandé pourquoi il y avait de telles complications avec l'électricité au Congo, alors qu'on a de si bonnes ressources naturelles et pas besoin de réacteurs nucléaires ou autres.

Il m'a expliqué qu'il y avait deux barrages sur le fleuve Congo – l'un avec six turbines et l'autre avec huit ; mais dans chacun des barrages, seules trois turbines fonctionnent. Si toutes les turbines étaient opérationnelles, il y aurait plus de courant qu'il n'en faut pour tout le pays. Un autre barrage géant pourrait être construit et produire suffisamment d'électricité pour alimenter d'autres parties de l'Afrique [Réf. 7]. Le fleuve Congo est le fleuve le plus profond de la planète, avec le débit le plus élevé après l'Amazone.

De nombreuses installations urbaines pour l'eau et l'électricité datent encore de l'époque coloniale et peuvent tomber en panne à tout moment. Comme il n'y a pas assez d'électricité pour tout le monde à Kinshasa, la compagnie coupe parfois le courant dans certaines parties de la ville et le rétablit après un certain temps pour décharger le réseau électrique. L'entreprise procédant à ces coupures de courant de façon irrégulière, les consommateurs ne savent jamais quand et pour combien de temps leur électricité sera coupée.

Lorsqu'il y a une coupure de courant, les riches activent leurs générateurs d'électricité ; tous les autres allument une bougie ou utilisent des lampes à piles après le coucher du soleil. Et s'il y a une panne de courant pendant qu'ils cuisinent, ils sortent tout simplement leurs petits fours à charbon de bois et continuent à cuisiner comme si de rien n'était. Ils mettent un petit sac en plastique sur le charbon de bois et l'enflamment, ce facilite l'allumage du charbon. Malheureusement, ils ne se rendent pas compte à quel point les vapeurs de ce plastique enflammé sont toxiques.

Il est vraiment admirable de voir à quel point les Congolais sont flexibles et patients. Selon le quartier, l'électricité et l'eau peuvent être coupées à tout moment. Plus le secteur est pauvre, plus cela est fréquent et plus l'interruption dure longtemps.

Généralement, l'alimentation en eau est plus fiable que celle en électricité. Cependant, il est conseillé de toujours prévoir de bonnes réserves d'eau pour les sanitaires et le lavage de la vaisselle en cas de coupure.

L'eau potable est un autre sujet. On peut installer un filtre à eau à la maison et produire sa propre eau potable ou, comme la plupart des gens le font, acheter de l'eau potable à l'un des nombreux fournisseurs qui traitent l'eau du robinet pour la rendre potable. Malheureusement, une grande partie est proposée dans des bouteilles en plastique ou, pour les pauvres, dans des sachets en plastique. La qualité de l'eau souffre dans le plastique, lequel est jeté sur la route, causant des problèmes environnementaux.

L'intérieur du pays

A quoi ressemble la vie à l'intérieur de ce vaste pays ? « Mushapo » est un village situé à environ 1 000 km au sud–est de la capitale Kinshasa, entre la ville de Tshikapa au Kasaï-Occidental et la frontière avec l'Angola. C'est loin de tout – « dans la brousse », comme on dit là-bas. Le village compte deux chefs puisqu'il s'agit d'un village double. Le nom « Mushapo » est une combinaison des noms des deux villages fusionnés de **Mu**yeji et **Shap**ongo.

À la bordure nord de ce village, la **S**ociété **A**gricole et de **D**éveloppement **R**ural (SADR), appartenant à trois ressortissants étrangers a acheté une énorme parcelle de terre pour cultiver le jatropha – une plante à partir de laquelle on peut extraire du biocarburant pour les moteurs diesel. Comme le jatropha ne donnait pas de bons rendements, ils ont planté des produits agricoles utilisés dans la région, comme le manioc, les haricots, le soja, les fruits et légumes. Et ils ont fini par avoir en plus environ 5.000 poules qui pondaient environ 4.000 œufs par jour.

Début 2011, notre voisin de Kinshasa, Michel, l'un des propriétaires de la SADR, nous a demandé si nous étions intéressés par la construction d'une école dans ce village. Il m'en avait déjà parlé l'année précédente, et j'avais dû décliner son offre parce que c'était trop loin pour nous et trop cher pour faire l'aller-retour en avion. Mais il y a eu un changement. La SADR nous a proposé de prendre en charge les frais de vol, de logement et de nourriture, et nous a invités venir voir de plus près la misère qui régnait là-bas.

Nous avons alors décidé de nous y rendre et de commencer par examiner la situation sur le terrain. Lorsque nous sommes arrivés sur place et que nous avons vu les conditions de vie très difficiles, nous avons dû prendre la lourde décision d'accepter ou non ce défi – car le village est situé au fin fond de la brousse, loin de tout. Il n'y avait pas d'infrastructure et le mode de vie y était totalement différent de ce que nous connaissions à Kinshasa. En même temps, nous savions que si nous ne faisions rien, personne d'autre ne le ferait. Nous avons donc relevé le défi de construire une école là-bas.

À cette époque, les parents qui en avaient les moyens envoyaient leurs enfants dans les écoles des villages voisins de Kakondo et Shamubenze, distants d'environ 5 km. Là, les enfants étaient assis sur des troncs d'arbres étroits qui servaient de bancs, dans des cabanes en argile avec des toits en herbe qui devaient être réparés chaque année en raison des fortes pluies (Photo 18). Dans certaines écoles, les toits étaient tellement usés qu'il pleuvait dans les salles de classe. Dans une école, on nous a dit qu'ils avaient une salle de classe de 4 mètres sur 5 pour 45 enfants qui devaient tous s'asseoir par terre (Photo 19).

Dans les campagnes, les gens vivent sans électricité, sans eau courante et sans routes solides, sans parler du manque d'écoles convenables. Ils vivent sans les commodités et les nécessités de la vie que nous tenons pour acquises dans la plupart des régions du monde (Photos 20 et 21). Comme il y a peu d'emplois là-bas, ils n'ont que peu ou pas d'argent.

Les maladies engendrent d'autres difficultés qui rendent les personnes particulièrement vulnérables dans ces régions pauvres et éloignées. Le paludisme à lui seul fait plus de morts que le SIDA [Réf. 8], en particulier à l'intérieur du pays, à cause de l'absence d'un système de santé décent. Des médecins mal formés contribuent également au taux élevé de mortalité. De nombreux villageois ne peuvent pas se permettre de passer un examen médical dans un hôpital lointain ni d'acheter des médicaments.

Les connaissances de base en matière d'hygiène manquent parce que personne ne les leur enseigne. Certains tombent malades à cause de l'eau qu'ils boivent. J'ai entendu parler d'un homme de Mushapo qui a aidé sa femme à accoucher de leur bébé et qui a coupé le cordon ombilical avec sa machette. Quelques jours plus tard, le bébé est décédé du tétanos.

C'est pour ces raisons que nous avons décidé de construire un centre de santé lorsque nous avions presque terminé la construction de notre école. Cela profiterait non seulement aux habitants de Mushapo et des villages environnants, mais aussi à toute la région, car l'hôpital le plus proche se trouve à 35 km dans la ville Kamonia. Selon l'UNICEF, un enfant sur cinq meurt en RDC avant d'atteindre l'âge de cinq ans.

La population villageoise de cette région est en général sous-alimentée. L'une des raisons en est que l'environnement de Tshikapa est connu pour ses diamants précieux. Les locaux creusent des trous jusqu'à 15 mètres de profondeur à la recherche de ces diamants, juste assez grands pour qu'une personne puisse y descendre. Parfois, ils creusent aussi de petits tunnels latéraux sans étais, ce qui explique pourquoi ils s'effondrent parfois. Au lieu de cultiver de la nourriture pour avoir assez à manger, ils passent toute la journée à chercher des diamants et ont faim s'ils ne trouvent rien et n'ont donc pas de revenus.

Il y a d'autres zones rurales au Congo où les gens vivent mieux. Ils mettent l'accent sur l'agriculture et récoltent ainsi suffisamment de denrées alimentaires variées. Mais même si les paysans produisent de la nourriture, l'état terrible des routes complique la vente des marchandises. C'était l'un des nombreux défis que la ferme SADR a dû relever, et qui l'ont finalement empêchée de réussir. Un autre obstacle à une exploitation agricole dans la brousse : tout ce qu'il faut acheter pour ses besoins propres est très cher en raison des coûts de transport élevés.

Les Congolais dans les villes savent combien la vie est difficile dans les villages, car beaucoup ont soit grandi à la campagne, soit y ont des proches. Près des deux tiers des Congolais vivent dans des zones rurales.

On pourrait se demander pourquoi la situation au Congo paraît si sombre. Pourquoi les écoles manquent-elles et pourquoi celles qu'ils ont sont-elles dans un si mauvais état ? Pourquoi les parents n'ont-ils pas les moyens d'envoyer leurs enfants à l'école et pourquoi au juste doivent-ils payer pour l'école ?

Comment tous ces problèmes peuvent-ils exister dans un pays qui est plus riche en ressources naturelles que presque tous les autres pays du monde ? En réalité, malgré cette richesse naturelle, le Congo est l'un des pays les plus pauvres du monde !

Le contexte historique du Congo

Pour comprendre les nombreux problèmes du Congo, il est utile de regarder de plus près l'évolution historique du pays. Le Dr Salua Nour a travaillé au Congo pendant 16 ans en qualité de cadre supérieure à la GTZ, aujourd'hui la GIZ – la plus grande organisation allemande de coopération au développement. Elle a ensuite repris ses activités de professeur de sciences politiques à l'Université libre de Berlin. Elle m'a donné l'explication suivante à ce sujet :

« L'histoire de la spoliation de l'Afrique de ses ressources humaines par le commerce des esclaves et de ses ressources naturelles par la colonisation ultérieure est, on le sait, une histoire écrite dans le sang. Le chapitre le plus sanglant de cette histoire est celui de la tyrannie instaurée au Congo depuis la conférence de Berlin de 1884/85. Le vaste territoire du Congo n'a pas été cédé à l'État belge pour la colonisation, mais a été déclaré «État Indépendant du Congo» par les grandes puissances coloniales de l'époque, avec l'appui des États-Unis d'Amérique. «L'Association internationale du Congo», fondée par le roi Léopold II, fut reconnue comme son propriétaire. Comme le roi était le seul propriétaire de cette société, le Congo est devenu sa propriété privée. En contrepartie aux grandes puissances coloniales, il a déclaré la région zone de libre-échange.

C'est ainsi que commença l'une des périodes les plus violentes de l'histoire congolaise. Aucune autre région d'Afrique colonisée n'a payé l'exploitation des matières premières (principalement le caoutchouc et l'ivoire à l'époque) avec autant de vies et de souffrances humaines que le Congo. Pour les Congolais, il n'y avait pas de droits, pas de lois, pas de forces de l'ordre, pas d'instances auxquelles ils auraient pu faire appel. Ils ont été livrés sans protection aux agents de «l'État Indépendant du Congo», qui n'étaient soumis qu'à la loi des entreprises, jusqu'à ce que cette entité fût remise au gouvernement belge en 1908 et qu'une administration coloniale fût créée pour la gérer.

Certes, cela n'a pas fait naître un système de lois, de droits et de justice qui aurait protégé la population contre les injustices, l'exploitation et la violence exercées par les colonisateurs, mais au moins les agents des entreprises n'ont pas pu continuer à mutiler et à massacrer la population à leur guise. On estime que 10 millions de personnes ont perdu la vie au cours des 23 années de règne de «l'État Indépendant du Congo», soit la moitié de la population du Congo à l'époque [Réf. 9 et 10].

La population paysanne, y compris les femmes et les enfants dans les concessions de production de caoutchouc de l'époque, avait dû travailler dans des conditions inhumaines : s'ils ne fournissaient pas les quantités de caoutchouc demandées, ils pouvaient se faire couper les mains et les pieds.

L'occupation du Congo par l'État belge a certes limité la tyrannie de «l'État Indépendant du Congo» ; mais l'administration coloniale a également, à son tour, constitué une forme d'oppression cruelle des populations, unique dans l'histoire coloniale africaine. Il ne s'agissait pas seulement de l'exploitation à grande échelle des matières premières et des ressources, mais aussi de ses ressources humaines. Sous les conditions de la colonisation et en l'absence d'éducation et de formation, la population tout entière fut privée des moyens pour développer ses compétences sociales, et formée à l'obéissance au colonisateur par l'influence de l'Église et des missionnaires.

Toutefois, les églises et les missionnaires ont aussi créé un réseau d'écoles et d'hôpitaux dans tout le pays. Par rapport à l'horreur qui avait frappé le Congo entre 1885 et 1908, ce fut une amélioration pour la population, du moins dans la mesure où l'administration coloniale l'a permis en vue de l'exploitation efficace des matières premières à des prix avantageux et de la soumission sans pitié des peuples qui y vivaient.

Contrairement aux colonies françaises, anglaises et portugaises, la population du Congo n'avait aucune chance d'obtenir plus que des services éducatifs et de santé de base nécessaires au fonctionnement du système raciste et colonial qui discriminait les Congolais à tous égards. Cela les a empêchés de se structurer en une société avec des acteurs politiquement conscients et capables d'agir.

Lorsque le pays a acquis l'indépendance formelle en 1960, il comptait une douzaine de diplômés universitaires parmi les 15 millions d'habitants et peu d'administrateurs qualifiés capables de prendre en charge la gestion du pays, indépendamment de la puissance coloniale.

Le premier chef de l'Etat, Joseph Kasa-Vubu, a été honnête, mais il a été renversé par le colonel Mobutu. Face à Mobutu, que les Occidentaux ont imposé comme dictateur aux Congolais et qu'ils ont soutenu pendant plus de 30 ans, les Congolais n'ont pas réussi à construire un contre-pouvoir politique. Mobutu a bâti sa dictature avec l'aide de l'ancienne puissance coloniale belge et de la puissance néocoloniale montante des États-Unis, un règne de violence qui n'est pas en reste par rapport à l'administration coloniale en matière de brutalité. Pour la population, il n'y avait pas de différence entre le régime colonial après le roi Léopold de 1908 à 1960 et le régime de Mobutu en termes d'oppression et d'exploitation.

L'exploitation du Congo dans le système néocolonial, par l'utilisation de la classe politique comme serviteur des puissances exploitantes, s'était avérée plus rentable après la Seconde Guerre mondiale, par rapport au système de l'administration coloniale. Le régime d'horreur de Mobutu et les régimes non moins brutaux de ses successeurs n'ont pas pu être démontés, étant donné que la population congolaise traine derrière elle une longue histoire d'oppression, d'asservissement, de fragmentation et d'incapacité à organiser une légitime défense qui empêche l'émergence de contrepoids politiques en face du poids de la classe politique et de ses soutiens étrangers.

La descente en enfer qui a commencé au XIXe siècle pour les Congolais, a été accélérée par Mobutu. Sous Mobutu, les dernières avancées du système colonial en matière d'infrastructures, d'écoles et d'hôpitaux ont également été perdues. Mobutu et ses successeurs n'ont pu faire cela que parce que, pour des raisons historiques, les Congolais ont été privés de leur pouvoir de résistance et d'autodéfense – malgré les dons que les organisations sociales et les institutions de ladite «aide au développement» leur ont fait parvenir au cours des cinquante dernières années. »

Bien que je sois actif au Congo depuis 2003, je n'ai jamais entendu un récit aussi clair sur le récent développement historique du pays que celui du Dr Nour, cité ici textuellement.

Cela m'a aidé à comprendre la situation difficile des Congolais, et je ne peux qu'espérer qu'ils pourront bientôt se sortir de ce mauvais pas, mieux s'organiser et se mobiliser contre les abus dans leur pays.

Pillages et guerre

Le plus grand stade de Kinshasa est surnommé « le stade des martyrs » parce que Mobutu y a fait pendre publiquement quatre de ses adversaires. Lui et ses acolytes ont utilisé leur pouvoir pour exploiter la population et les ressources naturelles du Congo et accroître leur richesse personnelle et leur pouvoir politique. Dans l'un de ses discours que l'on cite souvent, il a déclaré : « Si tu veux voler, vole peu, d'une belle manière. Mais si tu voles trop pour devenir riche du jour au lendemain, tu seras pris. » Pendant son régime, Mobutu a amassé une fortune énorme, avec de nombreux châteaux et villas au Portugal, en Suisse, en France, en Belgique, et qui sait où encore – le tout, volé dans les caisses de l'Etat.

Dans les années 90, il y a eu deux pillages à l'échelle nationale. En 1991, une partie de l'armée s'est rebellée pour non-paiement de ses salaires et a commencé à piller, une grande majorité de la population pauvre s'y associant spontanément. Les pillages de 1993 sont également le fait de soldats payés avec des billets qui n'ont pas été acceptés sur le marché. De nombreux policiers s'y sont joints, suivis par une grande foule de pauvres à Kinshasa ainsi que dans d'autres centres urbains du pays.

Toutes les usines, les magasins et les maisons ont été pillés. Un professeur d'université et pasteur, dont la famille nous avait accueillis quelques semaines quand nous sommes arrivés la première fois au Congo, nous a raconté qu'on ne leur avait même pas laissé une cuillère dans leur maison.

On nous a dit que lors des pillages, des gens simples d'esprit avaient emportés des écrans d'ordinateur en les prenant pour des téléviseurs. Puisque les supposés téléviseurs n'ont pas fonctionné, les pillards se sont mis en colère et les ont détruits. Nous connaissons une Slovaque à Kinshasa, qui est professeure de piano. Comme les pillards ne pouvaient pas emporter son piano, ils l'ont jeté dans sa piscine.

Au moment des pillages, la plupart des étrangers quittèrent le pays et l'économie s'effondra. Avant l'indépendance de la Belgique, le niveau de vie au Congo était l'un des plus élevés d'Afrique, au même niveau que celui de l'Afrique du Sud. Mais sous le régime de Mobutu, le Congo a été complètement dépossédé. Aujourd'hui, le pays a un des niveaux de vie les plus bas du monde.

Dans son rapport, le Dr Nour explique plus en détail l'évolution du Congo après Mobutu et la situation dans l'est du pays :

« Après la fin de la Guerre froide, les puissances occidentales ont lâché Mobutu car on n'avait plus besoin de lui en tant qu'allié africain le plus important dans la lutte contre le communisme. En 1997, Mobutu avait dû fuir le pays lorsque l'armée rebelle, dirigée par Laurent Désiré Kabila, le père de Joseph Kabila (président du Congo de 2001 à 2019), et ses alliés ougandais, rwandais et angolais étaient entrés à Kinshasa. Les armées ougandaise et rwandaise ont pris le pays d'assaut ; ils ont envahi l'est, occupé ensuite le nord, puis le sud, et finalement, avec les troupes angolaises, ils ont conquis Kinshasa.

Laurent Désiré Kabila a été investi comme nouveau président avec l'aide de ses alliés, mais refusait de livrer le butin de guerre, à savoir les matières premières congolaises ainsi que le pays congolais, à ses alliés. En juillet 1998, il demanda aux Rwandais, qui avaient entre-temps pris le contrôle des institutions étatiques et militaires du Congo, de quitter le pays. Cela a déclenché une guerre qui se poursuit encore aujourd'hui entre le Rwanda et l'Ouganda contre le Congo... Il s'agit là en effet d'un pillage des matières premières du Congo par les grandes entreprises multinationales, qui se servent du Rwanda et de l'Ouganda, ainsi que des «rebelles» et des «milices» dirigés par ces pays, comme agents d'exécution de leur stratégie d'extraction des ressources naturelles de cette région par la force.

Les combats de 1998 à 2003 ont impliqué des soldats de nombreux pays, d'où son nom de «guerre mondiale africaine». Le Rwanda et l'Ouganda ont voulu chasser Laurent Kabila parce qu'il ne leur a pas permis de voler les matières premières congolaises. Ils ont combattu, aux côtés d'opposants congolais, Laurent Kabila et l'armée congolaise. L'Angola, le Zimbabwe, la Namibie et temporairement le Tchad et le Soudan se sont impliqués dans le combat du côté de Kabila, de l'armée congolaise, des milices congolaises Maï-Maï et des milices hutus rwandaises pour repousser l'invasion de l'est du Congo par le Rwanda et l'Ouganda. Les pays qui se battaient du côté de Kabila étaient aussi intéressés par le butin des matières premières. »

La guerre a officiellement pris fin en 2003, mais se poursuit dans l'est du Congo jusqu'à aujourd'hui. Le nombre de morts est estimé entre 6 millions et 9 millions d'êtres humains ; ceux-ci sont morts soit pendant les combats, soit de maladies et de malnutrition consécutives à la guerre. Comme le nombre de morts est controversé, j'ai posé la question au Dr Nour, et elle m'a donné la réponse suivante : « Il ressort de la confrontation de divers chiffres et estimations que le chiffre de 9 millions de morts pour la période entre 1996 et aujourd'hui n'est pas exagéré. Il est impossible de déterminer un chiffre précis dans ce chaos » [Réf. 11]. Quel que soit le nombre de morts, qu'il soit de 6 millions ou de 9 millions, ce n'en est pas moins terrible.

Depuis août 2016, les provinces du Kasaï, où se trouve notre école de Mushapo, ont également été victimes de violentes milices. Des milliers de personnes ont été tuées brutalement, 80 fosses communes ont été retrouvées et plus d'un million de personnes sont devenues des réfugiés. Les chiffres précis sont inconnus, car la situation sécuritaire dans cette région ne permet pas de mener des enquêtes.

Ces troubles majeurs, provoqués de l'extérieur, laissent place à des conflits internes plus petits entre les habitants. Les tribus plus fortes peuvent exploiter ces violences et le chaos pour chasser les tribus plus fragiles, comme on peut le voir avec l'exemple de notre école de Mushapo. En 2017, les trois quarts de la population de Mushapo et des environs ont dû fuir, la plupart d'entre eux vers la capitale régionale de Tshikapa, située à 60 km, et ont dû recommencer leur vie à zéro.

Après de grands efforts, le directeur de notre école, Pierre, et les enseignants qui avaient fui avec lui, ont commencé à enseigner à nos élèves l'après-midi dans les locaux d'une école déjà existante (Photo 22). Seul un quart environ des enfants est resté dans notre école de Mushapo, à savoir ceux de la tribu Tshokwe, qui avait chassé toutes les autres tribus.

Dans l'est du pays, des dizaines de groupes dits « rebelles » commettent encore toutes sortes d'atrocités, y compris des abus sexuels commis sur des femmes. Cela oblige les gens à quitter leurs villages et leurs plantations, qui sont ensuite repris par des entreprises minières illégales qui embauchent et paient ces mercenaires. Les enfants de plus de 12 ans sont toujours recrutés comme soldats par ces groupes.

En ce qui concerne le terme « rebelles », le Dr Nour a mentionné ce qui suit :

« «Rebelle» est un faux terme général qui regroupe une variété «d'acteurs de la violence» sous la forme de groupes armés et de milices entretenus par le Rwanda et l'Ouganda. Il y a des rapports de l'ONU à ce sujet [Réf. 12]. Par «rebelles», les forces impérialistes qui veulent écraser le Congo désignent leurs sbires et leurs mercenaires qu'ils lâchent sur la population congolaise pour la décimer ou l'expulser de leur pays.

Le monde extérieur doit penser que l'apocalypse congolaise est organisée par les Congolais eux-mêmes, qui sont engagés dans une éternelle «guerre civile», laquelle ne peut pas être arrêtée par des forces externes. En réalité, cette violence est organisée par des militaires et des milices rwandais ainsi que par des groupes de criminels congolais contrôlés et financés par l'extérieur, et aussi par de faux «militaires congolais», c'est-à-dire des rwandais portant les uniformes de l'armée congolaise et intégrés dans cette armée. Le terme générique «acteurs de la violence» serait donc plus approprié pour désigner ces forces de destruction que le terme «rebelles». »

Force de maintien de la paix des Nations Unies

Quand j'ai demandé il y a quelques années à la présidente de l'UNES-CO à Kinshasa si elle pouvait nous aider avec un peu de matériel pour notre école de Mushapo, elle m'a dit que dans l'est du pays, une centaine d'écoles venaient d'être détruites ; alors comment pourrait-elle nous aider avec notre école ?

À la suite des événements terribles qui se sont produits au Congo oriental et au Kasaï, je me demande quel est le rôle de l'ONU dans ces régions. Le Congo possède le plus grand contingent de l'ONU au monde ; c'est aussi le plus coûteux, à environ 3 millions de dollars par jour. En 2018, le nombre total d'employés s'élevait à 19 000 et celui des personnels armés – une force dite de maintien de la paix – à 18 300. Mais au lieu de la paix, l'est du pays connaît depuis plus de 20 ans des violences interminables, avec quelque 9 millions de morts et 1,5 million de réfugiés congolais contraints de quitter cette région.

Pourquoi l'ONU ne parvient-elle pas à tenir ces « rebelles » sous sa coupe ? Si cette force de maintien de la paix pouvait faire la paix, il n'y aurait pas autant de morts en permanence, de villages brûlés, d'écoles détruites, de réfugiés et d'interminables traumatismes [Réf. 13].

En 2017, deux experts de l'ONU, un Américain et une Suédoise, avaient tenté d'enquêter sur les troubles qui sévissent dans la province du Kasaï. Ils ont aussitôt été kidnappés et assassinés [Réf. 14]. Où étaient les « Casques bleus » ?

Et qu'est-il arrivé à l'ambassadeur d'Italie en RDC ? En février 2021, l'ambassadeur Luca Attanasio, son garde du corps, un Carabinieri, et son chauffeur ont été tués dans l'attaque d'un véhicule de l'ONU « Programme Alimentaire Mondial (PAM) » à proximité de la capitale régionale, Goma, près de la frontière avec le Rwanda [Réf. 15].

Pourquoi n'y a-t-il pas d'enquête internationale pour plus de transparence sur ces atrocités ? Pourquoi le problème est-il présenté comme si les Congolais s'affrontaient ? Je pense que la réponse est évidente : les auteurs de ces violences et ceux qui sont derrière les dizaines de milices ne veulent pas être démasqués afin de poursuivre leur exploitation des ressources congolaises.

Notre ami belge, Junior, a travaillé pendant quelques années pour l'ONU au Congo. Il était responsable de la mise en œœuvre de la réforme nationale du secteur de la sécurité. Quand je lui ai demandé son avis sur le sujet, il a répondu :

« Pendant le processus de mise en place de la force de sécurité de l'ONU, nous avons profondément regretté que des pays comme l'Allemagne, la Belgique, la France et la Grande-Bretagne (des pays avec des soldats qui répondent pleinement aux exigences de l'ONU) aient hésité à contribuer. Ainsi, il a fallu faire appel à des soldats qui n'étaient pas toujours bien entraînés, mal équipés et même incapables de parler français avec des autochtones. Une véritable honte !

Certains de ces contingents ne viennent qu'en raison de la paye, ne sont pas vraiment intéressés par la RDC et ne sont pas prêts à prendre des risques pour accomplir une mission. En outre, il existe différentes chaînes de commandement : les contingents suivent leur propre chaîne de commandement nationale avant d'écouter le commandant des forces de l'ONU. Il n'y a pas *une* force avec *un* commandant en chef. Par conséquent, la faiblesse des soldats déployés au Congo est en partie la propre faute des Nations unies.

La sécurité est la première étape avant que tout travail d'amélioration de la situation puisse commencer. Tant qu'il n'y aura pas de normes minimales de sécurité et de stabilité, le moment ne sera pas encore venu de construire des écoles ou de faire des efforts similaires pour améliorer la situation. Nous connaissons tous la maxime «pas de développement sans sécurité».

La sécurité devrait être la priorité absolue et tous les moyens disponibles au sein de la mission de l'ONU devraient être consacrés à la stabilité, ce qui n'est pas toujours le cas ! »

Je voudrais également citer quelques exemples de rencontres positives que nous avons eues personnellement avec des membres du personnel des Nations unies afin de montrer que, même si la tendance générale d'une organisation, en l'occurrence la MONUSCO (auparavant MONUC) au Congo, va dans une direction, cela ne signifie pas que chaque individu de cette organisation agit de la même manière.

Notre ami, Junior, par exemple, a fait de son mieux pour changer les choses au sein de la MONUSCO et améliorer la situation sécuritaire au Congo. Malheureusement, il avait les mains liées et il n'a pas pu atteindre son but.

En 2000, nous avons vécu une belle collaboration avec l'UNHCR en Guinée. Nous les avons soutenus en apportant de l'aide humanitaire grâce à notre conteneur maritime, et ils nous ont aidés à la distribuer aux réfugiés de Sierra Leone et du Libéria qui vivaient dans des camps de réfugiés à la frontière en Guinée [Réf. 16].

En 2004, à Kinshasa, nous avons prévu ensemble avec les Nations unies de distribuer de l'aide humanitaire de notre conteneur maritime aux personnes nécessiteuses dans le nord du Congo. Comme l'ONU a décidé par la suite de ne plus effectuer de liaisons aériennes vers le nord, nous avons distribué notre aide aux personnes dans le besoin à Kinshasa [Réf. 17-19].

En 2006, nous avons rencontré des soldats uruguayens de la MO-NUC qui nous ont proposé de distribuer nos vivres à Kinshasa avec leurs véhicules de l'ONU pour les enfants dans le besoin (Photo 23). C'était une véritable aide pour nous car nous n'avions pas encore de voiture à ce moment-là.

Exploitation des matières premières

Un autre article du Dr Nour explique pourquoi le peuple congolais ne partage pas la richesse du Congo :

« Bien que le Congo soit l'un des pays les plus riches du monde en ressources, sa population est considérée comme l'une des plus pauvres au monde [Réf. 20]. La population ne peut pas bénéficier de la richesse des ressources du pays car celles-ci profitent aux grands investisseurs dans le secteur minier et aux dirigeants politiques. Les politiciens garantissent aux investisseurs les conditions de l'exploitation déloyale des matières premières du Congo et reçoivent, en contrepartie des fonds de corruption et des participations dans des activités illégales qui servent à leur enrichissement personnel.

Alors que les compagnies minières réalisent des milliards de dollars de profits annuels, seul un petit pourcentage de ce montant est perçu par l'État. La majeure partie de ces profits ne passant pas par les caisses de l'État, ils ne peuvent donc pas aider à couvrir les dépenses de celui-ci, mais ils sont détournés par les dirigeants corrompus [Réf. 21]. D'autres pertes de plusieurs milliards sont liées à la vente d'actifs et de concessions à une fraction de leur valeur [Réf. 22].

Mais ce n'est que la partie visible de la tragédie des ressources du Congo. Depuis la première guerre du Congo en 1996 – 1997 et l'invasion de l'est du Congo par les États voisins, le Rwanda et de l'Ouganda, l'État a perdu le contrôle de l'est du Congo. Là-bas, des groupes armés locaux, ainsi que d'autres provenant de l'extérieur, permettent l'extraction des matières premières de manière illégale et dans des conditions inhumaines pour les travailleurs des mines artisanales [Réf. 23].

Les matières premières font ensuite l'objet d'un trafic frontalier illégal vers les pays voisins, d'où ils sont ensuite revendus sur les marchés mondiaux. L'exploitation minière artisanale s'est également répandue dans le sud du Congo, avec des pratiques de contrebande similaires, bien que cette région soit largement dominée par les grandes entreprises minières. L'État perd ainsi des milliards de dollars de recettes du secteur minier. Il n'est pas possible de déterminer avec précision la proportion exacte de matières premières faisant l'objet d'un commerce légal et illégal ; dans certaines études, ce ratio est estimé à 1 (légal) pour 10 (illégal) » [Réf. 24 & 25].

J'ai entendu un jour un homme du Malawi parler à un Congolais des problèmes du Congo. Le Malawien a déclaré : « Votre problème, ce sont toutes les richesses du sol, les nombreux minerais et matières premières. Nous n'avons que des cacahuètes ; personne ne s'y intéresse. » Les activités rebelles et les troubles sont particulièrement fréquents dans les pays qui possèdent une grande quantité de ressources naturelles. C'est une conséquence de l'égoïsme, de la cupidité et de la corruption des gens, à l'intérieur comme à l'étranger. Il en résulte une pauvreté extrême, un manque d'éducation, ainsi qu'un manque d'infrastructures et de développement, au Congo comme dans de nombreux autres pays du monde. Cette misère n'est en tout cas pas de la faute des enfants. Ceux-ci méritent une meilleure chance dans leur vie et notre objectif est de la leur donner !

Chapitre 2

Plan stratégique
– comment peut-on aider

Mon épouse et moi voudrions que tous les enfants du Congo puissent avoir une alimentation saine, une éducation adéquate et une formation professionnelle qui leur permettrait d'avoir un avenir meilleur. Nous pensons qu'une meilleure éducation, y compris professionnelle, accompagnée d'une plus grande concentration sur le développement de l'agriculture et des infrastructures qui y sont associées, pourrait augmenter le niveau de vie dans ce pays sans engager de lourdes dépenses.

Le Congo dispose de 80 millions d'hectares de terres agricoles en dehors de ses vastes forêts. Au lieu d'importer des aliments de base, comme c'est le cas actuellement, on pourrait développer l'agriculture pour nourrir la population et exporter les surplus de la production, comme le font certaines autres nations africaines.

On pourrait cultiver et exporter du café et du cacao, ainsi que des légumes et des fruits délicieux comme des bananes, des avocats, des ananas et des papayes, ou des arachides et des noix de coco. D'autres noix et fruits succulents que la plupart des gens n'ont jamais vus poussent également là-bas. Les avocats du Congo sont deux fois plus gros que ceux que l'on trouve dans les supermarchés en Europe !

Le beurre de cacahuète est le plus savoureux et le plus nutritif qui soit et les amateurs l'apprécieront. Il est produit à 100% à partir d'arachides cultivées biologiquement – simplement broyées et sans aucun additif. Il y a aussi du miel 100% naturel, si délicieux et si sain. Si vous aimez la tisane, vous devriez sentir l'arôme puissant de la citronnelle que j'ai ramenée de l'intérieur du pays, qui pousse là-bas à l'état sauvage. Je n'avais jamais vu des plantes de citronnelle d'une telle qualité.

J'hésite à parler du bois local merveilleux de leurs forêts, car ce serait une injustice que d'abattre encore plus de ces arbres splendides sans en replanter d'autres, notamment ceux de la forêt tropicale. À la maison, nous avons quelques belles œuvres d'art du Congo, réalisées en bois de Wengé : une émouvante représentation en relief d'une mère et de son bébé et deux tabourets robustes en forme d'éléphants (Photo 24). Ce bois est si dur que même les termites ne peuvent pas le manger.

Même si nous n'avons pas assez d'argent et d'influence pour amener des changements à un niveau supérieur et aider sur une échelle plus grande, nous faisons tout ce que nous pouvons pour améliorer la situation, au moins dans certains endroits. Ce faisant, nous voulons également montrer à travers nos projets comment des changements positifs peuvent être réalisés à petite échelle.

« Aide Active Directe » en Afrique

Depuis l'an 2000, Lenka et moi avons mené, avec des amis, des projets d'aide humanitaire dans six pays d'Afrique. Nous avons vécu plus de 10 ans en Afrique. Depuis notre base actuelle en Europe, nous continuons à organiser et à superviser les actions au Congo par courrier électronique et à faire de notre mieux pour éveiller les consciences et obtenir du soutien. Voici un aperçu de ce que nous avons accompli en Afrique depuis le début de notre mission.

La Guinée et le Nigéria

Avant mon séjour en Afrique, j'ai travaillé avec d'autres bénévoles pour apporter du matériel humanitaire à des orphelinats en Slovaquie et en Ukraine, que nous avions reçu d'amis en Allemagne. Mon ami Karl dirigeait une mission qu'il avait établie à Conakry, la capitale de la Guinée. Lorsqu'il m'a demandé en 2000 d'y apporter ce type d'aide, j'ai accepté, car j'étais conscient des besoins bien plus grands en Afrique. C'était un avantage que de travailler avec Karl et son équipe, car, d'un côté, ils avaient besoin de mon aide et, de l'autre, j'ai eu l'occasion de profiter de leur expérience sur la vie en Afrique.

Des amis en Allemagne ont peu à peu récolté une telle quantité de matériel de secours qu'ils ont rempli un conteneur de 40 pieds (12 mètres de long). Avec l'aide de ma famille et d'autres travailleurs humanitaires, nous avons collecté, trié et emballé ces fournitures. Une fois la longue liste d'exigences douanières à Conakry satisfaite, nous avons importé et distribué ces biens aux habitants les plus nécessiteux de la capitale et aux réfugiés de Sierra Leone et du Libéria. À cette époque, environ un million de personnes avaient fui les combats dans ces deux pays vers la Guinée et vivaient dans des camps de réfugiés près de la frontière.

Davantage de détails sur notre travail en Guinée et dans les autres pays où nous avons travaillé sont disponibles sur le site Web d'ADH : lettres circulaires ici [Réf. 26 & 27], vidéos ici [Réf. 28].

A la même époque, Lenka a travaillé pendant un an au Nigéria. Voici son compte rendu de cette période : « Au Nigéria, j'ai participé à des opérations d'aide médicale où nous nous sommes rendus, avec d'autres bénévoles et du personnel médical, dans des zones rurales dans différentes régions du pays. Nous avons distribué des médicaments aux hôpitaux qui en manquaient, et nous avons installé des pharmacies modestes, où la majorité de notre groupe de bénévoles travaillait. Les gens venaient de toute la région, et après avoir consulté l'un de nos médecins, ils se présentaient chez nous avec leurs ordonnances. Nous leur avons expliqué dans leur langue locale combien de comprimés ils devaient prendre et quand. J'ai aidé un dentiste et même un ophtalmologiste pendant une opération où il a enlevé mécaniquement la cataracte d'un patient. L'équipe médicale a également effectué de nombreuses opérations basiques, pour guérir des hernies inguinales, par exemple. Au total, nous avons aidé 2000 à 3000 personnes par semaine » (Photo 25).

La Zambie

En 2001, Lenka et moi avons travaillé ensemble à Lusaka, la capitale de la Zambie. À cette époque, les cultures agricoles du Mozambique et de la Zambie orientale avaient été détruites par les inondations. La plupart des fermiers avaient vendu leur maïs à des commerçants de la capitale et n'avaient pas les moyens de racheter leurs propres récoltes car les prix avaient triplé entre-temps. Ils mangeaient des racines qu'ils avaient déterrées, des fruits pas mûrs et plus généralement tout ce qu'ils pouvaient trouver de comestible. Comme ils avaient plus que tout besoin de nourriture, nous avons décidé de distribuer du maïs aux personnes les plus défavorisées dans le district de Pétauke, à l'est du pays.

Nous avons demandé à des représentants du chef local et du bureau social ainsi qu'à des pasteurs de diverses confessions de créer un comité pour choisir qui devait recevoir l'aide parmi les handicapés, les orphelins et les veuves. Les personnes aidées ont dû apporter leurs papiers d'identité pour confirmer qu'ils étaient sur la liste. Après avoir distribué le maïs à plusieurs endroits, le chef nous a offert une chèvre en signe de son estime et de sa gratitude.

Le Cameroun

En 2002, nous nous sommes installés au Cameroun et avons importé notre deuxième container de 40 pieds de matériel humanitaire (Photo 26). Avec des amis et des membres de « Aide Active Directe » qui étaient venus avec nous au Cameroun, nous avons distribué des fauteuils roulants, des béquilles, des déambulateurs et des articles similaires à des institutions de Yaoundé et de Douala.

Nous avons donné des vêtements, des chaussures et des draps aux Pygmées près de Kribi avec l'aide du Dr Emma. Il avait grandi dans leur région et les soutenait. Comme beaucoup d'arbres avaient été abattus dans la forêt tropicale, ces Pygmées ont progressivement perdu leurs moyens de subsistance et ont dû trouver d'autres moyens pour subvenir à leurs besoins. Certains d'entre eux se sont donc installés aux confins de la forêt tropicale et étaient reconnaissants de toute aide qu'ils pouvaient recevoir.

Chez les Pygmées

Lorsqu'il était maire d'une grande ville dans cette région de forêt tropicale, le Dr Emma avait découvert que certaines personnes de la tribu bantoue locale maltraitaient et exploitaient les modestes Pygmées. Par exemple, un Bantou pouvait demander à un Pygmée de chasser un animal pour lui, puis ne lui donnait rien en échange. Le Dr Emma a demandé aux Pygmées de l'avertir si cela devait se reproduire. Il mettait alors le malfaiteur en prison pour 2 à 3 jours, ce qui servait de mise en garde pour les autres Bantous.

Nous avons passé un moment merveilleux chez les Pygmées, bien que notre voyage dans leur région ait été parfois effrayant. Nous sommes allés en pleine forêt avec une jeep et un camion chargé d'articles provenant du conteneur. Comme il n'y a que des routes de terre là-bas, on a toujours du mal à avancer sous la pluie. Ces zones sont dangereuses, surtout dans l'obscurité. On ne voit aucune cabane le long de la route, au fur et à mesure que l'on s'enfonce dans la brousse sans rencontrer personne.

À un moment donné, nous avons vu une personne avec le visage figé, peint en blanc, au milieu du chemin. On nous a dit de continuer, car cette personne servait à tendre un guet-apens. Si vous vous arrêtez, des Bantous locaux sortent de la brousse et vous attaquent. Dieu merci, notre chauffeur a réussi à contourner l'homme alors même que la route était bien étroite.

Plus tard dans la nuit, notre jeep s'est embourbée. Quand le camion a essayé de l'extraire, il s'est aussi enfoncé. Nous étions déjà épuisés par le long voyage cahoteux, mais les hommes de notre équipe ont tout essayé pour libérer la jeep malheureusement sans succès. Nous avions besoin d'aide ainsi que de quelques morceaux de bois pour mettre sous les roues. Nous avons prié, et il s'est produit un miracle plus que bienvenu. Bien que nous fussions coincés au milieu de nulle part et que nous n'ayons aperçu aucune maison sur notre route, nous en avons soudain vu une tout près et les Bantous qui y vivaient nous ont volontiers aidés à sortir le véhicule de la boue (Photo 27). Quel soulagement ! Peu de temps après nous avons pu repartir.

Épuisés, nous avons atteint la maison du Dr Emma au milieu de la nuit, où les Pygmées nous ont accueillis avec joie. Après avoir brièvement discuté ensemble et préparé nos lits, nous sommes allés nous coucher. Nous n'avons dormi que quelques heures car nos hôtes avaient préparé quelque chose de spécial pour nous, quelque chose qu'ils ne montrent habituellement pas aux gens de l'extérieur, même pas aux Bantous. Un danseur exceptionnel, qui enseignait aussi leurs danses tribales, était venu à pied depuis un village situé à 40 km pour nous présenter une danse extraordinaire exécutée en haut d'un palmier. Comme le veut la tradition, cette danse doit se dérouler au lever du soleil, vers 5 heures du matin.

Le danseur était entièrement couvert de vêtements et d'herbe, de sorte que personne ne puisse voir ni son visage ni aucune autre partie de son corps, pas même ses mains ou ses pieds. C'était pour que personne ne puisse le reconnaître quand il se mêlait à la foule après la performance – une marque d'humilité.

Il s'est mis à danser, a fait la roue, puis a grimpé sur un palmier. Arrivé en haut, il déplaçait son corps au rythme de la danse et rompait les grosses branches de palmier les unes après les autres avec ses mains et ses pieds nus. C'était un véritable coup de force, car ces branches sont très robustes et ont des bords tranchants là où elles sont reliées au palmier. Tout au long de la danse, deux hommes battaient des grands tambours et les femmes tapaient sur un long tronc de bambou avec des petits bâtons et chantaient en cœur, tous en rythme : un spectacle inouï !

Pour la grande finale, le danseur a rompu les jeunes pousses de la couronne du palmier, surnommées « le cœur » par les Pygmées. Ces feuilles sont utilisées pour produire du vin de palme. Puis il est redescendu, a dansé encore un moment et puis il a disparu dans la brousse. Entre-temps, le soleil s'était levé et une belle et nouvelle journée avait commencé. Le Dr Emma nous a expliqué que la danse illustre la mission que Dieu a confiée aux hommes de soumettre la terre et d'en être les gardiens. Vous pouvez aussi regarder une vidéo de cette danse [Réf. 29].

Avant et après le spectacle, beaucoup des personnes présentes ont dansé avec enthousiasme, même les adultes plus âgés et les jeunes enfants. C'était leur façon de nous remercier pour les cadeaux que nous leur avions apportés. Comme beaucoup d'habitants en dehors de la forêt tropicale les traitent en gens de seconde classe, ils ont été profondément touchés par l'intérêt que nous leur portions.

Après nos adieux, nous avons visité une école dirigée par une Mexicaine, la première dans cette région à avoir accueilli des enfants Pygmées. Nous leur avons raconté l'histoire du premier Noël à l'aide d'images en flanelle, ce qu'ils ont beaucoup aimé. Ils n'avaient jamais entendu l'histoire de Noël auparavant.

Dans un des camps des Pygmées, ils sont tous sortis de leurs cabanes, nous ont embrassés et nous ont traités comme leurs meilleurs amis ! On avait apporté des petits paquets de chocolat d'Allemagne qu'on a donnés aux enfants. Ils n'avaient jamais rien vu de tel. Le chocolat avait fondu sous l'effet de la chaleur et nous n'avons pu nous empêcher de sourire en voyant les enfants ouvrir un coin de l'emballage et le sucer avec plaisir.

Pour visiter un village bien précis, nous avons dû traverser une rivière et transborder nos fournitures de secours du camion dans des bateaux (Photo 28). C'était excitant de traverser un territoire encore inexploré par les hommes blancs. Les Pygmées de ce village n'avaient jamais vu de Blancs auparavant. Encore une fois, nous avons été accueillis par des tambours et des danses (Photo 29) et nous étions émerveillés par l'aménagement intérieur simple de leurs cabanes, qui ne contenaient que le strict nécessaire fabriqué exclusivement à partir de la végétation de la forêt.

Ce fut une expérience particulièrement émouvante quand un autre groupe de Pygmées nous a apporté un bébé dont la mère venait de mourir. Ils ne savaient pas comment garder cette toute petite fille en vie. Lenka aurait voulu pouvoir l'emmener avec nous (Photo 30), mais au moins nous avons pu leur donner un peu d'argent pour se procurer du lait en poudre et d'autres besoins, et leur dire que nous allions prier pour eux et pour le bébé.

Peu de temps après, nous avons découvert à quelle vitesse notre prière a été exaucée et à quel point les nouvelles peuvent se propager rapidement dans l'habitat naturel de ces gens simples sans la technologie moderne. Juste avant que nous ne quittions cette région et retournions en ville, un ambassadeur d'un autre pays africain a visité le même camp et a promis de s'occuper des besoins de ce bébé aussi longtemps que nécessaire. Les Pygmées se sont donnés la peine d'envoyer des coureurs pour nous annoncer cette bonne nouvelle.

Généralement, ces peuples indigènes sont heureux et affectueux, ils ont une foi naturelle en Dieu et une gentillesse qui pourrait faire honte à beaucoup d'entre nous, soi-disant « civilisés ».

La RD Congo

La moitié de notre équipe du Cameroun a déménagé avec nous en République démocratique du Congo en 2003. Nous avons été parmi les premiers missionnaires à arriver après la « guerre mondiale africaine » déjà évoquée, qui avait fait rage de 1998 à 2003. Les Congolais ont été touchés et nous ont dit à plusieurs reprises que notre présence signifiait pour eux que Dieu ne les avait pas abandonnés.

En 2004, nous avons importé au Congo notre troisième conteneur de 40 pieds pour l'Afrique (Photo 31). Cette fois, outre les dons habituels de fauteuils roulants, d'accessoires médicaux et de vêtements, nous avons apporté une machine manuelle pour réparer les chaussures et un équipement complet pour un cabinet dentaire que nous avons donné à l'Armée du Salut à Kinshasa.

L'importation d'un conteneur d'aide humanitaire en Afrique est compliquée. Même si tout le matériel humanitaire est distribué gratuitement aux personnes dans le besoin, on peut avoir de gros problèmes avec des fonctionnaires qui réclament des frais élevés imprévus. Si vous n'êtes pas préparé, vous pouvez perdre tout le conteneur. Il faut donc préparer plusieurs mois à l'avance la documentation nécessaire à la franchise douanière pour que le conteneur puisse quitter le port le plus rapidement possible, sans accroc ni frais excessifs.

Cette année-là, Lenka a eu des problèmes de santé et a dû être opérée en Europe. De retour au Congo, sa santé s'est détériorée et nous avons quitté le pays fin 2004. Nous avons appris peu après qu'elle avait besoin d'une autre opération et nous avons décidé de faire une pause dans notre activité au Congo. En 2005, nous avons déménagé en Afrique du Sud, un pays avec un climat plus doux, où nous avons aidé des amis dans leur travail et où Lenka a pu récupérer.

En 2006, nous sommes allés au Congo pour faire le point sur notre projet et voir comment Lenka se sentirait dans un climat tropical humide. Comme elle ne semblait pas en être gênée, nous avons cherché une nouvelle équipe de bénévoles qui veuille travailler avec nous et nous sommes retournés à Kinshasa en 2007, où nous avons vécu jusqu'en 2011.

Après avoir établi une nouvelle base, nous avons déplacé l'accent de nos travaux sur le soutien des enfants défavorisés. Nous avons donc lancé pour eux un programme nutritionnel d'abord dans le quartier de Kisenso (Photo 32), puis à Mokali, en périphérie de Kinshasa (Photos 33 – 35). Pas loin de là, à Kikimi, nous avons posé les fondations d'une école (Photo 36) que nos partenaires congolais ont construite et développée avec de nouveaux sponsors.

En entretenant des contacts étroits avec notre ami et voisin Michel, nous avons beaucoup appris de l'immensité du besoin à l'intérieur du pays. Avec son aide, nous avons lancé notre prochain projet à Mushapo, un village au Kasaï à environ 1 000 km au sud-est de Kinshasa.

Le projet Mushapo

Tout le monde au Congo sait que le plus grand besoin se ressent dans les campagnes, où il y a peu d'organisations humanitaires. La vie s'y déroule comme si le temps s'était arrêté et que le progrès des temps modernes était passé à côté d'eux. Ils n'ont pas de réseau électrique, pas d'eau courante, pas de routes praticables et pas assez d'écoles, et beaucoup d'entre elles ne sont ni construites ni équipées adéquatement. De plus, il y a peu d'emplois et peu d'argent. Il est très regrettable que cette population reçoive si peu d'aide pour amener son niveau de vie à un standard adéquat.

En 2011, nous avons été témoins de l'amère pauvreté des zones rurales en visitant le village de Mushapo. Les chefs du village nous ont demandé de construire une école puisqu'ils n'en avaient pas. Relever le défi de construire une école dans la brousse était une décision difficile à prendre. Malgré tous les obstacles, nous avons pu commencer la construction avec le soutien de la société agricole SADR qui nous avait invités à Mushapo. Même si on a dû se passer d'eux un an plus tard, on était heureux d'avoir tenu bon, car avec le temps, on a vu des progrès considérables. Nos principaux objectifs pour ce projet étaient de promouvoir l'éducation des enfants et le développement rural. Nous voulions montrer comment, même dans des circonstances extrêmement difficiles, la situation pouvait s'améliorer.

La formation scolaire

L'éducation gratuite pour les enfants des pauvres est probablement la meilleure « aide à l'autonomie » que nous puissions offrir. Nous voulions construire une école et l'aménager de manière à ce qu'elle puisse un jour se poursuivre sans notre soutien et notre appui. En RDC et dans beaucoup d'autres pays africains, l'accès à l'éducation ne va pas de soi.

Sans l'aide sociale aux plus démunis (sans l'aide de l'État, sans assurance maladie, ni aucune pension de retraite), les enfants sont souvent utilisés comme main d'œuvre pour soutenir leurs familles. Dès le plus jeune âge, beaucoup d'enfants ont peu de temps pour l'école parce qu'ils doivent aider à transporter l'eau, à préparer le repas, à travailler dans les champs, à prendre soin de leurs frères et sœurs et de bien d'autres tâches de ce genre.

Outre ceux qui aident à la maison, beaucoup d'enfants travaillent dans les mines ou font d'autres travaux difficiles. Parfois, quand la famille n'a pas assez d'argent pour vivre, les parents envoient leurs enfants trouver du travail : laver les voitures, nettoyer les chaussures (dans les villes), vendre de la nourriture, etc. Cela signifie que beaucoup de ces enfants ne peuvent pas aller à l'école.

Le plus grand obstacle à la scolarisation de nombreux enfants au Congo est le fardeau des frais de scolarité, que beaucoup ne peuvent pas se permettre. C'est pourquoi nous avions construit notre école de telle sorte que les parents puissent envoyer gratuitement leurs enfants à l'école primaire : un projet qui était quasiment inconnu au Congo à l'époque.

Depuis 2020, le nouveau gouvernement congolais vise officiellement à offrir davantage d'éducation gratuite pour les enfants d'écoles primaires. Il est toutefois difficile de dire dans quelle mesure les écoles des zones rurales sont concernées.

Quand, lors de notre première rencontre en 2011, l'un des deux chefs du village de Mushapo m'a demandé si je construirais ou non une école pour les enfants de leur village, je lui ai demandé : « M'aiderez-vous à construire cette école ? » Lui et l'autre chef de village ont été stupéfaits par cette question, car l'état d'esprit qui prévaut au Congo est que « l'homme blanc » a assez d'argent pour financer ce genre de projets sans leur aide. Les chefs ont accepté de nous aider et nous ont donné gratuitement 10 hectares de terrain sur lequel nous avons érigé l'école.

Nous avons été encouragés quand, après deux ans, le comité scolaire a décidé de sa propre initiative que les parents devaient participer au financement en payant 500 francs congolais (à l'époque 0,50 $) par enfant et par mois, afin de couvrir les frais de fonctionnement et de l'entretien futur de l'école. Une partie des parents ont payé ce montant jusqu'à ce qu'il y eût environ 70 dollars dans la caisse. Hélas, quelqu'un s'est enfui avec cet argent. Cela nous a aidés à comprendre pourquoi les autochtones sont généralement réticents à participer à ce genre d'actions.

Si l'on considère que les enfants dans les pays riches peuvent se rendre gratuitement dans les écoles primaires publiques, pourquoi les pauvres de ces pays pauvres devraient-ils payer pour cela ? La pauvreté ne devrait pas être une raison pour que les parents ne puissent pas envoyer leurs enfants à l'école ; au contraire, il devrait être urgent de permettre à ces enfants de recevoir une éducation !

L'éducation scolaire à l'échelle nationale est importante pour l'avenir des enfants et du pays tout entier ! Ces enfants ont tant de talents qui doivent être développés par une éducation et une formation professionnelle adaptées. Dans notre école nouvellement créée, nous avons suivi le cursus gouvernemental et enseigné le français aux enfants dès le premier cycle afin de leur donner de meilleures chances de formation continue et de futurs emplois.

Les maisons et les écoles de la région de Mushapo sont principalement composées d'une ossature en bois et en argile, avec des toits en herbe (Photo 37). Ces matériaux moins robustes doivent être renouvelés en permanence en raison des fortes pluies, des tempêtes et des dommages subis par les termites. C'est pourquoi nous avons construit nos bâtiments scolaires avec des matériaux durables, tels que des briques en terre cuite, fabriquées sur place (Photos 38 et 39), et des salles de classe lumineuses avec des fondations solides, des murs en brique et des toits en tôle résistant à la pluie (Photos 40 et 41). Ainsi, l'enseignement a pu se poursuivre sans encombre pendant la saison des pluies, ce que la population a beaucoup apprécié. Les élèves et les parents étaient particulièrement reconnaissants que l'enseignement soit offert gratuitement (photo 42).

Nous étions ravis lorsque les villageois nous ont demandé s'ils pouvaient ouvrir une école secondaire pour leurs enfants plus âgés dans nos bâtiments scolaires. Ils ont proposé de payer les enseignants eux-mêmes, sachant que nous payions les 10 enseignants et le directeur de l'école primaire et que nos moyens étaient limités. Cette solution leur était favorable, faute de quoi leurs enfants plus âgés auraient eu à déménager dans une autre ville chez des proches ou choisir une école en moins bon état dans les villages environnants. Les bâtiments étaient utilisés le matin pour l'école primaire, et l'après-midi pour les enfants plus âgés.

Le nombre d'élèves n'a cessé de croître : en 2012, nous avions débuté en enseignant à 120 enfants de Mushapo. En 2013, le chiffre est passé à 314 et comprenait des enfants des trois villages environnants de Kakondo, Shamubenze et Kamupafu. En 2014, nous avons eu 499 enfants, 414 à l'école primaire et 85 en secondaire. En 2015, les chiffres sont restés constants, avec 440 enfants en primaire et 60 en secondaire, pour un total de 500 ; en 2016, nous avons atteint un grand record : 477 dans les 6 premières classes et 90 dans les classes 7 à 9, soit un total de 567 (voir le dos du livre, photo ci-dessous).

Les enfants congolais aiment aller à l'école. Ils sont conscients qu'ils doivent apprendre pour avancer dans la vie. C'est vraiment dommage qu'autant d'entre eux se voient refuser cette opportunité.

Nous avons cherché sur place des enseignants qualifiés avec une formation universitaire et pédagogique. Notre directeur d'école participait de temps en temps à des formations continues organisées par le ministère de l'Éducation à Kamonia. De plus, l'inspecteur régional des écoles visitait notre école de temps à autre et offrait une formation complémentaire au corps enseignant.

Personnellement, je ne pense pas que ces enfants aient besoin d'un excès de connaissances académiques trop exigeantes comme le requièrent les pays développés. Je n'ai jamais eu besoin de beaucoup de tout ce que j'ai appris au lycée. Sur ce sujet, mon ami Karl en Guinée m'a envoyé les commentaires et observations suivants sur ce pays :

« Depuis une quinzaine d'années, j'ai vu et vécu ce qui se passe. Il y a peu d'évolution positive. Aujourd'hui, il y a beaucoup d'écoles et d'universités, mais premièrement, l'éducation est de piètre qualité et deuxièmement, la plupart des gens ne s'intéressent dans leurs études qu'au « marketing », à la « comptabilité », etc. Ce qui leur permet d'espérer de gagner plus rapidement et facilement de l'argent, au lieu de choisir des sujets comme la « technologie » ou « l'agriculture » ou tout autre filière qui les aideraient à faire progresser le développement.

Il n'y a pas d'écoles professionnelles ; l'artisanat n'est pas apprécié. Ils ne produisent pas d'objets comme des pots en terre cuite ou des cuisinières à faible consommation d'énergie, qui aideraient la population. Les ateliers simples pour la fabrication de produits avec des matériaux locaux sont négligés et considérés comme démodés. »

On peut observer la même évolution au Congo. Les zones rurales, où règne la plus grande pauvreté et où vit la majorité de la population, sont particulièrement négligées.

Le développement rural

Le manque d'infrastructures, en particulier le manque d'électricité et de routes praticables, constitue un obstacle important au développement rural du Congo. Avec beaucoup d'efforts, d'argent et de travail, SADR a construit une excellente ferme. Hélas, celle-ci a dû fermer au bout de cinq ans. On y cultivait ce dont la population avait besoin, mais à cause de routes mal entretenues, il était difficile de commercialiser les produits.

Comme cette société avait ses propres engins de travaux publics à Tshikapa, elle réparait de temps en temps la route de Tshikapa à Mushapo. Si on n'entretient pas régulièrement les routes de terre, elles sont ravinées par les pluies diluviennes et deviennent impraticables en quelques années (Photo 43). C'est pourquoi, au bout d'un certain temps, nous ne pouvions plus utiliser un véhicule à quatre roues motrices pour aller à Mushapo : seuls les motos et les vélos pouvaient passer (Photo 44 et couverture du livre).

SADR possédait quelques petits camions et a ouvert un magasin à Tshikapa pour vendre ses produits. Ils transportaient aussi leurs marchandises en Angola, qui n'était pas très loin de là, mais leurs véhicules sont souvent tombés en panne sur les mauvaises routes. Bien qu'ils aient pu collecter chaque jour environ 4 000 œufs frais de bonne qualité dans leur grande ferme à poules, ils ont découvert lors de leur vente en Angola que les œufs importés d'Inde étaient vendus moins cher que les prix de vente qu'ils pouvaient proposer eux-mêmes.

Autre handicap dans les zones rurales : le coût élevé du carburant ; 1 litre de diesel coûte 3 dollars ! Le coût élevé du transport est à l'origine de l'augmentation du prix des marchandises venant de Kinshasa. Un sac de ciment coûtait 14 $ à Kinshasa en 2012, alors que le même sac de ciment coûtait 35 $ à Mushapo. Le prix élevé du gasoil augmente aussi les dépenses de production d'électricité, qui est assurée par des générateurs. Les dépenses à la campagne sont beaucoup plus élevées qu'en ville et les revenus beaucoup plus faibles, car la population rurale ne reçoit qu'une fraction des revenus de la vente de leurs produits agricoles en ville.

Avec des routes adaptées pour la commercialisation des produits agricoles, les agriculteurs pourraient produire beaucoup plus. Dans la région montagneuse au nord de Tshela, j'ai goûté de gros citrons juteux comme je n'en ai vu nulle part ailleurs. Ils sont tombés des arbres et ont pourri parce qu'il n'y avait aucun moyen de les transporter au marché. Il y a aussi des noix exotiques et délicieuses qui poussent à l'état sauvage et qui pourraient être vendues dans les villes.

Dans le grand lac Mai Ndombe, les poissons meurent de vieillesse car les locaux n'ont aucun moyen de les pêcher en plus grande quantité et de les transporter à Kinshasa. À la place, on importe du poisson congelé, ce qui permet aux douanes et aux commerçants de la ville de gagner beaucoup d'argent.

Pour soutenir l'école de Mushapo, nous avons lancé un projet agricole dont le revenu devrait aider à financer son fonctionnement. Ce projet devrait également contribuer à répondre aux besoins de la population locale en denrées alimentaires de base et à apprendre aux élèves à cultiver des produits agricoles (Photos 45 – 47).

Le vol

Un handicap majeur auquel nous avons fait face, tout comme l'a fait SADR dans cette région, était le vol. Les locaux et certains de leurs propres travailleurs leur avaient tant volé que l'entreprise agricole a été contrainte d'embaucher plusieurs policiers et soldats armés qui montaient la garde jour et nuit, et qui parcouraient les champs la nuit avec trois bergers allemands.

Il y a aussi d'autres types de voleurs. Quand les villageois laissent leurs chèvres se balader librement dans les champs, celles-ci dévorent une quantité effarante de feuilles des plantes et des racines de manioc qui poussent au-dessus du sol. SADR attrapait alors ces chèvres errantes et les enfermait dans leur camp pour donner une leçon aux propriétaires. Ceux-ci avaient à payer une amende pour la remise en liberté de leurs chèvres.

Malgré toutes les tentatives, la ferme a dû abandonner après cinq ans, car elle avait perdu trop d'argent. Il est regrettable que la population locale n'ait pas réalisé le mal qu'elle se faisait en perdant les emplois qui lui avaient rapporté de meilleurs revenus. Il leur faut plus que du développement matériel ; au lieu de vivre seulement le jour présent, les gens doivent apprendre à penser à leur avenir et à celui de leurs enfants.

Les villageois jugeaient qu'il n'était pas si grave de voler à la SADR, car c'était une entreprise étrangère. Même en ce qui nous concerne, alors que nous leur avions construit une école et que leurs enfants pouvaient y aller gratuitement, certains d'entre eux pensaient encore : « L'homme blanc a de l'argent et il peut continuer à investir plus. » Bien sûr, tout le monde ne pense pas ainsi, mais il suffit de quelques fauteurs de troubles pour ruiner tout le projet.

Un jeune ami congolais s'est exprimé sur le sujet : « Il est courant d'entendre des locaux dire que lorsqu'un Blanc te donne quelque chose dans une main, il en prend dix fois plus avec l'autre. » Comme je l'ai exposé au chapitre 1, c'est malheureusement le cas de certains Blancs, mais pas de tous. Il est triste que des étrangers cupides, comme les multinationales minières, donnent aux Congolais cette mauvaise impression des étrangers en général.

Le vol est un problème majeur, pas seulement au Congo. Certains propriétaires d'entreprises à Kinshasa nous ont dit qu'ils passaient outre si leurs travailleurs volaient moins de 10% des produits, car leurs salaires sont déjà très bas. Mais si on leur vole plus, ils sont obligés de faire quelque chose. De nombreux facteurs sont impliqués dans le vol, mais ne pas avoir assez à manger exacerbe évidemment le problème. J'ai rencontré des étrangers à Kinshasa qui m'ont dit franchement que si leur famille n'avait rien à manger, ils voleraient aussi pour nourrir leurs enfants.

Mon ami congolais s'est exprimé sur le sujet : « Si les employeurs (congolais ou non) payent des salaires irréalistes, ce sont eux qui créent le problème. Par exemple, comment peuvent-ils payer un salaire de 100 $ par mois à une personne qui passe tout son temps au travail et qui loue un logement pour 150 $ par mois ? Ou alors, que se passe-t-il quand il paie 80 $ à une personne qui doit débourser 40 $ par mois pour se rendre au travail ? Bien sûr, le travailleur cherchera à générer des revenus supplémentaires de l'endroit où il passe tout son temps – le lieu de travail. Et comment ? Par le vol, en mendiant des pourboires auprès des clients ou en facturant des frais, etc. Cela concerne également l'État en tant qu'employeur et montre l'absence d'adaptation des salaires au coût de la vie. »

Mais voler n'est pas seulement un délit des pauvres ; les gens intelligents et éduqués font de même, seulement à un niveau beaucoup plus

élevé. Theodore Roosevelt l'a un jour dit de la manière suivante :
« Quelqu'un qui n'est jamais allé à l'école peut voler dans un wagon de
marchandises ; mais s'il a une formation universitaire, il peut voler tout
le chemin de fer. »

Plus l'influence est grande, plus le résultat est mauvais, comme avec
les anciens dirigeants du Congo, le roi Léopold II et le président Mobutu,
jusqu'à même certains gouvernements récents et entreprises cupides
dans le monde entier.

Il y a des endroits au Congo où les produits agricoles ne sont pas
volés, comme à Mweka, d'où vient François, puisque tout le monde y
pratique l'agriculture et a assez à manger. J'ai vu la même chose au nord
de Tshela, où tout le monde cultive la terre et s'entraide en période de
culture et de récolte. C'est pourquoi ces agriculteurs mangent bien et
suffisamment. Cela dépend surtout des personnes et de leurs attitudes.

Cela me rappelle quelque chose qui m'est arrivé une fois en Inde, et
qui montre que pas tous les pauvres sont des voleurs, même lorsqu'une
opportunité se présente. Un jour à Calcutta, ma première femme, Daniela, et moi sommes rentrés à la maison avec deux de nos jeunes enfants dans un rickshaw. Par mégarde, nous avons oublié un sac qui
contenait beaucoup de papiers importants et de l'argent dans le pousse-
pousse. Nous ne l'avons remarqué qu'en arrivant à notre appartement à
l'étage et nous pensions alors que notre sac avait disparu pour toujours.
Une heure plus tard, le conducteur du pousse-pousse est revenu à la
maison où nous logions et a demandé des renseignements sur les étrangers. Quand il nous a trouvés, il a rendu le sac avec tout ce qu'il y avait
dedans. C'était un homme pauvre, honnête, aux convictions fortes et je
ne l'oublierai jamais !

Des héros dans la brousse

Pour atteindre Mushapo, nous avons dû prendre de vieux avions de
Kinshasa à Tshikapa, et ensuite, la plupart du temps, parcourir 60 km
en moto à travers la brousse jusqu'à notre école. J'admire beaucoup ces
chauffeurs de moto. Sur leur route, ils doivent à chaque fois négocier,
lors d'un barrage routier, avec divers responsables qui contrôlent les
papiers des véhicules et perçoivent des péages routiers, mais qui es-

pèrent également un « certain encouragement » pour améliorer leur quotidien.

En 2016, ma fille aînée, Angela, m'a accompagné lors d'un voyage à Mushapo. Au barrage routier, les fonctionnaires voulaient encore plus d'argent que ce que leur donnaient les chauffeurs. Pendant près d'une heure, nous avons marchandé et perdu du temps précieux. Des nuages sombres annonçaient de la pluie et nous n'étions qu'au début de notre parcours. La situation semblait désespérée et notre couleur de peau blanche ne nous était pas favorable dans de telles circonstances !

Enfin, je me suis souvenu d'un événement de l'Ancien Testament, où l'armée d'Israël était en minorité face à ses ennemis (2 Chroniques 20:17-24). Ils ont loué Dieu et Il leur a donné la victoire. Alors j'ai fait tout haut l'éloge de Dieu et j'ai crié : « Alléluia ! Louons Dieu pour les difficultés et les victoires qui en découleront... » D'un coup les visages sinistres des fonctionnaires se sont détendus et ils ont même souri. Mon comportement les a encouragés et ils étaient bientôt de bonne humeur et nous ont laissé continuer. Sur le chemin du retour, ces mêmes fonctionnaires m'ont accueilli avec un « alléluia » retentissant !

En fait, il se mit bientôt à pleuvoir. Mais au lieu d'attendre que la pluie cesse, les motards nous ont demandé de monter sur la moto et de continuer notre chemin, puisqu'il allait bientôt faire nuit et que la pluie ne semblait pas s'arrêter. Nous avons atteint notre camp à Mushapo dans le noir, trempés par la pluie et nos chaussures étaient imbibées d'eau après la traversée de la dernière rivière.

Nous avions froid, nous étions affamés et reconnaissants d'avoir un repas chaud avant de nous coucher. Mais nos chauffeurs ont fait demi-tour après le repas, et sont rentrés chez eux après avoir passé encore trois heures dans la brousse, dans le noir. Deux jours plus tard, ils sont revenus nous chercher. Une fois de plus, ils sont venus de nuit, se sont couchés sur notre plancher après un repas, et se sont levés à 5 heures du matin, car nous devions arriver à l'aéroport à temps.

Au moins, il n'a pas plu sur le chemin du retour et cette fois-ci, nous avons retiré nos chaussures avant de traverser la rivière. Seuls nos bras et nos jambes ont été mouillés par les buissons que nous avons effleurés en passant, puisqu'il avait plu la veille. Bien que nous nous baissions le plus possible, des branches surplombantes nous tapaient parfois au visage. Là-bas, personne ne porte de casque ; c'est pourquoi nos conducteurs endurcis se sont pris la grosse partie des branches. C'est un véritable art que de manœuvrer sa moto à travers des sentiers boueux ou sablonneux. Parfois, il fallait descendre de la moto parce que la pente était trop raide et dangereuse.

Quand nous sommes arrivés à l'aéroport, nous étions heureux d'être sains et saufs, et à l'heure pour notre vol. Comme toujours, il y a eu quelques difficultés avec les fonctionnaires de l'aéroport, mais rien de comparable avec la vie difficile de ces motards.

En traversant la brousse, on croise parfois des femmes au bord des ruisseaux ou des petites rivières qui lavent leur linge et baignent leurs enfants. D'autres femmes portent de lourdes charges sur la tête, parfois avec un bébé sur le dos, pendant plusieurs kilomètres jusqu'au marché. Elles travaillent dur pour gagner assez d'argent pour leur repas quotidien. Le lendemain, elles repartent dans leurs champs, cueillent de nouvelles feuilles de manioc et marchent à nouveau pendant des heures pour les revendre.

Un autre groupe de héros sont les hommes qui, pendant les pluies et dans la chaleur, tirent des lourdes charges sur leurs vélos sur de longues distances (cf. photo 13). Ils travaillent dur toute la journée et, nous diton, s'effondrent parfois d'épuisement.

Un jour, Pierre, le directeur de notre école à Mushapo, nous a demandé de prier pour sa fille qui avait une grosse plaie rouge et douloureuse au cou, d'environ 10 cm de diamètre. Il nous a dit que beaucoup d'enfants souffraient de cette maladie. La jeune fille n'a pas pu aller à l'école pendant une semaine en raison de la forte douleur. Notre centre médical n'étant pas encore opérationnel, elle aurait eu à marcher 35 km jusqu'à la plus grande ville la plus proche, Kamonia, pour trouver un médecin ou un hôpital.

Après avoir prié pour cette fille malade, Angela et moi sommes allés au lit, mais je n'ai pas pu m'endormir. Je pensais à Pierre, qui devait s'occuper de neuf autres enfants, pour la plupart tous très jeunes. Trois d'entre eux étaient les siens, les autres provenaient de proches qui ne pouvaient pas s'en occuper, ce qui est souvent le cas au Congo. Nous avons été très heureux d'apprendre, quelques jours plus tard, que sa fille s'était rétablie.

Une de nos enseignantes enseignait avec son bébé sur le dos. Le bébé était malade, mais la mère continua sans relâche (Photo 48). Comme cela peut facilement arriver dans la brousse, le bébé ne s'est malheureusement pas remis de sa maladie, et nous avons été choqués d'apprendre quelques semaines plus tard qu'il était mort. Les soins de santé dans ces régions reculées sont tout simplement catastrophiques.

Lors de la traversée d'une rivière, nous avons rencontré un autre héros, fort comme un ours, qui transportait des gens sur son dos de l'autre côté de la rivière, tout comme l'avait fait saint Christophe. Pour faire passer une moto – à laquelle était parfois attachée une lourde valise – il la soulevait à l'arrière et la faisait rouler sur sa roue avant en traversant le lit de la rivière. Un tour de force impressionnant (Photo 49) !

Et les précieux écoliers sont aussi des petits héros. Même s'ils vivent sans nourriture suffisante, sans soins médicaux, sans électricité et sans autres commodités que nous tenons pour acquises dans de nombreuses régions du monde, ils sont toujours souriants (Photo 50). Pour moi, c'est héroïque ! Ils apprennent à se préparer à une vie dure ! Les enfants ont un don particulier qui est celui de voir le bien et le côté positif même lors des situations difficiles. Nous espérons qu'à l'avenir, leurs besoins fondamentaux seront mieux satisfaits et qu'ils pourront atteindre un niveau de vie plus élevé.

L'exode rural

Environ deux tiers des Congolais vivent dans les zones rurales, tandis que l'aide au développement est surtout concentrée sur la capitale Kinshasa et l'est du pays, où les milices ont semé le trouble et attiré l'attention des médias. Les habitants des régions reculées du reste du pays sont le plus souvent abandonnés à eux-mêmes.

En raison de cette négligence des régions rurales, la vie de la population est très dure et marquée par l'extrême pauvreté, obligeant beaucoup à quitter leurs villages dans l'espoir de trouver une vie meilleure dans les villes. La capitale Kinshasa, qui, avec environ 12 millions d'habitants, aurait l'une des populations urbaines à la croissance la plus rapide au monde, est déjà surpeuplée et confrontée à d'énormes défis. Les villes ne cessent de croître à cause de ce flux continu de personnes fuyant la campagne, ce qui a pour effet de multiplier les conflits actuels dans la ville.

Ce phénomène d'exode vers les grandes villes se manifeste dans la plupart des pays africains. Karl, qui vit en Haute-Guinée rurale, a fait des recherches dans le domaine de l'agriculture alternative et a acquis de l'expérience avec des nouvelles méthodes de culture agricole. Il m'a envoyé cette observation sur son pays :

« Je vis avec les Peuls qui étaient traditionnellement des vachers. Pour diverses raisons, ils ont abandonné depuis longtemps leurs animaux et leur agriculture. Beaucoup de terres sont désormais à l'abandon et la plupart des jeunes ont quitté les villages. Il n'y a presque plus que des hommes âgés, des femmes et des enfants, qui ne peuvent pas travailler dans les champs. Les jeunes hommes émigrent vers les villes, petites ou grandes. Ils s'installent même à Dakar, Abidjan et bien sûr en Europe et en Amérique. Tout le monde veut faire des «affaires» et gagner de l'argent facilement. C'est ce qui se passe partout en Afrique et dans la plupart des pays en développement. »

Nous sommes confrontés à la même situation au Congo. Certains villages n'existent plus pour les mêmes raisons que Karl a mentionnées. Les jeunes des villages veulent aller dans les villes, des villes à la capitale et de la capitale à l'étranger.

D'une certaine manière, ce défi est aussi présent dans beaucoup d'autres parties du monde. L'attrait des grandes villes, surtout les grandes capitales, et de leurs promesses d'aventures, d'opportunités, d'argent, de partenariats, etc., est irrésistible pour beaucoup de jeunes. Peu importe la beauté, la propreté et le confort de leur petite ville ou village.

La crise migratoire et une solution

Pourquoi attendre que plus de gens quittent leur patrie pour trouver une vie meilleure ailleurs ? Au lieu de cela, pourquoi ne pas trouver un moyen de couvrir leurs besoins de base en nourriture, en logement, en éducation et en travail là où ils vivent maintenant ? Les choses doivent changer à un niveau plus élevé, national et international, et les finances disponibles doivent être mieux réparties et utilisées.

Voici des extraits de quelques courriels de la part d'amis en Europe à ce sujet, qui nous sont parvenus après la première grande vague de réfugiés là-bas, il y a quelques années :

- « Votre travail vous a mis sur le chemin même que l'Europe aurait dû prendre il y a de nombreuses années. Je suis convaincu que vous aidez les gens de là-bas, à travers l'éducation et la formation, à mener une vie digne dans leur patrie, grâce à votre niveau d'engagement. Quand on voit les enfants pleins de vie dans vos vidéos, on se dit que vous avez déjà fait beaucoup. Ma femme et moi ne pouvons que vous féliciter, vous et votre équipe. »

- « J'espère que les choses vont enfin évoluer dans la bonne direction (pour combattre les causes sur le terrain – comme vous le faites !). ... Je vous remercie grandement pour votre engagement en Afrique – l'aide à l'autonomie, c'est vraiment la meilleure méthode ! »

- « Nous pensons que votre travail au Congo est très important. Donner une éducation scolaire aux gens qui vivent là-bas pour qu'ils aient un avenir meilleur est vraiment très important, surtout dans la situation mondiale actuelle. »

- « Ce que vous faites en aidant les gens chez eux, c'est pour moi le seul moyen acceptable. »

Nous espérons que notre exemple et nos propositions attireront l'attention sur les moyens d'améliorer la situation, autant sur une petite échelle que sur une grande. Si tout était géré comme il se doit, les gens n'auraient pas cette nécessité de quitter leur pays pour émigrer vers d'autres.

Lorsque j'ai discuté de cette question avec mon frère aîné, le Dr Klaus Schmidt, un journaliste à la retraite, il m'a dit que beaucoup de choses devaient d'abord changer en politique et en économie, aussi bien dans les économies avancées que dans les pays en développement. Il a dit :

« S'attaquer aux causes de la migration ne devrait pas signifier envoyer plus d'aide au développement dans les pays d'Afrique mais plutôt créer des structures commerciales plus justes. Nous envoyons en Afrique tout ce que nous considérons comme des déchets, des poulets à soupe, des déchets électroniques, des « montagnes de beurre » (du surplus de beurre), car cela permet d'économiser sur les coûts de traitement des déchets. Cela détruit les industries nationales, puisque nos « déchets » y sont encore utiles et vendus à un prix élevé. En même temps, nous importons des matières premières d'Afrique – pétrole, or, diamants, cuivre, étain, cobalt, coltan – à un prix déterminé par nos grands groupes et par la communauté internationale, et dont une grande partie du bénéfice semble disparaitre dans les poches de certaines élites locales.

Ces matières premières sont à l'origine de toutes les guerres africaines, qui ne sont pas des guerres entre peuples, mais entre mercenaires dont les commanditaires veulent contrôler l'accès à ces matières premières.

C'est certainement en partie la faute de la délimitation déraisonnable et arbitraire des anciennes puissances coloniales, mais les élites africaines en portent au moins autant la responsabilité, car elles exploitent leurs propres pays et peuples.

Tant que la population locale ne développe pas une conscience politique, il n'y aura pas de changement. Mais la conscience politique est une conséquence de l'éducation et pour l'éducation, la population a besoin de revenus au-delà de leur besoin quotidien. En bref : s'il n'y a pas de développement économique permettant à une classe moyenne de se former, la situation actuelle en Afrique ne changera pas. C'est pourquoi, plutôt que de soutenir financièrement les régimes en place, il faudrait contribuer davantage à l'éducation et aux initiatives économiques qui aident le peuple en général – et les ONG peuvent généralement faire mieux que les gouvernements à cet effet.

Mais créer des structures commerciales plus justes reviendrait à augmenter le prix des matières premières et donc à réduire considérablement la prospérité des pays occidentaux. »

J'espère que la crise migratoire apportera les changements nécessaires pour que les populations des pays déchirés par la guerre et économiquement faibles puissent vivre en paix et satisfaire à leurs besoins à l'avenir. Cela leur permettrait de rester plus facilement dans leur pays d'origine et d'y vivre dignement.

Voici quelques questions que nous avons reçues d'une personne en Europe qui concernent la crise migratoire : « Ce qui me préoccupe depuis longtemps, c'est de savoir quelle est la prochaine étape pour les enfants après leur sortie de l'école de Mushapo. Devez-vous faire en sorte qu'ils aient une chance de recevoir une formation professionnelle sur place ? Que font-ils d'autre dans la brousse pour subvenir à leurs besoins ? Font-ils partie de la prochaine génération qui émigre vers les villes, qui n'y trouve que trop peu d'opportunités réelles et qui se lance ensuite dans la longue marche pour l'Europe ? Quels sont vos réflexions et vos projets à ce sujet ? »

Notre réponse :

1. L'objectif de notre école primaire (1ère – 6e année) consiste à enseigner à tous les enfants les bases scolaires, telles que la lecture, l'écriture, le calcul et le français, à leur donner un enseignement de la géographie, l'histoire du monde, la religion et l'éthique, ainsi qu'à les sensibiliser à la prévention du sida et à l'hygiène.

2. Les élèves de l'enseignement secondaire (en 7e année et après) voudront, à la fin de leurs études secondaires, probablement poursuivre leur éducation dans la capitale régionale Tshikapa, ce qui est préférable pour qu'ils puissent devenir enseignants, techniciens en informatique, artisans, menuisiers, maçons et agriculteurs. Ils apprennent aussi les bases de l'agriculture dans notre école, ce qui nous semble être la meilleure aide pour leur offrir un avenir meilleur.

3. Quelle serait l'alternative si nous ne leur offrions pas l'enseignement scolaire ? Ils resteraient peu éduqués et seraient plus facilement exploités par l'État et les pays riches. L'éducation, dont fait partie la conscience politique, peut servir de contrepoids à cette exploitation pour que le pays puisse mieux se développer.

L'article « Wanted: 11 millions professionnals to save Africa from «disaster» (On recherche : 11 millions de professionnels pour sauver l'Afrique de la «catastrophe») » montre comment la crise migratoire pourrait s'aggraver à l'avenir, si on ne fait pas plus pour aider l'Afrique à se développer. « L'Afrique a besoin d'une subvention de 11 millions de médecins, d'infirmières et d'enseignants d'ici 2030 pour éviter une «catastrophe sociale et économique» qui pourrait pousser des millions de personnes à émigrer, d'après les Nations Unies » [Réf. 30].

Le projet pilote

À Kinshasa, nous avons rencontré quelques ONG congolaises qui ont apprécié nos efforts à Mushapo et qui veulent voir des copies de notre projet dans d'autres régions de leur pays. À partir de notre propre expérience, j'ai dressé une liste des exigences que nous recommandons pour un projet scolaire à l'intérieur du pays :

1. Un soutien financier
2. Un manager local fiable et compétent
3. Du personnel de confiance formé : un directeur d'école, des enseignants, des ouvriers du bâtiment (en particulier un contremaître talentueux qui peut superviser une équipe de travailleurs)
4. La description des tâches pour le manager et son équipe (le directeur d'école, le chef de chantier) :
   - supervision du projet global (les travaux de construction, le projet agricole)
   - sélection d'employés qualifiés (enseignants, maçons, ouvriers des champs, vigiles)
   - communication avec le ministère de l'Éducation local, début de la procédure d'inscription de l'école
   - gestion de la comptabilité et création de rapports sur la progression et les difficultés du projet
   - calcul des budgets et création de devis pour les nouveaux bâtiments, le projet agricole, etc.
   - versement des salaires aux enseignants, aux ouvriers et aux vigiles ; supervision de l'achat de matériaux de construction, collecte des reçus des magasins et paiement des salaires
   - prise de photographies appropriées de l'avancement du projet
   - communication par e-mail, envoi des rapports sur la situation, des photos, etc.
5. Un équipement de base pour l'accueil des visiteurs pour qu'ils puissent dormir, cuisiner, manger et travailler ; des moustiquaires installées sur les fenêtres et au-dessus des lits ; un générateur pour recharger des batteries et pour l'éclairage en soirée

6. Un moyen de transport fiable, par avion, voiture ou moto, entre la capitale et le site du projet, en particulier pour les situations d'urgence telles que la maladie ou les accidents

7. Effectuer des démarches pour inciter les locaux à travailler en collaboration avec les travailleurs humanitaires, à respecter le projet agricole et à ne pas voler

8. Rechercher des moyens de commercialiser les produits agricoles

9. Un comité local compétent élu par les locaux pour soutenir le projet

10. Une bonne communication avec les autres écoles des environs pour éviter la jalousie et la rivalité

11. Inscrire l'école auprès du ministère de l'Éducation à Kinshasa et faire un suivi permanent à l'aide d'amis car il s'agit d'un processus long et fastidieux

12. Faire la demande de la rémunération des enseignants au ministère de l'Éducation – cela exige aussi un suivi et des efforts continus et peut prendre des années. D'ici là, si l'on veut donner des cours gratuits aux enfants, il faudra soit, un soutien extérieur, soit, un soutien financier apporté localement

13. Lancer un projet agricole près de l'école pour cultiver des produits agricoles qui serviront à nourrir la population locale, à générer des revenus pour l'école et à entraîner les élèves à pratiquer l'agronomie

14. Prioriser le changement des mentalités : au lieu de tendre la main pour obtenir de l'aide, les gens devraient prendre leur vie en main ; il est donc important d'offrir une formation professionnelle qui peut être utilisée pour créer son propre emploi

15. Une éducation morale pour tous les participants au projet et la population locale ; leur apprendre, par exemple, l'importance de ne pas voler et de penser à leur avenir et à celui de leurs enfants. C'est d'une importance capitale, car, sans la bonne mentalité, le projet finira par échouer.

16. Des contacts influents dans la capitale pour se protéger des fauteurs de trouble qui pourraient réclamer des pots-de-vin, ainsi que pour contribuer à la procédure d'inscription de l'école et à la promotion du projet

Des idées pour le développement du pays

Un professeur de physique de 83 ans à Kinshasa qui parle plusieurs langues et enseignait encore à ce grand âge, a donné les conseils suivants pour le développement de son pays : l'abattage d'arbres dans la forêt tropicale est un crime car il détruit les sous-bois précieux, les arbustes et la vie animale dans la forêt. Il conseillait aussi de produire de l'électricité dans les petites rivières et avec des panneaux solaires pour se passer de l'utilisation du diesel dans les groupes électrogènes. Il a également mis en évidence les dangers liés au détournement des cours d'eau, ce qui aura des répercussions négatives à long terme.

J'ai demandé à certains de nos plus proches amis au Congo ce qui, selon eux, contribuerait le plus au développement de leur pays. La version courte : le développement économique, l'éducation et l'agriculture ! Dans la ville, la réponse est plus complexe, car l'éventail d'habitants y est très large, allant du mendiant aux richissimes et de l'illettré aux personnes ayant un niveau d'éducation très élevé.

La version longue : il y a beaucoup d'étapes et il faudra beaucoup de temps pour transformer ce vaste pays difficile d'accès, avec peu d'éducation et d'infrastructures, une pauvreté extrême qui concerne la majorité des citoyens et une instabilité politique et économique.

Voici des propositions qui pourraient faire avancer le pays si elles étaient mises en œuvre :

1. Mettre fin à l'exploitation injuste et illégale des matières premières et à la violence dans les régions riches en ressources
2. Le revenu de l'Etat doit être investi en priorité dans le développement du pays, plutôt que de servir une minorité
3. Le développement économique pour l'ensemble de la population afin de répondre à ses besoins et contribuer au développement d'une conscience politique et d'une véritable démocratie
4. Une bonne éducation morale et une bonne conduite : honnêteté, intégrité, serviabilité
5. Une formation adéquate : au moins l'enseignement primaire, et si possible l'enseignement secondaire également
6. La formation professionnelle et l'artisanat, y compris la création

d'emplois où ils travaillent de leurs propres mains, l'esprit d'entreprise et l'engagement personnel

7. La bonne gouvernance par des lois raisonnables, dont l'obligation de respecter ces lois et la constitution

8. De meilleures infrastructures, notamment dans les campagnes : des routes adaptées, un réseau électrique, de l'eau courante, de l'eau potable

9. Plus d'agriculture, de pêche et d'élevage

10. Des salaires appropriés pour tous les ouvriers, policiers, soldats et fonctionnaires du gouvernement

11. Des mesures plus sévères pour combattre la corruption, une justice ordonnée, une sécurité renforcée et une protection de la population

12. Les responsables religieux doivent agir de manière éthique, et ne pas dépenser sans compter pour servir leurs propres intérêts

13. Informer la population dans son ensemble des dangers de la magie, de l'occultisme et de l'adoration du diable – ces influences négatives sont profondément enracinées dans la société du Congo et de la plupart des pays africains.

La réalisation de ces objectifs passe par la participation et la coopération de spécialistes du gouvernement, de l'économie, de la religion, de l'éducation, de l'agriculture et de l'anthropologie, ainsi que d'experts des ONG et d'organisations de développement. En général, la « règle d'or » devrait être appliquée : « Ce que vous voulez que les hommes fassent pour vous, faites-le de même pour eux » (Matthieu 7:12 ; Luc 6:31). Une autre formule du succès nous dit : « Il y a plus de bonheur à donner qu'à recevoir » (Actes 20:35).

Un nouveau projet à Mabala

Les violences au Kasaï ont eu de graves conséquences pour notre école de Mushapo et nos activités là-bas. Puisque nous, en tant qu'étrangers, ne pouvions plus être actifs au Kasaï, nous avons lancé un nouveau projet. En 2017, Gilbert, membre de notre association et ami de longue date, nous a demandé de construire une école à Mabala, près de Nioki, en collaboration avec l'association « BBK Asbl ». BBK signifie « Bana Basakata ya Kinshasa » (traduit par « Enfants de la tribu Basakata à Kinshasa »). Nous avons accepté le défi dans l'espoir de bâtir un projet réussi, en partenariat avec cette association et sous la supervision de Gilbert, lui-même originaire de Nioki.

Cette fois, nous avons acheté un grand terrain, 40 hectares, pour 1.000 $, puisque nous voulions construire une école agro-vétérinaire pour les élèves plus âgés – tout en pratiquant de l'agriculture et de l'élevage sur le même terrain. En 2017, nous avons commencé en fabriquant plus de 30 000 briques et en 2018, nous avons construit deux bâtiments scolaires avec six grandes salles de classe et un bureau pour le directeur d'école et les enseignants (Photos 51 – 54). Environ 300 élèves ont commencé les cours en septembre 2018 (Photo 55). L'école est appelée « ITAV ADH Mabala » (Institut Technique Agro Vétérinaire ADH Mabala) (Photo 56). En plus du cursus gouvernemental, les élèves apprennent à cultiver des fruits et des légumes, à planter des arbres et à élever des animaux (Photos 57 – 59).

Nous avons également aidé les agriculteurs des environs à cultiver du maïs, ce qui s'est révélé extrêmement difficile en raison des moyens de transport inadéquats sur route et rivière – voir la vidéo ici [Réf. 31]. Sur cette carte, on peut voir l'emplacement de nos différents projets (Photo 60).

Chaque petit pas compte

« Ne sous-estimez pas les petits pas. Une petite organisation peut faire beaucoup de bien. » C'est ce que m'a répondu le docteur Axel Weishaupt (Photo 61), l'ambassadeur d'Allemagne à Kinshasa en 2010, lorsque je lui ai dit : « Notre projet est minuscule par rapport à ce que vous pouvez faire. »

Nous sommes d'accord avec lui. Ce n'est pas la quantité d'argent disponible qui compte, mais à quelles fins et comment il est utilisé. Même si nous n'obtenons des changements que pour une petite localité, nous voulons contribuer à améliorer la situation. Certains diront peut-être : « Ce n'est qu'une goutte d'eau dans l'océan. » D'autre part, on dit aussi : « Une goutte d'eau continue à creuser la pierre. »

Réussir à apporter des changements positifs dans un pays comme le Congo – avec toutes ses complications et tous ses obstacles – est un grand défi. Cependant, même avec une petite équipe, il est possible de le faire – mais seulement avec beaucoup de patience et d'endurance.

Ne doutez jamais qu'un petit groupe de citoyens attentionnés et engagés puisse changer le monde. En fait, c'est la seule chose qui soit jamais arrivée à le faire. – Margaret Mead

Chaque petit pas nous fait avancer. Même si on ne peut améliorer que quelques endroits, on change considérablement la vie de ces gens. Je pense que les enfants et leurs familles, ainsi que les enseignants et les travailleurs dans nos projets, n'oublieront jamais la façon dont des gens sont venus de l'étranger et ont construit une école pour eux, ou leur ont fourni du travail. Ces projets servent aussi de modèles que d'autres peuvent imiter.

Mère Teresa a dit : « Si tu ne peux pas nourrir une centaine de personnes, alors n'en nourris qu'une seule. » Elle a aussi dit : « Ne vous inquiétez jamais des chiffres. Aidez une personne à la fois, et commencez toujours par la personne qui vous est la plus proche. » L'histoire suivante vous est peut-être connue, mais illustre parfaitement ce principe :

Un homme d'affaires marchait le long de la plage pendant ses vacances lorsqu'il a vu un petit garçon. De nombreuses étoiles de mer gisaient le long du littoral, emportées par la marée jusqu'à la terre, où elles mourraient certainement avant que la marée ne revienne. Le garçon marchait lentement le long de la plage, se penchait de temps en temps et rejetait une étoile de mer échouée à la mer.

L'homme d'affaires, qui voulait enseigner au garçon une petite leçon sur le bon sens, s'est dirigé vers lui en disant : « J'ai observé ce que tu fais, mon garçon. Tu as un bon cœur et je sais que tu es bien intentionné, mais tu sais combien il y a de plages ici et combien d'étoiles de mer meurent chaque jour sur la plage ? Je suis sûr qu'un garçon aussi travailleur et gentil que toi peut trouver mieux à faire avec son temps. Tu crois vraiment que ce que tu fais va faire une différence ? »

Le garçon regarda l'homme, puis regarda une étoile de mer à ses pieds. Il ramassa l'étoile de mer et la renvoya doucement dans l'océan, et lui dit : « Pour celle-là, cela a fait une différence ! » – Auteur inconnu

Chacun peut faire quelque chose

Certains peuvent penser : « Qu'est-ce que je peux faire, moi, pour faire une différence ? » Eh bien, premièrement : nous ne sommes pas tout seuls.

D'autres personnes et organisations contribuent à améliorer les conditions de vie. Sans leur aide, la situation serait bien pire. Deuxièmement : personne n'est une île isolée. Tout le monde a de l'influence et peut faire une différence dans son environnement – et même au-delà.

Ma femme et moi sommes reconnaissants envers chaque personne qui aide à changer une partie du monde. Voici quelques exemples de ce qui peut être fait :

- Assister les réfugiés et les aider à prendre pied et à s'intégrer dans la société
- Parler/écrire sur des injustices dans le monde et essayer d'inciter les gens à faire quelque chose pour y remédier
- Faire du bénévolat avec un projet créé avec des amis ou avec une ONG existante.
- Démarrer un projet d'aide, participer à un projet existant ou le soutenir de toute autre manière

William Wilberforce est un exemple encourageant de ce que quelqu'un peut accomplir dans une situation apparemment désespérée. L'abolition de la traite négrière britannique semblait être une entreprise désespérée à la fin du XVIIIe siècle. Mais son engagement inlassable sur une longue durée au Parlement britannique lui a finalement permis d'éradiquer l'esclavage. Vous pouvez voir le film « Amazing Grace » pour en savoir plus sur l'histoire de sa vie – voici la bande-annonce du film en allemand [Réf. 32].

Je cherche des gens qui travaillent dans des positions influentes, comme l'a fait William Wilberforce, et qui sont ouverts à l'idée de regarder de plus près ce qui se passe au Congo. Il nous faut quelques William Wilberforce modernes qui défendent les droits de ceux qui ne peuvent pas se défendre eux-mêmes !

Une autre personne qui s'est lancée pour changer le monde était Mère Teresa. Elle a commencé toute seule à aider les pauvres dans les rues de Calcutta. Quand elle a quitté son ordre de sœurs, le prêtre qui l'avait comprise lui a conseillé de ne pas y aller seule et de vivre dans la rue. Sa réponse était : « Jésus est avec moi. »

Elle était convaincue qu'elle suivait la volonté de Dieu. Elle a fait ce qu'elle pouvait et elle avait confiance en Dieu pour tout ce dont elle avait besoin. Et Il a rempli sa part du marché – et comment ! Au début, elle demandait l'aumône aux coins de rue et des restes de nourriture au marché pour les pauvres qu'elle avait pris en charge. Son ancienne mère supérieure a demandé au prêtre : « Qu'est-ce qu'une seule personne peut faire contre tout le mal du monde ? » Il a répondu : « Elle a décidé de le faire et a obtenu l'approbation de l'Église. »

Puis une de ses anciennes élèves a décidé de la rejoindre. Finalement, de plus en plus de gens ont proposé de travailler avec elle. Petit à petit, sa zone d'influence s'est développée, avec encore plus d'aide de l'extérieur, plus de bénévoles et plus de soutien financier. Elle a dû faire face à beaucoup d'obstacles et de résistance ; mais rien ne l'arrêta jusqu'à ce que le monde reconnaisse enfin qu'elle avait créé avec ses collaborateurs une œuvre merveilleuse. Mais elle avait pourtant commencé toute seule, par pur désir d'aider les pauvres et en croyant faire ce que Dieu voulait d'elle. Et elle a réussi ! Il existe également une adaptation cinématographique poignante de l'histoire de sa vie, intitulée « Mère Teresa ». Voici un lien vers la bande-annonce de ce film en anglais [Réf. 33].

William Wilberforce, Mère Teresa et d'autres avec des réalisations similaires étaient des gens extraordinaires. Nous n'avons pas à faire la même chose qu'eux. Mère Teresa a dit : « On ne peut pas faire des grandes choses sur cette terre, juste des petites choses avec beaucoup d'amour. » Les deux héros avaient le soutien de nombreuses personnes qui les assistaient dans leurs efforts, sinon ils n'auraient pas eu autant de succès. Si chacun d'entre nous fait preuve d'amour, d'égards et de gentillesse envers ses semblables, cela changera notre partie du monde. Même si nous ne pouvons rejeter qu'*une* seule étoile de mer dans l'océan, cela fait une grande différence pour celle-ci.

Toute l'obscurité du monde ne peut éteindre la lumière d'une seule bougie.
– François d'Assise

Sois le changement que tu veux voir dans le monde. – Arleen Lorrance

Personne n'a jamais fait de plus grosse erreur que celui qui n'a rien fait parce qu'il ne pouvait que faire si peu. – Edmund Burke

Tu ne peux pas passer un seul jour sans avoir un impact sur le monde qui t'entoure. Ce que tu fais fait une différence, et tu dois décider quel type de différence tu veux faire. – Jane Goodall

Nous ne sommes pas seulement tenus responsables pour ce que nous faisons, mais aussi pour ce que nous ne faisons pas. – Molière

L'ennemi le plus dangereux que nous devons combattre est de loin l'apathie, l'insouciance, quelle qu'en soit la cause, non pas par ignorance, mais par négligence, par le fait d'être absorbé par d'autres activités, par mépris découlant de l'autosatisfaction. – William Osler

Même si je savais que le monde s'effondrerait demain, je planterais tout de même mon pommier. – Martin Luther (1483 – 1546)

Que chacun balaie devant sa porte et le monde entier sera propre. – Johann Wolfgang von Goethe (1749 – 1832)

Chapitre 3

La vie dans les pays industrialisés

Introduction

Dans ce chapitre, je fais référence à certains défis dans les pays développés afin de chercher des solutions. Dans la deuxième moitié du livre, chapitres 4 à 6, je vais essayer de traiter le problème à la racine pour illustrer ce qui peut être fait pour obtenir des changements dans les deux parties du monde, les nations avancées et les pays en voie de développement.

Deux Perspectives

Étant donné que Lenka et moi-même sommes actifs en Afrique et en Europe, les nombreux avantages et inconvénients de ces deux continents et ces deux cultures nous semblent plus évidents. Nous sommes convaincus qu'il n'est ni nécessaire ni avantageux de vouloir faire des pays en voie de développement une copie conforme du monde industrialisé. Bien sûr, il y a beaucoup de choses que les pays pauvres peuvent apprendre des pays technologiquement plus avancés, mais il faut éviter les effets négatifs de cette évolution.

Une bonne organisation et une formation scolaire et professionnelle adéquates sont des éléments importants du développement. Il est remarquable de voir combien la technologie moderne peut nous aider à progresser. Chaque fois que je rentre d'Afrique, je suis étonné de l'efficacité avec laquelle les gens travaillent en Europe. Chaque lopin de terre est exploité et utilisé pour quelque chose de productif.

On s'émerveille du travail efficace des agriculteurs qui préparent leurs champs, plantent et récoltent. Un jour, vous voyez les champs prêts à être récoltés avec des céréales, et quelques jours plus tard, ils sont déjà moissonnés. Il ne reste plus que du foin ou de la paille, le tout soigneusement mis en balles prêtes à être entreposées. Les maisons et les routes sont belles et bien construites. Bien sûr, il existe également des différences d'un pays à l'autre en Europe, mais les besoins fondamentaux des citoyens sont généralement bien satisfaits. Nous souhaitons que les Africains puissent vivre sous d'aussi bonnes conditions.

En Afrique, on constate clairement le manque de nourriture, d'éducation scolaire, de routes carrossables et d'infrastructures stables. Les problèmes dans les régions du monde hautement développés sont moins évidents, car ils sont associés aux avantages apparents. La prospérité matérielle, par exemple, peut facilement conduire à la perte de valeurs vitales telles que l'assistance aux autres et le bien-être intérieur de l'individu.

Si nous prenons garde à ces faiblesses et refusons de les accepter dans nos vies, nous pouvons les éviter et les contrer. C'est facile à dire, car nous sommes influencés par la société dans laquelle nous vivons. Si l'air autour de nous est pollué, nous ne pouvons pas simplement arrêter de respirer. Au lieu de cela, nous devrions trouver une solution pour arrêter la pollution et purifier l'air. Il n'est pas facile de nager à contre-courant, mais c'est possible, et si nous arrivons à le faire, nos muscles seront renforcés. Nous montrerons ainsi aux autres qu'il est possible de le faire et leur donnerons le courage d'en faire autant.

Trop

À chaque fois que j'ai séjourné dans un pays pauvre pendant une longue période et que je suis retourné dans un pays riche, j'ai été étonné par la quantité de marchandises offertes dans les magasins – tant de choix pour des produits similaires. Avons-nous vraiment besoin d'une telle variété d'articles identiques transportés d'un coin de la terre à l'autre ? Pourquoi n'utilisons-nous pas plus de produits locaux au lieu d'en importer de pays lointains ?

Il nous est difficile, en tant que parents, de ne pas gâter notre fille en Europe avec une telle abondance d'offres. Nous essayons de nourrir Anissa sainement, ce qui peut être difficile si d'autres lui proposent trop souvent des produits malsains pour la santé (sucreries, etc.). Comment pouvons-nous aider les enfants des pays riches à ne pas manger autant de bonbons et de friandises ?

Je sais que les parents – et surtout les grands-parents – pensent bien faire. Ils veulent donner aux enfants ou aux petits-enfants tout ce qu'ils peuvent, mais est-ce vraiment utile de les gâter avec tant de choses ? Nous avons remarqué que notre fille est mécontente si nous lui donnons trop. Elle va beaucoup mieux si nous lui fixons des limites. Quand nous vivions en Afrique, elle était reconnaissante pour chaque repas et chaque petite chose.

Les enfants de Mushapo ne possèdent pas de jouets vendus en magasin, mais ils trouvent des objets simples avec lesquels jouer. Même s'ils n'ont pas grand-chose, ils peuvent s'amuser avec peu. Ils jouent au foot avec un ballon fait de vieux sacs en plastique et d'autres déchets liés par des ficelles (Photo 62).

L'une des vidéos que nous avons faites sur notre projet à Mushapo montre à quel point les enfants étaient heureux d'avoir eu une petite friandise que nous leur avions apportée (Photo 63). Une amie allemande a commenté après la vidéo : « Voyez comme ils se réjouissent d'une petite bouchée ! Ici, il leur faudrait un smartphone ! »

La reconnaissance

Si nous avons une abondance de richesses et que nous l'acquérons rapidement, nous perdons facilement patience et gratitude. J'ai demandé à Thomas Krapfl, un jeune ami allemand qui avait visité notre projet à Mushapo en 2013, comment il a pu surmonter le choc culturel inverse après son retour. Il a répondu qu'il était plus facile de s'adapter à la vie au Congo que de se réhabituer à la vie en Allemagne. Il a écrit : « Les gens ici s'énervent pour des futilités ! »

Certains se plaignent quand le bus arrive avec deux minutes de retard ! Il est facile d'oublier à quel point nous sommes comblés quand nous avons autant de choses. Dans les pays riches, on se douche, on lave les voitures et on arrose les jardins avec de l'eau potable. Les Africains sont reconnaissants pour le moindre verre d'eau potable.

Lorsque nous sommes arrivés à Kinshasa en 2003, de nombreux vieux minibus de Volkswagen et de camionnettes Mercedes, refusés en Europe, étaient utilisés – et certains sont encore en service aujourd'hui. Les locaux avaient découpé des trous pour faire des fenêtres dans ces véhicules ou y avaient installé des petites vitres, avaient mis de simples bancs en bois pour y entasser 25 à 30 passagers. Parfois, quand nous étions dans un embouteillage et que nous nous plaignions de la chaleur, nous éprouvions un léger sentiment de honte en entendant des chants et des rires de ces boîtes en tôle surchauffées. Les Congolais sont simplement reconnaissants de pouvoir rouler plutôt que de devoir marcher sur de longues distances (Photo 64).

Chaque fois que des amis en Europe voient nos vidéos sur l'Afrique (disponibles sur le site Web ADH [Réf. 30]), ils ont beaucoup de gratitude pour tout ce qu'ils considèrent comme acquis. Si nous sommes reconnaissants, nous apprécions d'autant plus la vie. La satisfaction, c'est être libéré de ce sentiment qu'il nous manque quelque chose et que nous devrions en avoir plus ou être dans une meilleure situation.

Au lieu de me comparer à ceux qui ont plus que moi, je pense aux millions qui n'ont même pas le minimum nécessaire pour vivre et je me rends compte de la chance que j'ai. Cela me rend reconnaissant envers tous ceux qui m'ont aidé tout au long de ma vie quand j'en avais besoin ; ceux qui m'ont apporté du soutien lorsque j'étais découragé ; ou qui ont offert l'hospitalité à ma famille grandissante quand nous étions étrangers dans des pays étrangers ; ou ceux qui ont soutenu et continuent à soutenir notre travail afin que nous puissions aider les autres.

Il y a tant de choses dont nous pouvons nous réjouir – nos vies, la création fantastique autour de nous, la musique et les œuvres d'art qui nous inspirent, des plats délicieux, des appartements confortables avec tous les meubles et appareils nécessaires pour notre confort et notre travail. Nous pouvons même être reconnaissants des défis auxquels nous sommes confrontés et des erreurs que nous commettons au cours de notre vie, parce que nous pouvons en tirer des leçons. Une fois que nous nous engageons sur le chemin de la gratitude, nous pouvons découvrir tant de choses que nous n'avions pas vues auparavant et nous rendre compte de notre bien-être.

Le monde du travail

Il est admirable de voir à quel point la société moderne fonctionne bien, qu'elle est organisée et efficace. Dans un centre de tri du courrier en Allemagne, j'ai vu avec quelle efficacité les employés travaillent dans un gigantesque hall avec très peu de personnel. C'est étonnant de voir avec quelle compétence le courrier est trié. D'un autre côté, trop de rationalisation, de mécanisation et d'intelligence artificielle peuvent supprimer de nombreux emplois. Les machines et les programmes informatiques facilitent grandement la tâche, mais chacun devrait pouvoir trouver du travail et gagner sa vie.

Pendant de nombreuses années, j'ai fréquenté dans ma ville natale une certaine agence bancaire. Je fais d'habitude mes opérations en ligne, mais je préfère parler personnellement à quelqu'un à la banque quand j'en ai l'occasion. Un jour, j'ai dit à l'employée combien j'étais reconnaissant qu'il y ait encore des gens avec qui je pouvais parler. Elle était d'accord avec moi, mais elle a dit qu'elle ne savait pas combien de temps cela serait encore possible. Nous avons parlé un peu de notre travail au Congo et nous avons échangé des adresses électroniques. Je lui ai envoyé des circulaires sur nos projets, et elle m'a donné de bons conseils quand j'avais des questions professionnelles. Ce contact personnel me paraît très important et ne devrait pas disparaître à l'ère du progrès technique toujours plus grand.

Dans certains pays, l'argent liquide a été presque entièrement aboli, et les gens sont remplacés par des machines. Il existe même des moyens de transport publics sans chauffeur, responsables de centaines, voire de milliers de vies humaines. Quand je vais dans de grands magasins, il est souvent difficile de trouver un collaborateur pour demander un certain produit. Dès que je trouve quelqu'un, je vois à quel point cette personne est sous pression pour faire d'autres choses. Malheureusement, dans de nombreux cas, le contact humain a été perdu dans la vie moderne.

Par exemple : un directeur d'hôtel

Un autre effet secondaire de cette société hautement productive et dynamique est une ambiance de travail souvent froide et sans cœur. Un de mes amis est un directeur d'hôtel bien formé et bien éduqué en Allemagne, qui travaillait pour une grande chaîne d'hôtels. Comme il était célibataire, il était transféré dans d'autres hôtels dans des villes différentes chaque fois que cela s'avérait pratique pour la direction.

À 40 ans, il avait décidé de se marier et de fonder une famille. Il avait une petite amie et ils venaient d'emménager ensemble dans un appartement. Puis, lorsque ses patrons ont voulu le transférer à nouveau dans une autre ville, il leur a expliqué pourquoi il désirait rester. Comme il avait travaillé dur et fait beaucoup d'heures supplémentaires pendant 20 ans pour cette chaîne hôtelière (sans vouloir faire dans de jeu de mots !), on aurait pu croire qu'ils respecteraient son souhait. Mais non ! Ils lui ont plutôt dit que s'il ne voulait pas déménager, il perdrait son emploi ! Quelques mois plus tard, il était au chômage.

Il a alors dû chercher un autre emploi et a découvert qu'à 40 ans, il était « trop vieux » pour le marché du travail d'aujourd'hui. Pendant une longue période, il n'a pas pu trouver d'emploi à la hauteur de ses qualifications. Six mois plus tard il a trouvé du travail dans une chaîne hôtelière plus petite avec deux patrons qui menaient un train de vie coûteux à Majorque et qui étaient en retard de plusieurs mois pour le paiement des salaires de leurs employés. Il n'y avait pas assez d'argent disponible pour payer les fournisseurs de l'hôtel. Quand notre ami a dit à ses patrons qu'il ne pouvait pas diriger l'hôtel dans ces conditions, ils l'ont simplement viré.

Il a ensuite postulé dans d'autres secteurs d'activité comme manager – dans les assurances, des supermarchés, etc. Après plus d'un an, il a enfin obtenu un poste dans un hôtel thermal 5 étoiles, correspondant à ses qualifications et à sa formation, et peu après il a été promu directeur d'hôtel.

Tous les employés devraient être respectés et traités humainement, et pas seulement comme des instruments pour atteindre un objectif.

Mères et enfants

Un autre exemple : comment le travail d'une mère est-il perçu à notre époque ? La population des pays industrialisés diminue en général. Le manque d'intérêt pour les enfants est-il dû au désir d'un niveau de vie plus élevé ou le travail d'une mère n'est-il pas assez valorisant ? Les mères méritent reconnaissance, hommage et soutien car elles façonnent avec leurs enfants le monde de demain.

Les enfants sont des êtres merveilleux, inspirants et pleins de vie. Où serions-nous sans eux ? Ils sont notre avenir ! Oui, leur soin exige un investissement important : en argent, en temps, en sueur, en larmes et implique parfois aussi un manque de sommeil. Les bébés et les tout-petits ont besoin de quelqu'un pour s'occuper d'eux toute la journée et les mères ne sont pas payées pour le faire – du moins pas en espèces ou sur-le-champ. Certaines récompenses ne viennent que plus tard dans la vie et elles ont plus de valeur que l'argent. Tout le travail que nous consacrons aux enfants nous permet d'investir dans notre avenir commun. Ils sont l'une des meilleures récompenses dans la vie et peuvent être une de nos plus grandes joies.

Les enfants sont innocents. Par nature, ils ne se soucient généralement pas des couleurs de peau, des langues, des opinions ou des comportements différents. Ils s'amusent entre eux et profitent du moment présent. Nous avons beaucoup à apprendre d'eux. Quand les disciples de Jésus voulaient renvoyer les petits enfants qui lui avaient été amenés, il dit : « Laissez venir à moi les petits enfants, et ne les empêchez point ; car le Royaume des cieux est pour ceux qui leur ressemblent » (Matthieu 19:14 ; Marc 10:14). Il a aussi déclaré : « Si vous ne changez pas, et si vous ne devenez pas comme de petits enfants, vous n'entrerez point dans le Royaume des cieux » (Matthieu 18:3 ; Marc 10:15-16) (Photos 65 – 67).

Comment peut-il y avoir trop d'enfants ? C'est comme dire qu'il y a trop de fleurs. – Mère Teresa

Rapidité et stress

La vie dans les pays avancés est de plus en plus rapide. La plupart des voitures sont capables de rouler beaucoup plus vite qu'elles ne sont autorisées en vertu des limites de vitesse imposées par la loi. La vitesse peut être fatale ! La façon dont certains roulent à toute vitesse sur les autoroutes est insensée. Pas étonnant qu'ils ne puissent pas s'arrêter à temps et se heurtent les uns contre les autres en roulant si vite et avec si peu de distance entre eux.

Les statistiques montrent qu'il y a plus de personnes tuées dans les accidents de la route que dans les guerres. Les rues sont devenues un nouveau champ de bataille. Dans le monde, environ 1,3 million de personnes meurent chaque année à cause d'accidents de la route, et entre 20 et 50 millions de personnes sont blessées [Réf. 34].

Il faut aussi que la nourriture soit préparée rapidement, même si elle est moins saine. On veut atteindre les objectifs rapidement. Les gens s'attendent à obtenir immédiatement ce qu'ils veulent – et même hier si possible ! Le mode de vie moderne engendre trop de stress et d'angoisse.

En Afrique, la vie est beaucoup plus lente, souvent trop lente, mais par contre, les gens là-bas n'ont pas autant de problèmes avec le stress. Au Cameroun, un pharmacien m'a dit que des gens du coin qui travaillaient à Douala dans une usine dirigée par des occidentaux, prenaient des médicaments pour réduire le stress. Le reste de la population n'avait pas besoin d'un tel soulagement.

Ralentir la cadence

Ayant grandi dans une société orientée vers les résultats et en proie au stress, je dois résister au désir de vouloir faire toujours plus et de vouloir atteindre des objectifs toujours plus élevés : collecter des fonds, planifier et organiser des projets, résoudre des problèmes etc. Chaque week-end, mon épouse et moi essayons de nous donner mutuellement une demi-journée de congé pour que nous puissions nous reposer, lire et réfléchir. Des temps de repos et de silence réguliers, à l'écart de l'agitation et du bruit de la routine quotidienne, sont importants pour se rafraîchir l'esprit, rester heureux et en bonne santé. Si nous ralentissons, cela nous aidera à profiter plus de la vie et à faire un meilleur travail.

Philip Parham raconte l'histoire d'un homme riche, étonné de trouver un pêcheur, assis paresseusement à côté de son bateau. « Pourquoi ne partez-vous pas à la pêche ? », lui a-t-il demandé. « Parce que j'ai déjà attrapé assez de poissons aujourd'hui, » répondit le pêcheur. « Pourquoi ne pas pêcher au-delà de vos besoins ? », demanda l'homme riche. « Qu'est-ce que j'en ferais ? » « Vous pourriez gagner plus d'argent, » était la réponse impatiente, « et acheter un meilleur bateau pour que vous puissiez pêcher plus loin et attraper encore plus de poissons. Vous pourriez acheter des filets en nylon, ce qui augmenterait à la fois votre prise et vos revenus. Bientôt, vous auriez une flotte de bateaux et vous seriez riche comme moi. »

Le pêcheur demanda : « Et alors, qu'est-ce que je ferais ? » « Vous pourriez vous reposer et profiter de la vie, » dit l'homme riche. « Que pensez-vous que je suis en train de faire ? », rétorqua le pêcheur, en regardant tranquillement vers la mer. – Our Daily Bread [Réf. 35]

Bien sûr, on peut aussi utiliser de grands bateaux de pêche pour fournir du poisson aux autres gens. Mais il s'agit ici de trouver un juste équilibre dans la vie.

L'un des meilleurs conseils que l'on m'ait jamais donné est ... « Marche doucement pour aller vite. » ... On vit comme s'il n'y avait pas assez d'heures dans une journée, mais si on fait chaque tâche sereinement et avec soin, on y arrivera plus vite et avec beaucoup moins de stress. – Viggo Mortensen

Argent et biens matériels

Mon ami Thomas Krapfl, qui travaille dans une société familiale de courtage en assurance, m'a écrit ceci au sujet de la vie en Allemagne :

« Beaucoup de gens sont entraînés par le consumérisme dans un cercle vicieux, dont ils ont du mal à sortir. Souvent, ils vivent dans des appartements et conduisent des voitures au-dessus de leurs moyens, et qu'ils doivent financer avec des crédits pendant des années. Quand leurs amis se procurent de nouvelles choses, l'envie d'avoir du neuf surgit. Souvent, les crédits de l'acquisition précédente ne sont pas encore entièrement remboursés, que l'achat suivant est déjà planifié et effectué.

Presque tous les salaires peuvent être dépassés par ce système de consommation. Beaucoup sont ainsi contraints de travailler dans des métiers ou des situations qu'ils n'aiment pas mais qu'ils ne peuvent plus quitter en raison des lourdes charges financières. De plus, la jalousie et le ressentiment à l'égard des autres grandissent. C'est un monde fou et tordu où on perd le sens des vraies valeurs. »

Beaucoup de gens conduisent des véhicules qui ne leur appartiennent pas. Ils appartiennent à la banque. Il en va de même pour de nombreuses maisons, appartements ou objets de valeur. La plupart d'entre eux ne sont pas la propriété de ceux qui les utilisent, mais des banques et des commerces qui les ont financés. La question se pose : combien de personnes travaillent pour leur maison et leur voiture au lieu de faire travailler leur maison et leur voiture pour eux ?

Mon grand-père possédait une imprimerie. S'il achetait une presse d'imprimerie, il en payait le prix total avant de prendre possession de la machine. De nos jours, de nombreuses entreprises dans ce domaine ont fait faillite, parce qu'elles ont trop emprunté en investissant dans de nouveaux équipements. Et à l'ère des ordinateurs, beaucoup de gens créent leurs propres mises en page et impriment à la maison.

Les petites gens font de petites dettes, les gens importants empruntent davantage, et beaucoup de villes et de pays sont les plus grands débiteurs. En outre, ils prêtent aux pays pauvres, ce qui endette ces derniers à leur tour et, par conséquent, les rend encore plus dépendants de l'aide extérieure.

Les États-Unis ont tellement de dettes qu'ils ne peuvent survivre qu'en accumulant encore plus de dettes. Début 2020, leur dette publique avait grimpé à plus de 23 mille milliards de dollars, soit 23.000.000.000.000 dollars de dette : et ils sont censés être l'économie la plus puissante au monde ! En juin 2020, lors de la crise du COVID-19, leur dette publique a grimpé à plus de 26 mille milliards de dollars.

Beaucoup d'autres pays riches sont dans une situation similaire, car les pays riches ont beaucoup plus de dettes que les pays pauvres. Le monde entier accumule sans cesse plus de dettes et a établi un nouveau record en 2020 avec 277 mille milliards de dollars ! Je ne donne pas de liens de sites Web ici, puisque les deux chiffres auront déjà augmenté au moment de la parution de ce livre.

Autrefois, il y avait une valeur réelle qui donnait du poids aux devises, telle que l'or. Aujourd'hui, ce n'est plus que du papier, et il a déjà été supprimé dans certains pays, où seuls les paiements électroniques sans espèces sont encore possibles. L'inflation, la récession et les crashs boursiers ont causé beaucoup de problèmes par le passé. Avec de telles dettes mondiales et l'interdépendance des pays et des monnaies, nous pourrions un jour assister à un krach bien plus important causant plus de problèmes que jamais.

Un jour, un jeune homme qui travaillait dans un hôpital près de la maison de mes parents, a garé sa voiture devant chez eux. Quand mon père lui a dit, à son grand âge, que c'était interdit de stationner ici, le jeune homme a répondu sans détour : « Je travaille dans cet hôpital pour que vous puissiez percevoir votre pension. » Quelle qu'ait été l'indélicatesse de la réponse du jeune homme, n'est-il pas honteux que la génération plus âgée dépend de la jeune génération pour toucher l'argent que celle-ci a versé pour sa retraite, puisque cet argent a déjà été dépensé depuis longtemps ? Les gouvernements et les compagnies d'assurance prélèvent de l'argent de la nouvelle génération pour payer les personnes âgées – et même ce système ne fonctionne plus du tout aujourd'hui.

L'argent et les biens matériels sont évidemment nécessaires, mais ils ne devraient pas être surévalués. L'apôtre Paul a écrit : « L'*amour* de l'argent est la racine de tous les maux. » (1er Tim 6,10) Elle est certainement la racine de l'avidité, de la guerre et de l'extrême inégalité de la fortune.

On dit : « L'argent gouverne le monde. » Quelle mauvaise gouvernance et quel pauvre monde ! Certaines personnes fortunées vivent dans des propriétés qui valent plus de 100 millions de dollars et certaines ont tellement d'argent qu'elles investissent des milliards de dollars dans un programme spatial dans l'espoir de pouvoir envoyer un jour des humains dans l'espace, alors qu'environ un milliard de personnes sur terre n'ont pas assez à manger.

À la fin de notre vie, on ne peut même pas emporter un centime. C'est comme la blague sur l'homme riche qui était en train de mourir et qui fut visité par un ange. Il demanda à l'ange s'il pouvait emmener certaines de ses richesses au ciel. L'ange répondit que ce n'était pas la pratique courante, mais qu'il demanderait. À son retour, il dit à l'homme qu'il avait reçu l'autorisation d'emporter une valise remplie de ses richesses.

Quand l'homme mourut, il arriva avec sa valise devant les portes du ciel et l'ange vint à sa rencontre. Curieux de voir quelle richesse l'homme avait apportée, l'ange demanda s'il pouvait regarder dans la valise. L'homme ouvrit la valise remplie de lingots d'or. L'ange regarda l'homme et lui dit : « Tu as apporté *des pavés* ? » (Le livre de l'Apocalypse décrit une ville céleste dont les rues sont faites d'or – Apocalypse 21,21.)

John Ortberg illustre à merveille les enjeux du véritable succès dans la vie, dans ce clip vidéo intitulé « When the Game is Over, It All Goes Back in the Box » (Quand la partie est terminée, on remet tout dans la boîte) [Réf. 36].

Les choses les plus précieuses dans la vie ne se mesurent pas en termes d'argent. Les choses vraiment importantes ne sont pas les maisons et les terrains, les actions et les titres, les voitures et l'immobilier, mais l'amitié, la confiance, l'empathie, la compassion, l'amour et la foi. – Bertrand Russell

Trop de gens dépensent de l'argent qu'ils n'ont pas gagné pour acheter des choses qu'ils ne veulent pas, afin d'impressionner des gens qu'ils n'aiment pas. – Will Rogers

Se débrouiller avec moins

Beaucoup dépend de notre focalisation dans la vie. Quand on regarde toute la publicité et toutes les offres dans les magasins et qu'on voit des choses qu'on n'a pas (et dont on n'a pas besoin non plus) et qu'on se compare à ceux qui ont plus que nous, cela nous met inutilement sous une grande pression. Cette pratique peut nous entraîner dans une course permanente avec nos semblables et nous rendre jaloux de ceux qui semblent avoir une longueur d'avance sur nous.

Quand je parle à des amis dans les pays riches en racontant à quel point nous sommes aisés par rapport aux gens dans les pays pauvres, beaucoup admettent : « Oui, on râle à un haut niveau. » Quand je rencontre des amis que je n'ai pas vus depuis un moment et que je leur demande : « Comment ça va ? », et qu'ils me répondent : « Je suis content, » alors je suis content pour eux. La vie est beaucoup plus simple et beaucoup plus agréable lorsqu'on est reconnaissant de tout ce qu'on a et lorsqu'on se compare positivement aux milliards de pauvres qui ont moins que nous.

Andy Stanley offre de bons conseils à ceux d'entre nous qui ont tendance à se comparer aux autres. Il y a toujours quelqu'un qui est plus intelligent, plus beau, plus riche ou plus drôle. Dans son vibrant discours « Born to Run », il nous dit (en anglais) comment nous pouvons être satisfaits de ce que nous avons [Réf. 37].

Même en Allemagne, il y a encore des gens qui apprécient les petites choses et qui ne vivent pas de manière dépensière. Je me rappelle encore bien comment, il y a de nombreuses années, j'ai rendu visite à un ami après son opération à l'hôpital dans une autre ville. J'ai passé la nuit dans un petit bus de Volkswagen et, le matin, je suis allé aux WC publics de l'hôpital pour me raser.

Un homme âgé, campagnard, est entré dans les toilettes et s'est lavé les mains. Quand il m'a vu, il m'a demandé : « C'est donc ici l'endroit où on peut se laver et se raser le matin ? » Il était venu pour une opération et c'était apparemment la première fois qu'il était dans un hôpital. Je lui ai expliqué la situation. Après s'être lavé les mains, il les a séchées avec les serviettes en papier et m'a demandé ce qu'il devait faire avec la « serviette » mouillée. Je lui ai montré la poubelle. Il a alors déclaré : « Dois-je le jeter ? Mais elle est encore propre ! » Il n'arrivait pas à comprendre à quel point les citadins sont dépensiers.

Beaucoup de gens dans les pays riches ne savent pas dans quel luxe ils vivent, et les choses qu'on jette si facilement chez eux sont souvent très chères dans les pays pauvres. Au Congo, un rouleau de papier toilette coûte 50 cents et une couche jetable à peine un peu moins.

Il ne faut pas grand-chose pour vivre une vie heureuse et bien remplie. Je travaille bénévolement à temps plein sans revenu fixe depuis plus de 50 ans – dans 14 pays différents sur quatre continents. Je suis habitué à vivre avec peu d'argent et peu de biens matériels. Mais grâce à Dieu, au travail acharné et au soutien des autres, ma première femme, Daniela, et moi-même, avons pu élever sept enfants magnifiques et en bonne santé, dont deux sont nés en Inde, quand le pays était encore beaucoup plus pauvre qu'aujourd'hui. Nous n'avons jamais eu trop de biens, mais nous en avons toujours eu assez et nous avons pu aider beaucoup de gens dans leur vie.

En 1995, nous avons commencé nos premiers transports humanitaires avec une petite camionnette. Nous sommes allés chercher des cartons de vêtements et de chaussures en Allemagne et les avons livrés à des orphelinats en Slovaquie orientale. Quand nos donateurs ont vu que nous apportions les articles directement à leur destination, nous avons reçu plus de matériel humanitaire. Avec plus de cartons, il nous fallait un véhicule plus grand pour les transporter.

Ensuite quelqu'un nous a donné une vieille caravane « Tabbert », dont j'ai récupéré les meubles et les ai intégrés dans notre van, le transformant en caravane. Cela a considérablement réduit nos coûts d'assurance automobile. Nous avons utilisé la caravane vide comme remorque pour transporter plus de marchandises, et nous avons commencé à acheminer de l'aide humanitaire en Ukraine, où la détresse était plus grande qu'en Slovaquie. Nous avons reçu de plus en plus de dons, y compris des fauteuils roulants, des béquilles et des lits d'hôpital, qui nécessitaient des moyens de transport de plus en plus importants.

Jos, un des membres de notre association, et sa famille, ont déménagé en Slovaquie en décembre 1996 pour travailler avec nous. Lors d'une de ses tournées en Allemagne, il a rencontré Josef Schuster, qui a proposé de nous soutenir. Josef s'est acheté un camion de 6 tonnes et est venu avec nous jusqu'à Kiev, en plein hiver, sur des routes enneigées et verglacées (Photo 68). Jusqu'au début de la crise de COVID-19, Josef a apporté du matériel humanitaire partout en Europe de l'Est, dans ce même camion qui a maintenant plus de 30 ans. C'est ainsi que nos débuts modestes en transport d'aide humanitaire se sont lentement développés, de quelques caisses à bananes pour des orphelinats en Slovaquie jusqu'à trois conteneurs de 40 pieds pour trois pays différents en Afrique.

Au cours des 51 dernières années, tous mes vêtements et chaussures m'ont été offerts par des amis qui soutiennent notre travail. De cette façon, j'ai pu économiser pas mal de frais. Il m'est arrivé que quelqu'un me donne de l'argent et me demande expressément d'acheter des vêtements ou d'autres objets nécessaires.

Comme nous n'avons jamais eu beaucoup d'argent, nos enfants ont appris à s'entraider et à être reconnaissants de ce qu'ils avaient. Parce que nous avons beaucoup déménagé en famille d'un pays à l'autre, ils aiment encore voyager à l'étranger et apprendre à connaître d'autres cultures et rencontrer d'autres personnes. Une fois, quand j'ai demandé à une de mes filles d'où elle recevait l'argent pour ses voyages, elle m'a dit que lorsqu'elle gagne de l'argent grâce à son travail, elle préférait l'économiser pour voyager, et « collectionner des souvenirs » plutôt que d'acheter des vêtements etc. Ils ont appris à vivre avec peu.

Je suis désolé pour les parents qui sont sous la pression de leur entourage en ce qui concerne les vêtements et les chaussures que leurs enfants doivent porter à l'école. Quand j'étais à l'école, on n'avait pas à s'en inquiéter. Mais si les enfants de nos jours ne portent pas une certaine mode, qui est généralement très chère, ils ne sont pas acceptés par leurs camarades.

Pourquoi devrions-nous subir une telle pression de la part du système commercial ? Nous devrions être libres de décider quel type de vêtements nous voulons porter et ne pas laisser les autres nous dicter le montant de nos dépenses pour de tels articles. Et aussi fou que cela puisse paraître, certaines marques de mode de luxe et autres entreprises détruisent réellement tous les ans de la marchandise pour une valeur de plusieurs milliards de dollars pour maintenir leurs prix élevés, et éviter de devoir payer des impôts sur les invendus [Réf. 38].

J'essaye de ne pas jeter de la nourriture et j'ai appris à mes enfants à faire la même chose – une qualité que j'ai moi-même apprise de mes parents. Quand ma mère demandait à mon père ce qu'il voulait manger, il disait d'habitude : « Ce qui doit partir. » Autrement dit : on servait ce qui devait être mangé en premier, afin de ne pas le gaspiller.

Selon une enquête de l'ONU, plus de 930 millions de tonnes d'aliments vendus en 2019 ont atterri dans la poubelle, alors que quelque 690 millions de personnes souffrent de la faim et que trois milliards d'individus n'ont pas pu se payer une alimentation saine [Réf. 39]. Nous devons trouver un moyen de parvenir à un meilleur équilibre.

Pour notre travail, ma femme et moi avons surtout besoin de nos ordinateurs portables, que nous pouvons emporter partout – pas de grosses dépenses de bureau. Nous travaillons dans notre salon, dans notre chambre ou sur la route. Quand je suis en Afrique, il me suffit d'une table et d'une chaise pour mon travail de bureau.

Nous essayons de ne pas acheter trop d'aliments frais ou de trop remplir notre frigo, car certains articles peuvent alors être facilement oubliés et se gâter. Cela me fait mal de jeter de la nourriture, parce que je sais à quel point des gens affamés seraient heureux de l'avoir.

Il y a quelques années, Lenka a fait la connaissance de Magda dans une aire de jeux et elles sont devenues des amies proches. Magda nous a parfois aidés dans notre comptabilité, et a été surprise de voir qu'on dépensait si peu pour la nourriture. Nous trouvons qu'en général, les aliments simples, naturels et non traités sont moins chers, plus savoureux et plus sains que les aliments transformés. Je ne parle pas des aliments bio onéreux. Par exemple pour le petit-déjeuner : si nous utilisons du yaourt blanc naturel et des flocons d'avoine simples et que nous ajoutons

nos propres ingrédients, comme des fruits ou des bananes coupés en morceaux, avec des noix et des raisins secs, etc., alors c'est moins cher et plus
sain que les petits déjeuners et les yaourts coûteux contenant des sucres
ajoutés, des colorants et d'autres ingrédients similaires. Nous fabriquons
nous-mêmes notre yaourt, ce qui est facile à faire et permet d'économiser
de l'argent.

*On n'est pas riche de ce que l'on possède, mais de ce que l'on sait se passer
avec dignité. Et il se pourrait que l'humanité s'enrichisse en s'appauvrissant,
et qu'elle gagne en perdant.* – Citation originale d'Emmanuel Kant (1724
– 1804)

*Les hommes ont réussi à accumuler une énorme quantité d'objets, mais la
joie dans le monde s'est amenuisée.* – Fyodor Dostoyevsky (1821 – 1881)

Alimentation, environnement, santé

Autrefois, la nourriture était cultivée et préparée naturellement partout dans le monde. Aujourd'hui, de nombreuses substances artificielles
et chimiques sont ajoutés à la culture et à la production des aliments.
Dans certains pays industrialisés, certains aliments ne sont même pas
produits pour la consommation humaine, mais pour l'alimentation animale.

En Allemagne, on cultive même en partie du maïs pour produire du
gaz dans des installations de biogaz. Celui-ci est principalement utilisé
pour la production d'électricité. Mais pour assurer une bonne récolte,
beaucoup d'engrais et de pesticides synthétiques sont utilisés, polluant
les nappes phréatiques en de nombreux endroits. En outre, cela réduit la
population d'insectes et d'abeilles et les fleurs sauvages ne poussent
presque plus dans ces régions. La monoculture intensive fait bien souvent
reculer la flore naturelle et appauvrit le sol.

Les petits agriculteurs et les boulangers luttent en fait pour leur survie, parce qu'ils ne peuvent concurrencer les grandes entreprises de l'industrie alimentaire. Je connais un boulanger en Suisse qui confectionnait
le pain de blé entier le plus sain et le plus savoureux. En raison des pains
moins chers et moins sains, fabriqués dans les grandes usines et proposés

dans les « super » -marchés, sa femme et lui ont été contraints de fermer leurs deux magasins.

Ne vaudrait-il pas mieux soutenir les gens qui veulent préserver la nature et la santé ? Le traitement médical des maladies causées par une alimentation et un mode de vie malsains et les produits pharmaceutiques nécessaires à cet effet coûtent bien plus cher que l'achat d'aliments sains et de qualité.

Le sucre blanc

Un grand nombre d'aliments transformés contiennent du sucre blanc raffiné ou des substituts de sucre. Il est toujours bon de lire la liste des ingrédients pour voir ce qui est réellement contenu dans le produit alimentaire. Quand nous vivions en Slovaquie, juste après la chute du communisme, notre dentiste nous a dit que sous le communisme, la nourriture était simple et naturelle et que les enfants avaient de bonnes dents. Une fois que les aliments transformés par l'industrie sont arrivés de l'Ouest, on a constaté une augmentation importante des caries chez les enfants.

Mon parrain était cadre dans l'usine de chocolats et de pralines de la marque « Trumpf ». Pour me faire plaisir, il me gâtait avec toutes ces « friandises ». Par conséquent, j'avais tout le temps des caries. Deux fois par an, j'étais assis dans le fauteuil de notre dentiste, et elle devait traiter les caries causées par ces bonbons. Après avoir découvert à quel point le sucre est nocif et avoir cessé de manger des aliments riches en sucre, je n'ai presque plus eu de caries.

Quand nos enfants étaient petits, on ne leur donnait quasiment aucune nourriture ou boisson sucrée. En Inde, un jour, mon dentiste a offert des bonbons à mon jeune fils qui m'accompagnait. Mon fils lui a dit qu'il ne mangeait pas ces choses-là. Le dentiste a réitéré son offre, pensant que mon fils était trop timide pour l'accepter. Mon fils a répété sa réponse, après quoi le médecin l'a pris par la main, est allé avec lui dans la salle d'attente et l'a présenté à ses patients. Il a répété la même scène, puis leur a dit de suivre son exemple.

Plus tard, quand il avait atteint la trentaine, mon fils s'est fait examiner par un autre dentiste qui est resté incrédule en ne découvrant aucune cavité dentaire dans sa bouche. Il a demandé à mon fils comment c'était possible. Après avoir écouté son explication, le docteur lui a dit qu'il devrait être reconnaissant envers ses parents de l'avoir ainsi protégé des caries.

Le sucre blanc est obtenu lorsque le jus de betterave ou de canne est cuit jusqu'à ce qu'il cristallise. Les nutriments naturels sont alors perdus. En plus, il est raffiné pour le rendre blanc. Le sucre blanc utilisé dans les aliments transformés et les boissons rafraîchissantes est tout simplement malsain. Il existe des formes de sucre plus saines, comme le sucre brun. Le meilleur, c'est le sirop naturel de canne à sucre et de betterave – la mélasse, ainsi que le miel naturel.

Il en va de même pour le sel : le sel de table blanc est blanchi, tandis que le sel sous sa forme naturelle de la mer et des montagnes contient toutes ses valeurs nutritives. Il va de soi que le sel et le sucre devraient être consommés avec modération, tout comme les autres denrées alimentaires.

De temps en temps, notre famille apprécie des friandises comme la glace et les gâteaux, surtout s'ils sont faits maison. On mange aussi parfois un peu de chocolat, mais on essaie d'éviter les « malbouffe » et « sodas ».

Un jour, alors que nous prenions le petit-déjeuner avec la famille de notre ami Oliver Rumpel dans sa maison, il a posé différentes sortes de céréales sur la table. Lorsque je lui ai demandé ce que c'était, il m'a répondu : « C'est un déraillement de l'industrie alimentaire moderne. Cela sert à habituer les enfants au goût des aliments préparés, de sorte que ceux-ci et d'autres plats cuisinés puissent encore être vendus demain, avec l'objectif évident d'augmenter les ventes. »

Cancer et nouvelles maladies

D'où viennent tant de nouvelles maladies pour lesquelles les remèdes sont rares : toutes sortes de cancers et de microbes multi-résistants ? Je pense que c'est lié à l'alimentation malsaine, au manque d'exercice physique, à la pollution de l'environnement et au mode de vie contre nature que beaucoup de gens mènent de nos jours.

J'ai demandé à mon fils Daniel, un oncologue en radiologie qui a un doctorat en biologie moléculaire et qui enseigne à la Harvard Medical

School à Boston, ce qu'il pensait à ce sujet. Selon lui, la raison de cette apparente augmentation de cas de cancer est probablement liée à plusieurs facteurs, dont une plus large absorption des polluants environnementaux, de mauvaises habitudes (tabagisme, alimentation malsaine...), l'âge plus avancé de la population et l'amélioration des outils de diagnostic comme l'IRM, les scanners CT, l'endoscopie et les tests sanguins pour certaines tumeurs.

Il est vrai que la population mondiale a augmenté et que les médias en disent plus qu'avant, et c'est pourquoi nous entendons parler de plus de maladies. Mais j'ai aussi plus d'amis et de connaissances qui sont atteints d'un cancer, ce qui n'était pas aussi fréquent auparavant. De plus, autrefois, il n'y avait pas autant d'enfants et d'adolescents atteints d'un cancer.

Comme les ingrédients artificiels dans l'alimentation, les dommages causés à l'environnement ont aussi considérablement augmenté. Dans mon enfance, dans notre rue, seuls mon père et un autre médecin possédaient une voiture. Aujourd'hui, il n'y a plus de place où se garer. Il n'y a pas si longtemps, la Chine et l'Inde comptaient encore un très grand nombre de cyclistes et de piétons. Aujourd'hui, leurs grandes villes ont les niveaux d'émission les plus élevés au monde et le plus de smog, en raison des nombreuses émissions de gaz d'échappement des voitures et des industries, pour ne citer que quelques exemples des dommages environnementaux croissants.

Quant à savoir si les rayons X et certains scans peuvent causer des cancers en raison de la forte radiation qui endommage les tissus corporels sains, j'ai demandé l'avis de mon fils. Il a confirmé que les rayons X et les scanners CT pouvaient causer des dommages à l'ADN et entraîner un cancer. Il a ajouté qu'il n'y avait pas de données probantes qui indiqueraient le nombre de scans qui seraient sans préjudice pour une personne.

En théorie, une seule radiographie peut déjà causer un cancer, mais pour remettre les choses en perspective, ajoute-t-il, il y aurait un lien beaucoup plus fort entre les rayons du soleil et le cancer. Cela est dû au rayonnement cosmique d'énergie moyenne. Il est également possible que le vol dans un avion augmente le risque de cancer, en raison de l'exposition accrue aux rayons cosmiques, a-t-il ajouté. En théorie, la vie dans les hautes régions (en montagne) peut avoir le même effet, pour les mêmes raisons. Les scanners IRM n'utilisent pas les rayons X, de sorte qu'aucun risque accru de cancer par IRM soit connu. Voilà pour les commentaires de mon fils Daniel.

Quelles que soient les causes de cette augmentation des maladies graves, les agents contaminants dans les aliments et l'environnement ont certainement des effets négatifs. C'est pourquoi il est essentiel pour chacun de nous de trouver les moyens les plus naturels de s'alimenter et de vivre dans les conditions les plus saines possibles.

> Privilégier en premier lieu ...
> *Des jus naturels au lieu de boissons gazeuses.*
> *Des jeux en plein air plutôt que des jeux virtuels.*
> *Des ingrédients naturels plutôt que des additifs chimiques.*
> *Des escaliers plutôt que des ascenseurs.*
> *Des produits frais au lieu des conserves.*
> *Le vélo plutôt que la voiture.*
> *Le sport plutôt que la télévision.*
> *Des promenades dans la nature plutôt que dans les rues de la ville.*
> *Des excursions en campagne au lieu de flâner dans les centres commerciaux.*
> *Des plats cuisinés à la maison au lieu de la restauration rapide.* – Gabriel et Sally García

Activité physique

La technologie moderne a apporté une série de nouvelles façons de voyager, qui sont pratiques, simples et rapides. Nous pouvons parcourir de longues distances en quelques heures – aller à l'autre bout du monde en moins d'une journée. L'inconvénient de ce confort est un manque d'exercice physique, ce qui provoque de nombreux problèmes de santé. La plupart d'entre nous, dans l'hémisphère nord, sommes assis trop longtemps et ne bougeons pas assez. La clinique Mayo, centre médical académique réputé aux États-Unis, affirme : « Être assis, c'est la nouvelle forme de fumer » [Réf. 40].

Les meilleurs coureurs de marathon viennent d'Afrique parce que les gens y bougent et marchent encore beaucoup. Le Cameroun a la quatrième plus haute montagne d'Afrique, baptisée le mont Cameroun

(4040 m). Chaque année, il y a une course sur cette montagne avec des coureurs internationaux et les premiers en tête sont toujours des locaux. Ils courent vers le sommet comme si c'était un escalier d'un kilomètre.

Une fois, j'ai vu une course à Kinshasa. Les premiers coureurs à l'arrivée étaient quelques Congolais qui arrivaient pieds nus à une vitesse étonnante. Puis, pendant un moment, plus personne jusqu'à ce que les premiers Blancs arrivent dans leurs chaussures de sport chic.

Les Pygmées que nous avons rencontrés au Cameroun étaient très agiles et en forme. Ce sont des danseurs enthousiastes, qu'ils soient jeunes ou plus âgés – comme on peut le voir au début de cette vidéo [Réf. 31]. Leurs enfants commencent pratiquement à danser dès qu'ils commencent à marcher. Pendant qu'ils dansent, ils bougent toutes les parties du corps, avec une agilité et une endurance étonnantes.

Je suis conscient du fait qu'il n'est pas facile de prendre soin de son corps dans ce mode de vie moderne – avec toute la pression et la tension auxquelles nous sommes soumis en permanence aujourd'hui. Mais notre corps ne sont pas faits pour être assis en permanence, mais pour se déplacer. C'est pourquoi on a inventé des bureaux à hauteur réglable. Je travaille souvent debout, par exemple lorsque je lis sur écran, quand je téléphone ou que je m'entretiens avec quelqu'un. En plus, j'essaie de bouger le plus souvent possible entre-temps. Nos yeux souffrent également du regard tendu et permanent sur l'écran, et nous devrions donc leur accorder une pause de temps en temps.

Une activité physique régulière aide le corps à se sentir mieux et à rester en forme ; c'est un investissement dans l'avenir. Il y a plusieurs façons de se maintenir en forme. Certaines personnes aiment les salles de sport. Je préfère une heure par jour d'exercices de gymnastique avant le début de la journée, en bougeant mon corps de la tête aux pieds et en massant même la plante de mes pieds. Pour renforcer les muscles de mes bras, j'utilise des poids de 1 kg tout en bougeant les bras.

L'après-midi, je fais en plus un peu d'entraînement à l'air libre pour renforcer le cœur et les poumons, ou je travaille dans le jardin. Des médecins m'ont recommandé de passer environ 15 minutes par jour au soleil et de faire du jogging sur un sol souple, pas sur le trottoir.

L'accent est mis sur la *routine quotidienne* – sous le soleil comme sous la pluie, en été comme en hiver ! Je considère que cette activité physique quotidienne est tout aussi importante pour ma santé qu'une alimentation saine. Au cours de mes exercices tôt le matin, j'écoute des enregistrements audios édifiants pour fortifier mon esprit et le préparer pour la journée.

Chaque week-end, nous nous efforçons de faire quelque chose ensemble en famille – du roller, une balade à vélo ou une autre activité sportive, en fonction de la météo. J'essaie aussi d'éviter les ascenseurs et les escaliers roulants. Marcher est l'un des meilleurs exercices et peut être pratiqué n'importe où.

Marcher est le meilleur remède. – Hippocrate (vers 460 – 370 av. JC.)

Mon père avait un jardin où il travaillait chaque jour, si le temps le permettait. À son grand âge, il a déclaré : « Si je n'avais pas mon jardin, je serais mort depuis longtemps. » Et il a mené une vie saine jusqu'à 101 ans. Ma mère faisait sa promenade tous les jours, même si elle a dû utiliser un déambulateur à la fin, et elle a vécu jusqu'à 99 ans.

L'exercice améliore la santé physique, augmente le niveau d'énergie et peut même améliorer l'humeur. À long terme, nous vivons plus longtemps et en meilleure santé et avons moins de frais parce que nous tombons moins souvent malades.

L'une des difficultés à ce sujet est la question du temps. Avec les heures de travail au rythme d'aujourd'hui, trouver du temps pour tout faire devient de plus en plus un défi. Malgré le confort moderne, le temps semble s'envoler puisqu'il y a tant à faire. D'autre part, la plupart des gens ont deux jours de congé le week-end, auxquels s'ajoutent les jours fériés et les vacances. C'est sans doute une question de priorité que de prendre du temps pour faire ce que l'on croit être important. Le temps est là, mais qu'en faisons-nous ?

Télévision, films, Internet, smartphones

Mes meilleurs souvenirs d'enfance remontent à l'époque où je passais mes vacances d'été à la ferme tenue par des connaissances proches de notre famille. Ils étaient essentiellement autosuffisants et cultivaient des fruits et légumes sans ajouter de produits chimiques. Ils avaient aussi quelques vaches, des cochons ainsi que des poules en liberté et ils leur donnaient de la nourriture naturelle, sans ajout d'antibiotiques et d'hormones. Ce qui leur procurait des œufs, du lait et de la viande, des produits à la fois sains et de très bonne qualité. Je savourais le lait frais et je battais la crème avec un fouet manuel jusqu'à ce qu'elle devienne du beurre.

« Tante » Ellis et « tante » Anna, qui tenaient la petite ferme avec leur père, faisaient de grandes miches de pain rondes, au goût incroyablement savoureux. Je n'ai plus jamais retrouvé de pain aussi bon ! Leur oncle m'a appris à fabriquer des arcs et des flèches et à sculpter des motifs simples dans des bâtons en bois. Ils m'ont emmené au champ et jusqu'à aujourd'hui, j'adore l'odeur du foin et de l'herbe fraîchement coupée. Je me suis tellement amusé dans leurs bottes de foin et dans la grange – je n'avais pas besoin de télé, de films, de jouets en plastique, de jeux électroniques ou d'équipement de terrain de jeu sophistiqué.

À Prague, de nombreux habitants ont l'habitude de se rendre le weekend à leur bungalow à l'extérieur de la ville. Nous aimons aussi profiter de toute occasion de nous rendre à la campagne pour garder le lien avec la nature. En Allemagne, les « Vacances à la ferme » représentent une autre variante qui va dans ce sens-là. Les parcs, zoos, aquariums et jardins botaniques, bien que peu comparables à la nature en plein air, offrent aux citadins en particulier un magnifique substitut et un contact vivant et haut en couleur avec la nature.

Je me souviens encore quand la première télé en noir et blanc est arrivée dans la maison de nos voisins. Mon père n'en voulait pas et notre famille a grandi sans téléviseur. Quelquefois, j'allais chez nos voisins voir un joli film avec des animaux, en noir et blanc. Puis vint la télévision en couleur ; les films étaient encore inoffensifs et moins dépravés, contrairement à beaucoup de films tournés plus tard. Avec le temps, le niveau qualitatif de l'industrie du divertissement a commencé à baisser. Il y a encore de bons films et des documentaires, mais aussi beaucoup d'absurdités et d'immondices, pleins de violence et de scènes répugnantes.

Certains disent : « Ce n'est qu'un film. » Mais les films ont de l'influence ! Quels sont les modèles que les enfants et les jeunes voient dans ces films ? Et maintenant, avec la technologie informatique moderne, les réalisateurs créent un monde virtuel avec lequel ils peuvent influencer les enfants encore plus. Les enfants sont comme des éponges ; ils enregistrent tout ce qui leur est présenté. Que vont-ils apprendre de ces créatures de bande dessinée ? Certains dessins animés sont inoffensifs, d'autres véhiculent des contenus de valeur, mais beaucoup d'entre eux affichent des personnages affreux aux traits de caractère répugnants et aux voix déformées.

Aussi loin que je me souvienne, j'aimais dessiner et peindre depuis ma plus tendre enfance ce qui m'a conduit plus tard à des études artistiques. Comme je suis une personne visuelle, je ne peux pas simplement regarder n'importe quel film ; ces images restent gravées dans ma mémoire. Pendant mes études, j'ai vu des films horribles, et parfois certaines de ces scènes tentent encore de refaire surface dans ma mémoire.

Des gens de notre famille qui ont un fils adolescent reçoivent régulièrement un magazine pour les jeunes. Un peu avant Noël, le magazine est arrivé avec une brochure qui proposait des jeux informatiques remplis d'images de combattants ensanglantés avec des armes odieuses et des grimaces grotesques. Il y avait aussi des publicités des personnages en plastique avec des expressions de visage maléfiques et des tee-shirts représentant les mêmes monstres. Tant les enfants que les adultes sont de plus en plus endurcis par de telles images et jeux violents. Au lieu de cela, pourquoi ne pas leur proposer des jeux informatiques avec des images joyeuses et des contenus positifs ?

Dieu merci, il y a aussi de beaux films et des jeux raisonnables. Au-delà du choix de contenus sensés, il faudrait aussi être attentif au nombre d'heures passées à fixer les écrans, qu'il s'agisse de télévision, d'Internet, de jeux informatiques ou de Smartphones. Dans certains pays, les gens passent en moyenne plus de 50% de leur journée à pratiquer des activités médiatiques ou de communication – écrire, parler, taper, jouer, écouter ou regarder – plus de 8 heures – plus qu'ils ne dorment [Réf. 41]. L'effet d'un temps d'écran excessif peut être bien pire que ce que nous pensons [Réf. 42].

Voici une blague qui se prête à cette réalité : *Une enseignante de maternelle a fait jouer tous les enfants dehors près du bac à sable sur leurs tablettes pendant qu'elle faisait la sieste. Quand les premiers parents sont passés chercher leurs enfants, ils ont demandé à l'enseignante si elle n'avait pas peur que certains des enfants s'enfuient. Elle a répondu : « Non, le Wi-Fi ne va pas au-delà du bac à sable. »*

Les téléphones portables peuvent être un grand bienfait, en particulier pour les personnes bloquées à la maison et solitaires. Ils peuvent rapprocher les individus et fournir de bons services, commerciaux et privés. Mais ils peuvent aussi devenir un piège, selon la façon dont on les utilise. Quand je vais dans une aire de jeux, je vois souvent des parents occupés avec leurs smartphones et accordant peu attention à leurs enfants. Si les enfants voient les adultes en permanence avec ces appareils, ils voudront aussi en avoir un ; et une fois qu'ils se sont habitués à un appareil, il sera difficile de perdre cette l'habitude, et dans certains cas, ils pourraient tomber dans l'addiction. A cela s'ajoutent la pression du groupe et la publicité auxquelles il est difficile de résister.

Bien avant l'époque des téléphones portables, mon père, en tant que médecin, qualifiait par plaisanterie de « téléphonite » l'habitude de téléphoner longtemps, comme si c'était une maladie. Depuis, la situation s'est encore aggravée avec les smartphones. C'est vraiment étonnant le temps que les gens passent aujourd'hui avec leurs téléphones ; il semble qu'ils ne puissent pas vivre sans eux. Qui connait l'ampleur des dommages causés par les radiations de ces nouveaux appareils et de leurs antennes ?

Notre ami Simon Rummel, un jeune programmeur informatique de Bavière, estime à ce sujet que : « Beaucoup vivent dans leur «beau monde idéal». Quand je voyage, je vois souvent des gens – accompagnés ou seuls – se contenter de regarder leurs smartphones, et quand ils rentrent à la maison, la télé est en marche. Tout au long de la journée, ils sont divertis et distraits des sujets importants. Je suis curieux de voir l'impact à long terme de tous ces médias sur la vie humaine, et je suis content d'avoir eu une enfance sans eux. »

J'ai remarqué quelque chose chez les enfants qui passent beaucoup de temps sur leurs smartphones – à écrire et lire des messages, chatter, photographier, enregistrer des vidéos, téléphoner et jouer à des jeux vidéo : quand ils sortent dans la nature, ils ont du mal à basculer et à profiter de la tranquillité et de la beauté de leur environnement. Je crains qu'ils n'apprennent pas à se détendre, ce qui sera de plus en plus important à mesure qu'ils grandiront et qu'ils seront soumis à des exigences de plus en plus grandes.

Nous ferions tous bien de nous protéger d'un autre fléau, à savoir le véritable bombardement publicitaire qu'on subit sur des sites Internet, les réseaux sociaux, à la télévision, sur les panneaux publicitaires et les prospectus. Aussi vaut-il mieux passer du temps dans la nature et se détendre dans le calme et la tranquillité.

Dans le passé, le plus grand danger était que les gens deviennent des esclaves. Dans le futur, le plus grand danger est que les gens deviennent des robots. – Erich Fromm (1900 – 1980)

Combien de temps les gens peuvent-ils prospérer entre les murs de briques en marchant sur des pavés en asphalte, en respirant les gaz d'échappement du charbon et du pétrole : grandir, travailler, mourir sans même songer au vent, au ciel et aux champs de céréales, ne voyant que la beauté fabriquée par les machines, le côté minéral et matériel de la vie ? – Charles Lindbergh (1902 – 1974)

La technologie devrait améliorer votre vie, et pas devenir votre vie. – Harvey Mackay

Drogues et addiction

Dans le monde industrialisé, où les biens matériels sont facilement disponibles et abordables, on peut rapidement en devenir dépendant ou accro. J'essaie de rester indépendant de tout ce qui m'empêcherait d'atteindre mes objectifs de vie. Quand je vais au Congo et que je dois me passer de certaines choses, je veux être libéré des symptômes de sevrage.

Tous les biens matériels peuvent être utiles s'ils sont appliqués de manière raisonnable et modérée. Les appareils modernes peuvent faciliter notre travail, mais ils peuvent aussi devenir une idole si on leur accorde trop de temps, d'argent et d'attention. Je suis reconnaissant pour les ordinateurs, les téléphones, les sites et les programmes utiles qui facilitent notre travail, mais je ne veux pas devenir leur esclave.

Il y a beaucoup de choses dont on peut devenir dépendant. Certaines personnes sont accros au shopping et se procurent des vêtements et des chaussures qu'elles ne portent jamais. L'alcool et les cigarettes sont proposés dans la publicité comme quelque chose qui rend heureux. Pendant ma scolarité, j'ai bu beaucoup de bière avec mes camarades de classe. Nous en avons parfois abusé parce que, dans notre quête de réponses dans la vie, nous avions tellement de questions sans réponses et nous ne savions pas vers qui nous tourner.

De nos jours, les jeunes peuvent devenir dépendants de certaines drogues après une seule consommation. Ou quelqu'un pourrait verser quelque chose dans leur boisson, ce qui les rend inconscients et donc victimes de toutes sortes de méfaits.

Dans certains des centres-villes les plus riches d'Europe, j'ai vu des jeunes qui s'injectent des drogues en pleine rue, c'est à vous déchirer le cœur. Je crois que la principale raison des drogues et de l'addiction est un manque d'amour, de compassion, d'attention, de compagnie, d'encouragement, de vision et de satisfaction dans la vie. J'expliquerai plus tard comment ces besoins peuvent être satisfaits.

Armes

Tout peut être utilisé pour quelque chose de bon ou de mauvais. Les drogues peuvent aider les gens, dans le cadre d'un usage médical approprié – ou ils peuvent tuer, en cas d'abus. Les avions peuvent transporter les voyageurs d'une partie de la terre à une autre pour faciliter leur voyage – ou ils peuvent détruire les gens et les villes avec des bombes. Les missiles peuvent mettre des satellites en orbite autour de la Terre pour améliorer nos communications – ou détruire des cibles lointaines. Les armes peuvent être utilisées pour chasser le gibier – ou pour tuer les innocents. Plus les pays sont développés et riches, plus ils sont capables de produire des armements raffinés et dévastateurs.

Certaines armes ont leur raison d'être pour contribuer au maintien de l'ordre et protéger la société des malfaiteurs. D'un autre côté, l'histoire et les temps modernes nous montrent que les armes de guerre entraînent généralement des destructions terribles et des masses de morts et de réfugiés. La violence finit toujours par se retourner contre nous.

Je pense que la non-violence obtient de meilleurs résultats à long terme. Le meilleur exemple est celui des premiers chrétiens qui ont réussi à renverser le cruel gouvernement romain, le plus grand et le plus fort empire que le monde ait connu jusque-là – sans armes. Avec l'amour, ils obtinrent de meilleurs résultats qu'en utilisant la violence et la guerre. Cependant, beaucoup ont perdu la vie, car ils ont été persécutés, torturés et tués pour leur foi et leur message de l'amour de Dieu pour l'humanité.

Mais leur style de vie a finalement été adopté par les dirigeants de l'époque. Même la terrible persécution des chrétiens par la Rome antique, qui a perduré plus de deux siècles, n'a pas pu anéantir cette toute nouvelle foi ; au lieu de cela, Rome fut conquise par elle. En 313 après J.C., l'empereur Constantin a légalisé le christianisme qui est finalement devenu la religion officielle de l'Empire romain.

Les personnes les plus pacifiques que nous ayons jamais rencontrées sont les Pygmées. Il y a d'autres autochtones comme eux qui vivent dans la nature, avec peu de possessions matérielles. Ils ne se disputent pas et ne se battent pas entre eux, même avec ceux qui les maltraitent. Quel est leur secret ? Pendant les quelques jours que nous avons passés avec eux, nous avons pu percevoir leur foi innée en Dieu et leur attachement à Son Esprit, ce qui se reflétait dans leur comportement affectueux, doux et respectueux les uns des autres, ainsi qu'envers les gens de l'extérieur. Quand nous sommes revenus dans la société loin de la forêt tropicale, nous avons ressenti une énorme différence. Des gens se disputaient, criaient et faisaient un vacarme qui n'existait pas dans les camps de ces Pygmées simples et pacifiques.

Certains pensent que les armes nucléaires vont empêcher la Troisième guerre mondiale. Mais dans la dernière interview que le lauréat du Prix Nobel allemand, Günter Grass, a accordée avant sa mort, il a dit craindre que l'humanité « ne marche en somnambule » vers une guerre mondiale, évoquant la possibilité que nous nous détruirions nous-mêmes avec des armes nucléaires en laissant derrière nous un désert nucléaire [Réf. 43].

L'industrie de l'armement est un grand business. Les fabricants et les exportateurs d'armes les présentent lors de salons internationaux comme s'il s'agissait de défilés de mode ou de foires alimentaires [Réf. 44]. Un « think-tank » (puits de réflexion) de Stockholm a dit que seulement 10% des dépenses militaires mondiales pourraient couvrir le coût des objectifs mondiaux pour mettre fin à la pauvreté et à la faim d'ici 15 ans [Réf. 45].

La guerre ne détermine pas qui a raison, seulement qui s'en est sorti vivant. – Bertrand Russell

Chaque fusil fabriqué, chaque navire de guerre mis à flot, chaque missile tiré, représente, en définitive, un vol commis au détriment de ceux qui ont faim et ne sont pas nourris, ceux qui ont froid et ne sont pas vêtus. Ce monde hérissé d'armes ne dépense pas que de l'argent. Il gaspille la sueur de ses travailleurs, le génie de ses savants et les espoirs de ses enfants. Ce n'est en aucun cas une vie comme elle devrait l'être. Sous les nuages de la guerre, c'est l'humanité qui est suspendue à une croix de fer. – Dwight Eisenhower

Quiconque a déjà regardé dans les yeux vitreux d'un soldat qui meurt sur le champ de bataille y réfléchira à deux fois avant de déclencher une guerre. – Otto von Bismarck

Choisissez la voie de la paix... À court terme, il y aura peut-être des gagnants et des perdants dans cette guerre que nous craignons tous. Mais cela ne pourra jamais justifier la souffrance, la douleur et les pertes de vies que vos armes causeront. – Mère Teresa dans une lettre à George W. Bush et Saddam Hussein en janvier 1991

Ce sera un grand jour quand l'éducation aura tout l'argent qu'elle veut, et que ce sera l'armée de l'air qui devra effectuer une vente de charité pour pouvoir acheter des bombardiers. – Auteur inconnu

Pour la première fois dans l'histoire, la survie physique de l'humanité dépend d'un changement de cœur radical. – Erich Fromm

Solitude, dépression, suicide

Une autre conséquence de la vie moderne dans les pays industrialisés est la solitude dont souffrent surtout les personnes âgées. Beaucoup d'entre elles vivent seules et sont en manque de soins et de compagnie adaptés à leur situation. Dans les cas extrêmes, certaines d'entre elles meurent même dans leurs appartements et ne sont retrouvées qu'après un long moment.

Un de mes fils vivait dans un bloc résidentiel où il a remarqué un jour une tache brune au plafond de sa salle de bains. Avec le temps, la tache devenait de plus en plus grande et commençait à dégager une odeur désagréable. Il est finalement monté à l'étage au-dessus pour savoir ce qui se passait. Il a sonné et frappé à la porte. Pas de réponse. Il a demandé aux voisins. Personne ne savait ce qui se passait. Finalement, ils ont appelé le concierge qui a prévenu la police. La police a forcé la serrure de la porte de l'appartement. L'occupant était mort et personne ne s'en était aperçu. Ces choses peuvent arriver parce que les gens vivent seuls et ont peu de contact les uns avec les autres.

Un certain nombre de personnes dans les pays développés sont inquiètes à l'idée de se retrouver un jour dans une maison de retraite et que personne ne vienne les voir. Quand ma grand-mère était clouée à un lit d'hôpital durant les cinq dernières années de sa vie, mon père lui rendait visite chaque jour, bien qu'il fût un médecin très occupé à l'époque.

Je suis très reconnaissant envers mes frères et sœurs qui vivaient dans la même ville que mes parents et qui s'occupaient bien d'eux, alors que ces derniers vivaient encore dans leur propre maison jusqu'aux dernières semaines de leur vie. Lorsqu'ils ont finalement dû emménager dans une maison de retraite, ils ont reçu la visite de proches chaque jour. Mes parents avaient 7 enfants, 19 petits-enfants et 19 arrière-petits-enfants. Ils étaient reconnaissants pour leur grande famille, leurs amis et leurs voisins qui les ont aimés et fréquentés. Je ne pourrais pas souhaiter de meilleures conditions à la fin de ma vie.

Mère Teresa a dit un jour : « La plus grande maladie aujourd'hui, ce n'est pas la lèpre ou le cancer ou la tuberculose, c'est le sentiment d'être indésirable, ignoré et abandonné de tous. » Si les gens sont seuls pendant une longue période, sans partenaire, famille ou amis, cela peut entraîner toutes sortes de complications. Si nous ne nous occupons pas correctement de notre corps, nous tomberons malades et si nous négligeons notre vie intérieure, nous risquons de tomber dans un trou profond où règne le désespoir ou de perdre complètement la joie de vivre, ce qui peut mener à la dépression, voire au suicide.

La vie peut être si belle, et pourtant il peut y avoir plusieurs raisons pour expliquer ces tristes circonstances. Adolescent, j'ai commencé à voir les maux de ce monde et en même temps, je ne trouvais pas de réponses aux questions au fond de moi. Avec le temps, je suis devenu tellement dépressif que je ne savais pas quoi faire de ma vie. C'est un miracle que j'ai pu sortir de cette spirale descendante. Depuis que j'ai trouvé des réponses à ces questions, j'essaie d'assister et d'aider quiconque est dans une situation similaire à trouver une issue.

Certains étudiants souffrent de dépression et mettent fin à leurs jours à cause de ces pressions si fortes. Chaque année, plus d'un million de personnes dans le monde se suicident. Environ toutes les 40 secondes, quelqu'un, quelque part dans le monde, se donne la mort [Réf. 46]. Outre les suicides recensés, il y a encore beaucoup plus de tentatives de suicide.

Quand les choses tournent mal et qu'on se sent mal aimé ou inutile, on peut facilement se décourager. Dans de telles situations, il est bénéfique de remplir notre cœur, notre esprit, nos yeux et nos oreilles avec des images, des sons, des pensées et des mots encourageants. De plus, on reprend des forces en restant en contact avec sa famille et ses amis, en prenant du temps pour se détendre et profiter de la vie, en faisant du sport et en bougeant, en se reposant suffisamment et en ayant une alimentation saine. Une des meilleures façons de se sentir mieux est d'aider quelqu'un d'autre. Si nous encourageons les autres, nous sommes encouragés nous-mêmes.

Tout le monde souhaite, et a besoin, de reconnaissance et d'estime. Nous pouvons les montrer à d'autres personnes en étant en contact avec elles et en montrant de l'intérêt pour elles. Passer un peu de temps ensemble, échanger quelques mots peut changer leur vie.

Quand je suis en déplacement et que l'occasion se présente, j'offre volontiers aux gens que je rencontre des petits feuillets avec un message encourageant. Au verso se trouve l'adresse du site Web de Lenka, offrant des sujets inspirants. De cette manière-là, j'ai pu encourager beaucoup de gens.

Je pense qu'être non désiré, mal aimé, abandonné, oublié de tout le monde, caractérise une faim beaucoup plus grande, une pauvreté beaucoup plus grande que celle d'une personne qui n'a rien à manger. La pauvreté la plus terrible est la solitude et le sentiment d'être mal aimé. – Mère Teresa

La gentillesse est une double bénédiction ; elle bénit celui qui donne et celui qui reçoit. – William Shakespeare

Donne au monde le meilleur de ce que tu as et le meilleur te reviendra. – Madeline Bridges

Vous pouvez facilement augmenter la somme totale du bonheur dans le monde maintenant. Comment ? En donnant quelques mots d'appréciation sincère à quelqu'un qui se sent seul ou découragé. Peut-être oublierez-vous demain les paroles aimables que vous prononcez aujourd'hui, mais le destinataire les chérira peut-être toute sa vie. – Dale Carnegie

Attitude

Face à la vie avec tous ses hauts et ses bas, nous pouvons tourner notre regard vers le côté positif et voir le bien dans n'importe quelle situation. Ou alors nous pouvons le fixer sur le négatif et tout voir sous un mauvais jour. Nous pouvons être satisfaits ou insatisfaits de toute situation, même si les circonstances ne changent pas. Beaucoup de choses dépendent de notre point de vue.

Un bon exemple est l'anecdote sur la vieille dame qui a dû déménager du 3e au 10e étage de sa résidence pour personnes âgées. Quand l'aide-soignante l'a accompagnée dans l'ascenseur, la dame a déclaré : « J'aime ma nouvelle chambre, » à laquelle l'aide-soignante a répondu : « Vous ne l'avez même pas encore vue. Comment pouvez-vous savoir qu'elle vous plaît ? » La vieille dame a répondu : « J'ai décidé que je l'aimerais. Ça me suffit ! » Son attitude positive l'a amenée à aimer son nouveau cadre de vie.

Lorsque Lenka a subi ses deux dernières opérations en 2014, elle s'est retrouvée en soins intensifs pendant un certain temps après chaque intervention, et son état aurait pu s'améliorer ou s'aggraver. Les médecins m'ont encouragé et m'ont dit qu'elle allait certainement s'en sortir parce que c'était une personne très positive. Elle a en effet surmonté chaque opération plus vite et mieux que prévu, alors qu'elle était dans un état critique. Les deux fois, les médecins qui ne croyaient pas en Dieu, ont admis que c'était un miracle.

Un bon état d'esprit est essentiel – surtout en matière de santé. Je crois que notre point de vue détermine le résultat de chaque situation. Lorsque nous sommes confrontés à des difficultés ou que nous entendons parler d'une crise dans le monde, il est important de garder les yeux fixés sur le bon et le positif qu'on peut également trouver autour de nous. Un des slogans de mon père était que nous ne devrions « pas prendre tout cela tellement au sérieux ». Il avait un grand sens de l'humour, qui lui était souvent bénéfique, ainsi qu'à tous ceux qui l'entouraient.

L'histoire de deux vendeurs de chaussures partis en Afrique montre l'importance de notre attitude, surtout quand les circonstances sont défavorables. Le premier vendeur écrivit à sa centrale au pays : « *Personne* ne porte de chaussures ici, » et remit sa démission. Le second, passionné par le potentiel, écrivit : « *Tout le monde* a besoin de chaussures ici ! » L'esprit négatif du premier vendeur de chaussures l'a fait démissionner. L'attitude confiante du deuxième était pleine de foi et a donné des résultats positifs. Ce que l'un considérait comme une entreprise sans espoir, l'autre le voyait comme une opportunité avec des possibilités infinies.

Nous avons besoin de cette approche positive en Afrique et partout où nous sommes confrontés à des défis. Notre position détermine notre façon de voir les choses et notre activité fournit les résultats correspondants. Cela vaut la peine d'identifier les chances dans chaque situation et de développer ce potentiel, plutôt que de prêter trop d'attention aux obstacles qui pourraient nous empêcher d'exploiter ces opportunités et d'obtenir des résultats positifs.

J'admire la réaction de l'Africaine, très pauvre, à qui on a demandé si elle n'était pas triste de ses conditions difficiles, ce à quoi elle répondit : « Si j'étais triste, ça ne ferait qu'empirer les choses ! »

La vie est composée à 10% de ce qui t'arrive et à 90% de la façon dont tu y réagis. – Charles R. Swindoll

Tu ne peux pas tailler les situations de la vie sur mesure, mais tu peux tailler les attitudes sur mesure pour qu'elles correspondent à ces situations. – Zig Ziglar

Des Mondes différents

La Terre pourrait être un endroit merveilleux pour tout le monde. Mahatma Gandhi a dit : « Le monde a de quoi satisfaire les besoins de chacun, mais pas l'avidité de tous. » Sans cupidité, il y en aurait assez pour tout le monde. Mais quelques-uns en possèdent trop et la majorité en a trop peu. Je ne parle pas des moyennement riches qui sont serviables.

La richesse n'est pas le problème quand elle est partagée avec les pauvres et que leurs besoins sont satisfaits.

Il y a des personnes aisées qui sont charitables et généreuses. Les complications surviennent quand quelques personnes ont beaucoup plus que nécessaire et qu'elles oublient de partager avec ceux qui sont dans le besoin. Selon un rapport publié en 2018 par Oxfam, les 1% les plus riches de la population mondiale ont reçu 82% de la richesse générée la même année, tandis que la moitié la plus pauvre de l'humanité n'a rien reçu [Réf. 47]. En 2020, Oxfam a publié un article indiquant que les 2 000 personnes les plus riches de la planète possédaient plus d'argent que les 4,6 milliards les plus pauvres [Réf. 48].

Il y a quelque temps, une de nos amies en Allemagne m'a parlé de femmes qui achètent des sacs à main à 1 000 euros. Quand elle a vu ma réaction choquée, elle a dit que ce n'était encore rien. Elle a ensuite raconté qu'une connaissance qu'elle essayait en vain de convaincre depuis longtemps de soutenir notre travail au Congo, venait de s'acheter un sac à 60.000 euros !

L'argent n'a jamais rendu l'homme heureux, et il ne le fera pas non plus, il n'y a rien dans sa nature qui produise le bonheur. Plus on en a, plus on en veut. Au lieu de remplir un vide, il en crée un. – Benjamin Franklin

Nous sommes heureux de soutenir les personnes dans le besoin et d'encourager ceux qui ont plus qu'ils n'en ont besoin à partager avec les plus démunis. C'est une chose de lire sur la pauvreté ou de la regarder à la télévision. Mais quand vous êtes dans un pays où vous êtes confronté à cela à chaque coin de rue, l'effet est différent. Essaie d'imaginer la situation suivante :

Ton frigo est vide ou tu n'en as même pas un. Tu n'as pas de travail et pas d'argent non plus. Dans un pays riche, il existe des aides sociales pour le logement et la nourriture dans de tels cas. Pas dans les pays pauvres ! Imaginons que tu n'aies pas d'aides de ce genre. Tu sors le matin l'estomac vide et tu essaies de gagner un peu d'argent pour ramener quelque chose à manger pour ta famille le soir. Des centaines de millions de personnes vivent ainsi chaque jour !

Voici quelques statistiques sur la pauvreté mondiale :
- 1 milliard de personnes vivent avec moins de 1 dollar par jour [Réf. 49]. Cela signifie qu'une personne sur sept a faim la plupart du temps.
- 20% de la population mondiale consomme 80% des ressources du monde [Réf. 50].
- Toutes les trois secondes, quelqu'un meurt des suites d'une extrême pauvreté [Réf. 51] soit 30 000 personnes par jour, plus de 10 millions par an.
- Rien qu'en Afrique subsaharienne, 40 millions d'enfants sont orphelins [Réf. 52].
- 2 milliards de personnes manquent d'eau potable [Réf. 53].

Les grands chiffres comme ceux-ci ne sont que des chiffres pour certaines personnes. Mais comme ma femme et moi avons vécu plus de dix ans en Afrique, nous avons pu constater de visu ce que signifient certaines de ces statistiques. Ce qui est douloureux, ce n'est pas seulement la perception d'une pauvreté aussi terrible, mais le contraste entre les super-riches et les super-pauvres. Il y a deux mondes différents sur la même planète.

Aujourd'hui, il est facile de parler du grand mal que fut l'esclavage – même s'il y a encore des millions d'esclaves d'un autre type qui sont déportés et vendus. Quand William Wilberforce a lancé pour la première fois l'idée de l'abolition de la traite des esclaves, le Parlement s'est moqué de lui en arguant : « Nous avons besoin des esclaves, sinon notre économie s'effondrera. »

D'une certaine manière, nous vivons aujourd'hui une situation similaire. Le système économique actuel, matérialiste et à but lucratif, exige une augmentation continuelle de la croissance et de la production. Si quelqu'un présentait une demande visant à produire moins d'armes, moins de produits chimiques malsains, moins de pornographie, moins de films violents et de jeux informatiques, l'argument suivant serait sans doute avancé : « Cela signifierait moins d'emplois et moins de croissance économique. »

L'abolition de l'esclavage n'a pas sonné le glas de l'Empire britannique, et la fabrication de moins de produits, surtout de produits nuisibles, n'aboutira pas non plus à l'effondrement de l'économie actuelle. Il faut juste apprendre à être satisfait avec moins, au lieu de vouloir toujours plus.

Si les pays riches payaient le juste prix des matières premières que les pays pauvres leur fournissent, les revenus de ces derniers augmenteraient. Si cet argent était investi dans le développement de ces pays au lieu de disparaître dans les poches de certains de leurs élites, leur population en bénéficierait. Le développement réduirait la pauvreté dans les pays en développement et les économies nationales augmenteraient. Les États percevraient plus d'impôts, qui pourraient être investis pour relever le niveau de vie de leurs pays, et les nations riches auraient des marchés plus importants pour vendre leurs produits. Tout le monde y gagnerait !

Un développement accru en Afrique impliquerait un autre changement. J'ai remarqué qu'en général, les couples de Kinshasa qui ont atteint un niveau de vie moyen ne veulent plus avoir autant d'enfants que la population pauvre. Les pauvres veulent beaucoup d'enfants, un peu comme une sorte d'assurance vieillesse, pour qu'ils aient quelqu'un qui prenne soin d'eux quand ils seront vieux. Plutôt que de développer des pilules pour stériliser les femmes africaines, il faudrait relever leur niveau de vie ce qui réduirait naturellement la population sans ces mesures inhumaines.

Aujourd'hui, nous parlons de l'horreur du colonialisme, notamment sous le roi Léopold II et le gouvernement belge. Mais la situation économique des pauvres et des maltraités dans les provinces du Congo où les acteurs de violence font des ravages ne semble pas meilleure aujourd'hui qu'à l'époque. C'est sans doute ce qui a motivé le pasteur Ngoma à dire lorsque nous avons atterri au Congo en 2003 : « L'indépendance, c'était la pire chose qui pouvait nous arriver. »

Il y a des différences entre les pays africains parce que les puissances coloniales les ont préparés différemment à l'indépendance. Certains étaient mieux préparés que d'autres, certains avaient de meilleurs dirigeants après l'indépendance que d'autres. Quoi qu'il en soit, beaucoup de ces pays sont encore exploités à la fois par des nations étrangères et par leurs propres dirigeants. À la place d'*une* seule puissance coloniale comme dans le passé, actuellement *beaucoup* de pays sont désormais présents, exploitant et pillant les ressources.

Comment 1 milliard de personnes peuvent-elles vivre avec moins de 1 dollar par jour, alors que d'autres individus possèdent plusieurs milliards de dollars ? Nous devons penser au milliard de personnes qui souffrent de la faim, aux millions qui souffrent de la guerre et de la violence et aux millions de réfugiés qui en résultent. La situation dans ces pays pauvres n'est pas moins scandaleuse que l'esclavage dans le passé.

En 1992, à l'ONU, une jeune fille de 12 ans a prononcé un discours bref mais impressionnant, dénonçant les faiblesses du monde [Réf. 54]. Depuis, la situation n'a fait qu'empirer. Nous devons aborder ces problèmes de manière plus claire et, surtout, faire des changements durables. Nous avons besoin de plus de paix que de guerre, et d'un meilleur équilibre entre luxe et nécessités de la vie, entre abondance et minimum vital.

Chacun d'entre nous est responsable de ses propres actions. La majorité d'entre nous ne peut apporter que de petits changements. Mais ceux qui sont derrière l'utilisation abusive des armes, la production médiatique négative, la pollution de toutes sortes et les mauvais traitements infligés aux personnes portent d'énormes responsabilités et devront un jour en répondre.

C'est particulièrement vrai pour les scientifiques, les inventeurs, les hommes politiques, les entrepreneurs, les scénaristes, les cinéastes, les producteurs, les reporters, les programmeurs, les rédacteurs et les directeurs de différents médias. Ils ont une grande responsabilité envers la société et peuvent l'influencer d'une manière ou d'une autre. En tant que consommateurs et parents, nous sommes responsables envers nos enfants et envers nous-mêmes de ce que nous achetons, regardons, écoutons et lisons.

L'influence des nations puissantes

Quand j'ai demandé à certains Congolais, avant l'élection de 2018, pour qui ils voteraient comme prochain président, ils m'ont répondu : « C'est vous, les Blancs, qui décidez qui sera notre prochain président. » J'ai demandé au Dr Nour son avis sur les élections et elle m'a écrit :

« Les élections sont une «mascarade» organisée par les dirigeants de l'Occident, qui détourne les Congolais de leurs problèmes réels et pousse à la fragilisation du pays. De plus, les soi-disant opposants

Tshisekedi et Fayulu sont des hommes politiques qui partagent la même orientation idéologique et dépendent tous deux de manière égale des grands acteurs économiques occidentaux. [...] RIEN ne changera dans la politique congolaise. La «nomenklatura» (l'élite dirigeante) a pris fermement le contrôle du Congo. Les Congolais sont à plaindre car ils sont incapables, en tant que peuple, de se rassembler et de construire un véritable mouvement de résistance contre le statu quo. »

Les nations puissantes dirigent la politique mondiale et laissent peu de marge de manœuvre aux pays faibles. À ce sujet, le Dr Nour a fait la déclaration suivante :

« La politique économique et commerciale internationale est contrôlée par des forces qui n'admettent pas qu'on leur parle. Pourquoi le voudraient-elles ? Elles sont si puissantes qu'elles peuvent imposer leurs intérêts au détriment du reste de l'humanité. Pourquoi devraient-elles renoncer volontairement à ces privilèges ?

Ces dernières années, on a assisté à une concentration croissante de la richesse parmi les 1% et à une propagation de la pauvreté parmi les 99% de la population mondiale. Les riches possèdent des milliards ou des milliers de milliards et en veulent toujours plus. L'économie internationale n'est pas gouvernée par les principes de raison et de moralité, mais uniquement par ceux de la recherche du profit.

La pauvreté, la marginalisation et l'incapacité à s'organiser et à résister à la classe dirigeante et aux exploiteurs extérieurs qui utilisent le mécanisme d'exploitation des ressources et la répartition inéquitable des revenus dans le monde entier, sont dues à des facteurs historiques et structurels dans les pays de l'hémisphère Sud, en particulier en Afrique subsaharienne. »

Je sais bien que mes approches et mes propositions sur les changements nécessaires dans les trois premiers chapitres de ce livre sont très idéalistes et difficiles à mettre en œuvre. Il faudra beaucoup de temps pour parvenir à plus de paix et à un commerce plus équitable. Je pense que nous n'aurons de changement à cet égard que si le cœur des gens change, tant au niveau des dirigeants que dans la société en général. Les mentalités et les attitudes des gens doivent changer et nous devons trouver des moyens d'influer sur les mécanismes politiques et économiques qui peuvent inverser la misère d'une grande partie de l'humanité et la destruction de l'environnement mondial.

L'histoire montre que les dirigeants n'ont jamais l'intention de céder quoi que ce soit de leur plein gré. Néanmoins, je fais appel à la raison et la morale de tous. J'espère attirer plus de monde pour produire un effet boule de neige dans cette direction. Toute personne qui participe à ce processus de changement reçoit en retour joie et épanouissement. Si les grands et les puissants ne changent pas dans leur comportement, ils finiront quand même par perdre, tout comme toutes les grandes puissances avant eux, et ceux qui agissent par amour gagneront !

Quand je désespère, je me rappelle que dans toute l'histoire, les chemins de vérité et d'amour ont toujours gagné. Il y a eu des tyrans et des assassins, et pendant un temps ils peuvent sembler invincibles, mais à la fin, ils tombent toujours. Souviens-toi... toujours. – Mahatma Gandhi

Nous attendons avec impatience le moment où le pouvoir de l'amour remplacera l'amour du pouvoir. Notre monde connaîtra alors la bénédiction de la paix. – William E. Gladstone (1809 – 1898)

Nous vivons dans un monde où nous devons partager des responsabilités. Facile à dire : « Ce n'est pas mon enfant, ce n'est pas ma communauté, ce n'est pas mon monde, ce n'est pas mon problème. » Il y a ensuite ceux qui se rendent compte de la détresse et y répondent. Je considère ces gens comme mes héros. – Fred Rogers

Prière de Saint François d'Assise

Seigneur, fais de moi un instrument de Ta paix,
Là où est la haine, que je mette l'amour.
Là où est l'offense, que je mette le pardon.
Là où est la discorde, que je mette l'union.
Là où est l'erreur, que je mette la vérité.
Là où est le doute, que je mette la foi.
Là où est le désespoir, que je mette l'espérance.
Là où sont les ténèbres, que je mette la lumière.

Là où est la tristesse, que je mette la joie.
O Seigneur, que je ne cherche pas tant à
être consolé qu'à consoler,
à être compris qu'à comprendre,
à être aimé qu'à aimer.
Car c'est en se donnant qu'on reçoit,
c'est en s'oubliant qu'on se retrouve,
c'est en pardonnant qu'on est pardonné,
c'est en mourant qu'on ressuscite à l'éternelle vie.

◄ 1. *Madlen avec des enfants en bas âge à l'orphelinat de Kimbondo dans la banlieue de Kinshasa*

2. *Jens, Lenka et Melanie avec Anissa au camp SADR de Mushapo (à 1 000 km de Kinshasa)* ►

◄ 3. *Notre équipe à Kinshasa, de gauche à droite : Gilbert Nkuli, PDG ; Jean Vita, ingénieur ; André Kapanga, professeur ; François Mpona, professeur*

▲

4. Les Congolais n'abandonnent pas facilement – ils poussent le camion dans la montée sur une route sablonneuse

5. Wolfgang lors de ▶
son TEDx Talk

▲
6. *Lenka et Wolfgang avec Anissa,*
âgée de 2 jours, encore à l'orphelinat

7. *Lenka et Anissa* ▶
consolent un bébé
à l'orphelinat COLK

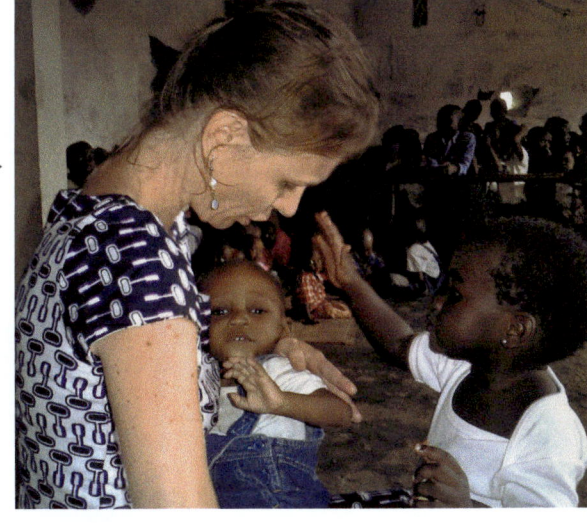

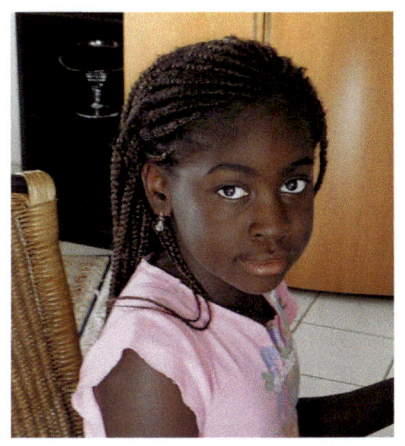

◀ 8. *Anissa, 8 ans*

▲
9. L'invention de Joseph du lave-mains

▲
10. Joseph avec Jos dans sa jeep transformée à partir d'un vieux scooter

11. Robot de feux de ▶ signalisation « Made in RDC (République démocratique du Congo) »

12. *Ici, on peut acheter des cartes de crédit téléphoniques*

13. *Vélos-cargos poussés sur de longues distances dans les campagnes*

▲
14. « Pousse-pousse » à Mabala sur le chantier de notre école
(à 500 km de Kinshasa)

15. Wolfgang avec des vendeuses de fruits et légumes
▼

▲ 16. *Vendeur de rue qui se promène et propose des œufs durs*

▲ 17. *Vente de chaussures, de vêtements, d'articles ménagers, etc.*

18. *École de village près de Mushapo : bancs faits de simples troncs d'arbres*
▼

▲
19. Jos dans une salle de classe de 4x5 m
pour 45 enfants dans une école près de
Mushapo sans aucun banc

▲
20. La vie à la campagne :
sans électricité ni eau courante

21. Jean a cuit du pain et des
pâtisseries de première qualité dans ▶
ce four en pierre qu'il a fabriqué
lui-même à Mushapo

▲

22. *Pierre, notre directeur d'école, avec des élèves de Mushapo dans des locaux scolaires loués à Tshikapa*

23. *La jeep de l'ONU est restée bloquée sur le chemin de la distribution de nourriture aux enfants de Kisenso* ▶

◀ 24. *Lourds « tabourets à éléphant » et « mère et bébé » sculptés – en bois de wengé*

25. 2000 : Lenka
lors d'une action
d'aide médicale
au Nigéria

26. 2002 :
Déchargement de
notre conteneur
d'aide humanitaire
dans le port de
Douala, Cameroun

27. En route vers
les Pygmées : nous
sommes restés
bloqués dans la
forêt tropicale au
milieu de la nuit

▲
28. *Transbordement de matériel d'aide sur des bateaux pour un camp pygmée isolé*

29. *Danse des enfants pygmées : typiquement, ils se couvrent la tête,*
les mains et les pieds
▼

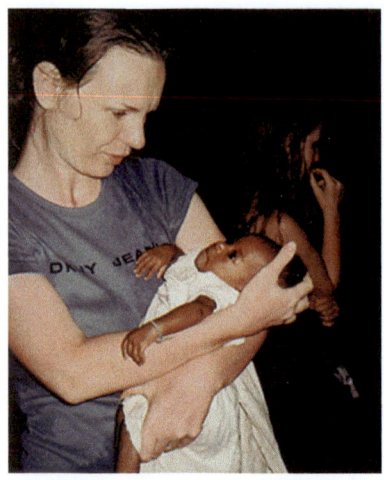

◀ 30. *Lenka réconforte un nouveau-né pygmée qui a perdu sa mère*

31. *2004 : Déchargement de notre conteneur d'aide humanitaire à Kinshasa*
▼

▲ 32. *2008 : Marco distribue un repas chaud aux enfants de Kisenso, Kinshasa*

33. *Le père de Marco, Andreas Bödeker, prépare des paquets de nourriture pour les enfants* ▶

◀ 34. Remerciements pour le paquet
de nourriture et les vêtements

35. Lenka adapte des chaussures
aux enfants de Mokali
▼

36. 2010 : Nous avons posé
ces fondations pour une école
à Kikimi, dans la banlieue
de Kinshasa
▼

◄ 37. 2011 : Maison
typique à Mushapo,
faite de rondins de
bois et d'argile avec
un toit en herbe
à éléphant

▲
38. Nouvelles
briques faites à la
main pour notre école
de Mushapo

◄ 39. Four pour la
cuisson des briques

40. Jean, notre responsable sur ▶ place, supervise la construction de l'école

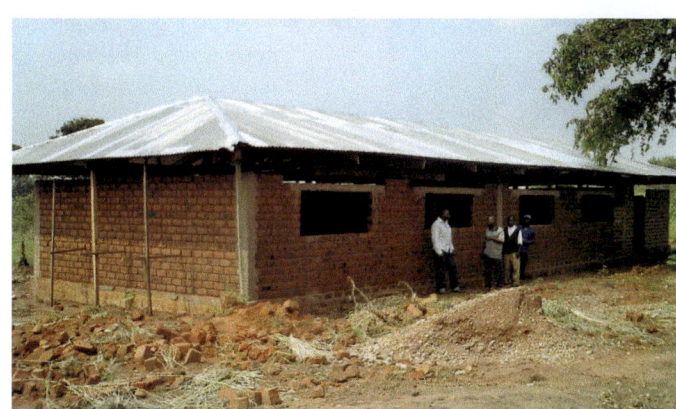

41. Bâtiment ◀ scolaire avec toit en tôle ondulée résistant à la pluie, presque terminé

42. Signe de reconnaissance pour l'enseignement ▶ scolaire gratuit

43. *Même les camions* ▶
puissants à quatre roues
motrices sont restés
bloqués sur la
« route nationale »
de Tshikapa à l'Angola

◀ 44. *Sur le chemin de*
notre école à Mushapo,
nous avons également eu
des problèmes avec ce
solide véhicule à quatre
roues motrices

45. *Gabriele Manig,*
l'épouse de l'ambassadeur
allemand, avec Jean,
notre manager, dans le
champ d'ananas devant
notre école
▼

▲

46. *Notre plantation de manioc de 5 hectares à Mushapo*

47. *Après la récolte, le manioc* ▶
est mis à tremper pendant
3 jours, puis pelé et séché

◀ 48. *Une de nos*
enseignantes avec
son bébé sur le dos

49. Un homme fort porte une moto avec une valise sanglée dessus à travers la rivière

50. Des écoliers joyeux à Mushapo

51. M. Mario, maire de Nioki, pose la pierre angulaire de notre terrain

52. *Murs en briques* ▶
séchées à l'air avec
mortier de ciment

◀ 53. *Les poutres du toit*
sont fixées puis peintes
pour éloigner les termites

54. *Les murs sont* ▶
protégés de la
pluie par un
enduit de ciment

▲ 55. Près de 300 enfants
fréquentent gratuitement
notre école secondaire
à Mabala

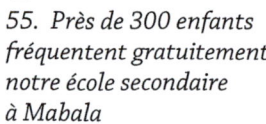

◄ 56. Nom officiel de notre
école : ITAV ADH Mabala

58. ... ainsi que des légumes
amarantes ...
▼

▲
57. Les élèves récoltent des arachides à l'école ...

◀ 59. ... et apportent
des plants d'acacia
de notre pépinière
dans notre champ

60. Carte des sites de nos projets
▼

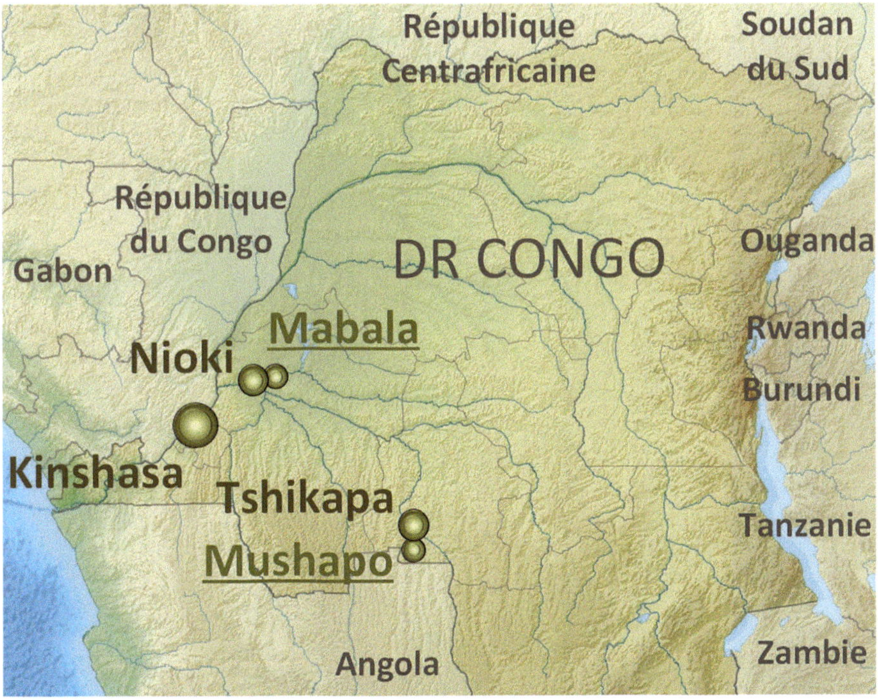

(ccontour de la carte : https://de.wikipedia.org/wiki/Datei:Democratic_Republic_of_the_Congo_relief_location_
map.jpg, modifié par ADH : position et noms des villes et des pays)

61. 2010 : L'ambassadeur ▶
allemand, Dr Axel
Weishaupt, nous aide
à distribuer de la
nourriture

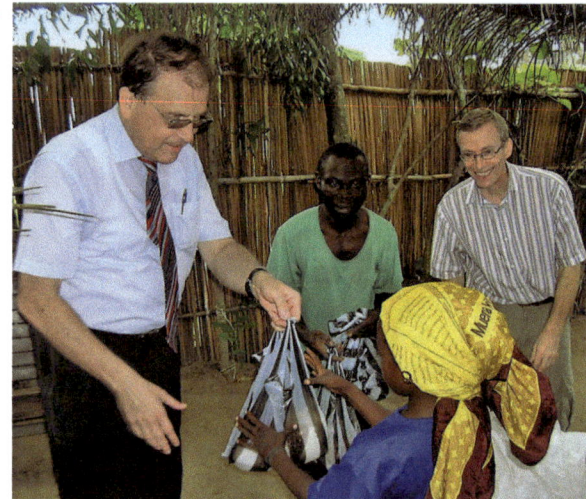

62. Les enfants de
Mushapo montrent
fièrement le ballon
de football qu'ils ont
fabriqué eux-mêmes
▼

▲
63. *Les enfants de Mushapo sont si reconnaissants pour une petite friandise*

64. *Taxibus bondés à Kinshasa*
▼

▲

65. *Lenka et Anissa avec des enfants du village qui voulaient tous être sur la photo*

66. *Anissa (au centre) joue avec des enfants* ▶ *du village dans la brousse*

◀ 67. *Fillette avec une coiffure originale*

68. *1998 : Notre voiture et le camion avec remorque de Josef sur des routes verglacées en Ukraine*
▼

▲
69. *Hibiscus en*
    Afrique du Sud

70. *Rose de porcelaine* ▶
    à Kinshasa

◄ 71. *Arbre à carquois (aloès),*
Jardin botanique de
Kirstenbosch, Le Cap

72. *Bébé ananas au Congo*
▼

73. *Pomme cannelle* ►
à Kinshasa

▲
74. *Montagnes et mer près du Cap*

75. *Lever de soleil sur la rivière Fimi près de Nioki*
▼

▲

76. *Josef Schuster, traversée des Alpes avec aide humanitaire pour l'Albanie*

77. *Ndolo, aéroport national de Kinshasa : (à gauche) avion pour les vols nationaux, (à droite) ancien avion mis au rebut*

▼

◀ 78. *Wolfgang avant son vol de Kinshasa à Nioki*

▲
79. *Interview télévisée avec Christopher Griebel de München TV*

◀ 80. *2007 : trous de balles à l'arrière de notre pick-up reçu en don*

◄ 81. *Rue vide, peinture*
à l'eau

82. *Mélancolie,* ▶
peinture à l'eau

◄ 83. *Prague, peinture à l'huile*

84. *Jeune fille,* ▶
sculpture

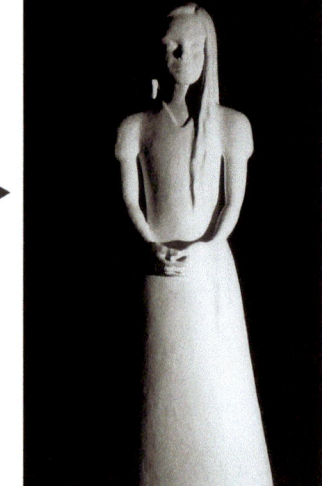

85. *Mosaïque dans un passage souterrain, Prague*
▼

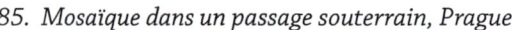

Chapitre 4

Une autre dimension

Afin de réaliser des changements profonds et durables dans nos vies ainsi que dans la société, il nous faut comprendre que davantage de choses doivent changer au-delà de ce que ce que nous observons à première vue – de même que les racines cachées d'un arbre ou les fondations d'un bâtiment sont vitales pour ce qui peut être vu à la surface. Dans ce chapitre, nous creuserons jusqu'aux fondations, en allant au cœur du problème, afin d'explorer comment nous pouvons amener ces changements profonds et durables.

Science et foi

Au-delà du plan physique, il existe une sphère spirituelle qui nous entoure. Certaines personnes grandissent en ayant conscience de cette sphère spirituelle, tandis que d'autres n'ont jamais été mises en contact avec celle-ci.

En général, l'argent et le matérialisme sont les valeurs prédominantes pour ceux qui vivent dans une société capitaliste où les gens sont tellement absorbés par le domaine physique et matériel que leur vie spirituelle en est négligée, voire inexistante. Le communisme, quant à lui, est fondé sur l'athéisme et enseigne officiellement qu'il n'y a pas de Dieu, ni rien de spirituel. Dans plusieurs anciens pays communistes, le régime a presque réussi à éradiquer le côté spirituel de la vie ; dans d'autres, la foi en Dieu a souvent été transmise par les grands-mères à leurs petits-enfants.

Je ne puis dire avec certitude pourquoi j'ai perdu ma foi en Dieu pendant mon adolescence. Je me souviens simplement que je ne pouvais pas comprendre et accepter ce que j'avais vu et ce qu'on m'avait enseigné à l'église. Cela m'a inévitablement conduit à la question suivante : « Qu'y a-t-il d'autre ? » D'une part, comme beaucoup de mes contemporains de l'époque, j'étais influencé par la propagande communiste de l'Est. D'autre part, le mouvement hippie de l'Ouest m'entraînait dans sa direction.

Cependant, aucune de ces visions du monde ne pouvait me donner ce que je cherchais. Dans ma quête intérieure, je restais sans réponses satis-faisantes ; intérieurement, je me sentais seul et perdu. La lecture des livres de Franz Kafka et de Jean-Paul Sartre, auxquels je m'identifiais, ne m'a pas aidé non plus dans ma recherche. Malheureusement, ni l'église avec sa foi en Dieu, ni le monde avec son incrédulité ne pouvaient m'aider.

Avant d'aborder le sujet de la science, je voudrais préciser de quel type de science je parle. Le mot « science » vient du mot latin « scientia », qui signifie « connaissance ». Bien qu'il existe de nombreuses catégories de sciences, telles que les sciences culturelles, les sciences sociales, les sciences humaines et les sciences naturelles, qui traitent des questions physiques, c'est généralement à cette dernière que les gens se réfèrent lorsqu'ils parlent de sciences aujourd'hui, et c'est aussi ce que je vais faire ici.

Certains scientifiques actuels qui sont athées prétendent que la science naturelle et Dieu ne sont pas compatibles, même si les pionniers de la science moderne ont tous cru en Dieu, notamment Galilée, Kepler, Newton, ainsi que de nombreux scientifiques contemporains. Pour eux, la foi et la science vont de pair.

L'un de ces hommes, le Dr John Lennox, professeur de mathéma-tiques à l'université d'Oxford, parle ouvertement de la compatibilité de Dieu et de la science. Il cite C. S. Lewis : « Les hommes sont devenus scien-tifiques parce qu'ils s'attendaient à une loi dans la nature, et ils s'atten-daient à une loi dans la nature parce qu'ils croyaient en un Législateur. » Historiquement, des étapes importantes de la science ont été franchies par des personnes qui croyaient en Dieu.

Le Dr Lennox souligne à quel point la science peut être limitée ; elle ne peut pas expliquer des choses comme *la conscience* ou *l'énergie*. Nous pou-vons mesurer et utiliser l'énergie, mais nous ne savons pas vraiment ce qu'elle est. Cela illustre le fait que tout ne peut pas être expliqué par les principes de la physique et de la chimie.

Il démontre comment, en donnant quelques coups de crayon sur une feuille de papier, on peut former des lettres de l'alphabet ; et les lettres, lorsqu'elles sont disposées d'une certaine manière, nous donnent des mots et un sens, révélant un esprit – un auteur – derrière leur formation. Il en va de même pour le code ADN du génome humain : le code est un mot de 3,5 milliards de lettres et se compose de seulement quatre lettres différentes – A, C, G et T – qui représentent les quatre acides nucléiques de l'ADN et sont écrites dans un mot de 3,4 milliards de lettres. Dans chacune des 10 000 milliards de cellules de notre corps, ces lettres sont dans un ordre précis. Là encore, cela indique une intelligence. Il ne semble pas concluant de croire que l'univers et les humains aient été créés par un processus non guidé et non doté d'intelligence.

Le professeur Lennox discrédite également le mythe selon lequel croire en Dieu signifierait croire en quelque chose pour laquelle il n'existe aucune preuve. La foi, au sens large du mot, signifie la confiance, et notre expérience quotidienne de la foi est un engagement fondé sur des preuves. La foi ne doit pas être aveugle, mais fondée sur de bonnes raisons [Réf. 55].

L'auteur et pasteur Charles Price partage des idées éclairantes sur la nature de la foi. Voici quelques extraits de son discours « Transformer la vérité en expérience » :

« Certaines personnes pensent que la foi est une sorte de pouvoir mystique qui rend quelque chose possible si on le désire vraiment assez fort, ce qui est une absurdité. D'autres ont l'idée que la foi se substitue aux faits. Ils pensent que vous avez besoin de la foi lorsque vous êtes à court de faits, mais cela n'est pas vrai. En réalité, la foi a besoin de faits, simplement parce que la foi doit reposer sur *quelque chose*. La foi doit avoir un *objet*, tout comme l'amour. L'amour et la foi doivent être en relation avec un objet.

« La chose la plus importante dans la foi est l'objet dans lequel nous la plaçons, car c'est l'objet de notre foi qui en détermine la validité. Illustration : si je mets beaucoup de foi dans une fine couche de glace et que je marche dessus, je vais couler. Mais si je mets seulement un peu de foi dans une glace épaisse, je serai en sécurité.

« La foi est une attitude de confiance dans un objet dans le but de permettre à cet objet de faire quelque chose pour moi. La preuve de ma foi ne se voit jamais dans ce que je fais pour l'objet de ma foi ; elle se voit seulement dans ce que l'objet de ma foi fait pour moi. Exemple : vous ne pouvez pas vous asseoir sur votre foi, mais sur une chaise dans laquelle vous mettez votre foi. La preuve de notre foi en Dieu ne se voit jamais dans ce que nous faisons pour Dieu ; elle se voit seulement dans ce que Dieu fait pour nous » [Réf. 56].

Croire ou ne pas croire en Dieu sont tous deux une question de foi. Alors que la science prétend s'en tenir uniquement à ce qui peut être prouvé, il lui arrive parfois de présenter quelque chose comme un fait établi, à un moment donné, uniquement pour revendiquer plus tard de nouvelles preuves contradictoires et de les déclarer aussi comme des faits établis. Voici quelques exemples qui m'ont été présentés par mon ami, John Lyall :

À l'époque où Charles Darwin formulait son idée de l'évolution dans les années 1850, on pensait que la cellule était semblable à une goutte de gelée, quelque chose qui pouvait facilement être expliqué en termes de processus d'évolution. Cependant, de nos jours, la science comprend à quel point une cellule « simple » est en réalité complexe – comme une usine de haute technologie qui a dû être conçue et ne pouvait pas évoluer d'elle-même.

« L'expérience de Miller-Urey » réalisée en 1953, a montré que des acides aminés pouvaient être créés dans certaines conditions de laboratoire, ce qui était censé prouver que la vie pouvait naître de produits chimiques non vivants, puisque les acides aminés sont les éléments constitutifs des protéines, qui sont nécessaires à la vie. Mais les acides aminés sont des produits chimiques ordinaires qui ne «vivent» pas.

Le monde scientifique sait que pour combler le fossé entre les produits chimiques non vivants et les organismes vivants, il faut un haut degré d'organisation structurelle. Et il sait combien il est impossible d'y parvenir par des processus naturels aléatoires. Il faut un concepteur intelligent.

Après le milieu du XIXe siècle, la théorie de l'évolution s'est imposée dans la communauté scientifique. L'idée de « l'arbre de vie » est devenue populaire, affirmant que des organismes simples pouvaient, au fil du temps, se développer et se ramifier en formes ou en espèces plus complexes. Cependant, après des décennies de recherche, il est devenu clair que chaque type d'organisme – de l'unicellulaire au vertébré – est apparu en même temps et entièrement formé, dans les archives fossiles.

Les scientifiques étaient particulièrement préoccupés par le désir de trouver des fossiles d'hommes-singes. S'il était possible de prouver que les humains ont évolué à partir des singes, la science pourrait alors se passer de la notion d'origine divine. Il n'est pas surprenant que de nombreux archéologues aient rapidement prétendu avoir découvert l'insaisissable « chaînon manquant » de la transition entre le singe et l'homme. Mais invariablement, après une enquête scientifique rigoureuse, ces affirmations se sont révélées être des interprétations erronées des preuves fossiles, et dans un cas au moins – l'homme de Piltdown – un canular complet (après avoir été promu dans les manuels scolaires pendant 40 ans).

Récemment, des fossiles d'australopithèques ont été proclamés ancêtres de l'homme, parce que leurs os étaient légèrement différents de ceux des singes modernes. Une fois l'excitation initiale retombée, les scientifiques, grâce à des techniques d'analyse informatique modernes, ont réalisé qu'il s'agissait toujours de singes – disparus certes, mais sans aucun rapport avec les êtres humains.

Si la science nous a aidés à comprendre de nombreuses choses, il y en a beaucoup d'autres qu'elle ne peut expliquer ou auxquelles elle ne peut donner de réponse. Billy Graham a déclaré dans l'un de ses derniers entretiens avec des personnalités de premier plan dans le domaine de l'informatique que, même si la technologie moderne fait progresser nos vies, elle ne permet pas de pallier les insuffisances humaines fondamentales. Aussi avancée que soit la technologie, elle n'est pas capable de résoudre le mystère du mal, de la souffrance et de la mort chez l'homme [Réf. 57].

Tout comme la science et la technologie sont incapables d'expliquer ou d'éliminer ces problèmes, elles ne peuvent pas non plus nous aider à obtenir le vrai bonheur auquel nous aspirons. De même, elles nous laissent sans réponse aux grandes questions de la vie : quel est le sens de la vie ? Que se passe-t-il après notre mort ? Pour trouver les réponses à ces questions, nous devons entrer dans la dimension spirituelle, et c'est là que la foi joue un rôle.

Billy Graham montre comment la science et la foi en Dieu vont de pair et en donne quelques exemples. Il cite Thomas Edison : « Quand on voit tout ce qui se passe dans le monde de la science et dans le fonctionnement de l'univers, on ne peut pas nier qu'il y ait un capitaine sur le pont. »

Il mentionne comment il avait rencontré le chancelier Konrad Adenauer, le fondateur de l'Allemagne moderne, qui l'avait invité dans son bureau après la Seconde Guerre mondiale, avec vue sur les ruines de sa ville, et lui avait demandé : « Croyez-vous vraiment que Jésus-Christ soit ressuscité des morts ? » M. Graham a répondu : « Si je ne croyais pas que Jésus soit ressuscité des morts, je n'aurais plus d'Évangile à prêcher. » Ce à quoi M. Adenauer a répondu : « M. Graham, continuez à faire ce que vous faites, car en dehors de la résurrection de Jésus-Christ, je ne connais pas d'autre espoir pour l'humanité. »

Billy Graham explique ensuite qu'il connaissait très bien le Dr Wernher von Braun, et que le spécialiste des fusées avait une forte foi en Dieu. Il le cite comme suit : « La science et la religion ne sont pas antagonistes. Au contraire, elles sont sœurs. En ce qui me concerne, tout ce que je peux dire, c'est que la grandeur du cosmos ne sert qu'à confirmer une croyance dans la certitude de l'existence d'un créateur. »

La science opère dans les sphères physiques, mais la vie comporte davantage de niveaux. Par exemple, certaines personnes ont vécu des expériences où elles ont vu et parlé avec des anges ou des parents qui avaient quitté cette vie. D'autres ont eu des expériences de « vie après la mort ». Le Dr Eben Alexander, neurochirurgien (et ancien athée), rapporte qu'après sept jours de coma pendant lesquels son cerveau avait été inactif, il a fait une expérience qui lui a donné une raison scientifique de croire à la continuité de la conscience après la mort. Alors que son corps était dans le coma, sa conscience déconnectée du cerveau a voyagé dans une autre dimension, dont il n'aurait lui-même jamais imaginé l'existence [Réf. 58].

Il est difficile de dire combien de personnes ont fait l'expérience de la mort imminente, car la plupart de ceux qui l'ont vécue n'en parlent pas. Néanmoins, des milliers de témoignages de personnes ont été publiés. Le Dr Mary Neal, médecin orthopédiste, raconte qu'elle s'est noyée lors d'un accident de kayak. Elle est restée morte pendant environ 20 minutes jusqu'à ce qu'elle soit réanimée [Réf. 59].

Lorsque j'ai visité le planétarium de Hambourg avec un ami il y a de nombreuses années, un professeur a fait une magnifique présentation des étoiles et de l'ordre de l'univers. Ensuite, il y a eu une séance de questions. Vers la fin, mon ami a demandé s'il pouvait poser une question inhabituelle. Le professeur a accepté. Mon ami lui a demandé s'il croyait en

Dieu, ce à quoi il a répondu : « Tout vrai scientifique sait qu'il y a un Dieu. » Je suppose que puisque le professeur savait et comprenait comment l'univers fonctionne de manière étonnante et merveilleuse, Dieu est pour lui la meilleure explication pour un ordre, un équilibre et une perfection aussi remarquables.

Ils disent : « La science a réfuté Dieu. » Vous demandez : « Quelles sont, selon vous, les choses que la science ne peut pas nous dire ? » Il existe toute une série de questions auxquelles elle ne peut répondre, de la philosophie aux mathématiques, de la politique à la littérature et, plus profondément, à ce que cela signifie d'être humain. La science n'est qu'un outil parmi d'autres pour étudier la réalité. Le problème est que pour l'homme qui a un marteau, tout ressemble souvent à un clou. – John Lennox

La foi n'est pas le contraire de la raison. La foi repose fermement sur la raison, mais avec la composante supplémentaire qu'est la révélation. – Francis Collins

Évolution et athéisme

La question de savoir comment l'univers, la terre et toute la création ont vu le jour est une question importante, et les réponses sont variées et parfois très différentes les unes des autres. Elles peuvent être tout à fait opposées et cela peut parfois causer des frictions lorsque les gens parlent de leurs différents points de vue. Mais j'espère que nous pourrons être ouverts à la diversité humaine et appliquer le principe de « l'unité dans la diversité ». Le fait que mes amis ou mes parents aient des opinions différentes sur un sujet ne doit pas m'empêcher de rester ami avec eux et de les respecter pour leurs opinions.

En gardant cela à l'esprit, je voudrais mentionner trois des points de vue les plus courants sur la façon dont ce grand événement est censé s'être produit :

1. Certains croient que Dieu a créé l'univers et notre planète, la matière, l'espace et le temps, il y a des millions, voire des milliards d'années. Ils appellent cette théorie le « Big Bang » et pensent que Dieu en est à l'origine et qu'à partir de ce moment, tout a évolué lentement sur une longue période de temps.

2. Beaucoup de gens dans le monde occidental croient en la théorie de l'évolution de Darwin. Ils croient également en la théorie du « Big Bang », mais selon eux, cela s'est produit tout seul à partir de rien et à partir de là, tout a évolué au cours de milliards d'années, de la vase jusqu'à la diversité de la création actuelle. C'est là que se pose la question : comment une chose, et en particulier notre univers immense et complexe, peut-elle évoluer d'elle-même à partir de rien ?

3. D'autres croient au récit biblique littéral de la création, selon lequel notre monde et l'univers ont été créés en six jours seulement, il y a environ six mille ans. En comptant les âges et les générations spécifiques énumérés dans la Bible, la chronologie de l'histoire peut être retracée jusqu'au tout début [Réf. 60].

Malheureusement, dans de nombreux manuels scolaires et écoles, l'évolution est présentée comme si elle était la seule vérité scientifique, ce qui, en fait, n'est pas le cas. Au lieu d'offrir aux étudiants différentes possibilités à partir desquelles ils peuvent décider par eux-mêmes, on ne leur présente souvent que cette seule et unique version. Certains scientifiques soutiennent chacun de ces points de vue en affirmant qu'ils ont des preuves de ce qu'ils avancent. L'origine du monde naturel est à mon avis une question de foi, car personne n'était là quand cela s'est produit.

Pour plus d'informations sur ce sujet, je vous recommande cet article : « Origine du monde naturel : Intervention divine ? L'évolution ? Ou les deux ! » [Réf. 61]

Le point de vue n° 2 me rappelle la blague dans laquelle un scientifique se lance dans une compétition avec Dieu, affirmant qu'il peut aussi créer un être humain à partir de terre et lui insuffler la vie. Dieu répond : « Montre-moi. » Lorsque le scientifique se penche pour ramasser de la boue afin de former un homme, Dieu l'interrompt et dit : « Oh non, crée d'abord ta propre boue ! »

Et voici une autre histoire drôle, mais pourtant vraie. Une de nos connaissances, qui croit en Dieu, vivait dans le même immeuble que sa propriétaire athée. Les deux étaient bonnes amies, et, un jour, lors d'une de ses visites, alors qu'elles regardaient une émission de télévision, quelques orangs-outans sont apparus à l'écran. La propriétaire, d'humeur

taquine, dit à notre amie gentiment : « Regarde, certains de tes ancêtres ! »
Ce à quoi elle répondit : « Peut-être les tiens, certainement pas les miens ! »

Comment notre planète complexe peut-elle avoir évolué à partir de
rien, même en accordant suffisamment de temps aux choses ? Il suffit de
regarder une minuscule cellule complexe ou le vaste univers, aussi élabo-
rés et si merveilleusement ordonnés, pour se demander comment ils auraient pu se créer eux-mêmes. À mon avis, il faut plus de foi pour accepter
cette conclusion que pour croire qu'il doit y avoir une puissance extrêmement intelligente, aimante et surnaturelle derrière tout cela.

Outre les substances matérielles, d'où vient la matière spirituelle,
comme l'amour, la haine, la foi, le doute, l'espoir, le désespoir, la conscience,
etc. ? De nombreuses choses ne sont ni explicables, ni compréhen-
sibles par nos sens physiques et doivent donc relever du domaine de
l'esprit et de la foi, car nous n'en avons qu'une faible compréhension
tangible.

Les agnostiques disent qu'ils ne savent pas d'où vient l'univers. Les
créationnistes croient en un grand Concepteur et Créateur. Les athées
croient qu'il s'est créé lui-même à partir de rien. Tout dépend de ce que
l'on croit. La théorie de l'évolution de Darwin a aidé l'athéisme à gagner du
terrain dans de nombreux cœurs et esprits. Mais où mène l'athéisme ?
Il m'avait laissé dans le noir, au point que j'avais perdu tout espoir. Tant
d'individus aujourd'hui sont aussi perdus et désemparés que je l'étais.

Lorsque j'étais étudiant, j'ai été trompé un certain temps par la propagande du communisme, car l'idée semblait géniale. Karl Marx a peut-être
emprunté à la Bible le concept de l'égalité de toutes les classes, mais ce
concept ne fonctionne pas sans l'amour de Dieu, et il s'est avéré être une
autre farce, où ceux au sommet dominent ceux d'en bas.

Vous ne pouvez pas forcer la société à aimer et à partager. Cela doit
être fait volontairement et ce n'est pas facile. Ce que les communistes ont
prétendu être leur propre enseignement, fut déjà vécu par Jésus, Ses disciples et le premier mouvement chrétien. Ils vendaient leurs possessions
et leurs biens et les partageaient en fonction des besoins de chacun (Actes
2 : 44, 45). Il fallait un amour particulier pour vivre de cette manière, et
parce qu'ils avaient ce genre d'amour, cela a fonctionné.

Je suppose que la majorité des non-croyants n'ont pas la foi en Dieu
parce qu'ils ont été élevés sans cette foi ou qu'ils ont une fausse idée de

Dieu. Lorsque les communistes ont pris le contrôle du bloc de l'Est après la Seconde Guerre mondiale, l'enseignement religieux a été remplacé par la doctrine de l'athéisme. Les Allemands de l'Est et les Tchèques en ont été particulièrement marqués. Il est donc compréhensible que beaucoup d'entre eux aient du mal à comprendre le côté spirituel de la vie. Lorsque Lenka a commencé à suivre l'appel de Dieu et à travailler à plein temps pour Lui, certains de ses proches lui ont dit : « Alors tu travailles pour quelqu'un qui n'existe pas ! »

J'ai beaucoup de sympathie pour les athées, l'ayant été moi-même pendant de nombreuses années. Ce fut la période la plus triste de ma vie, car l'athéisme ne pouvait donner aucune réponse à mes questions les plus profondes : *D'où est-ce que je viens, pourquoi suis-je ici, où est-ce que je vais, comment puis-je trouver un bonheur véritable et durable ?*

Ceux qui croient que la seule chose qui existe sur terre est la vie physique passent à côté du côté spirituel de la vie et sont dépourvus d'espoir à leur mort. Lorsque j'étais athée, je n'aimais pas ma vision du monde et je ne la souhaitais à personne. Je cherchais une perspective positive, un moyen de sortir du gouffre dans lequel je me trouvais.

Le Dr J. P. Moreland, professeur de philosophie à l'université Biola, affirme que pour paraître plus crédibles que les croyants, certains athées ont inventé le mythe selon lequel ils ont « la raison, les preuves, les faits, l'intelligence, la science, une formation universitaire supérieure et la rationalité » de leur côté, alors que les croyants en Dieu sont censés être « émotifs, dans le besoin, naïfs et ignorants parce qu'ils suivent une foi 'aveugle'. » Pourtant, en réalité, il existe d'innombrables universitaires, scientifiques, médecins, intellectuels et philosophes ayant foi en Dieu, qui réfutent cette affirmation.

Le Dr Moreland déclare qu'il croit en Dieu, non pas parce qu'il a eu une expérience avec Lui ou parce que la Bible dit qu'Il existe, mais parce qu'il y a plus de preuves en faveur de Son existence qu'il y en a qui la contredisent. Il a de nombreuses raisons pour lesquelles il croit en Dieu et n'est pas athée ; en voici trois, en résumé, tirées d'une de ses conférences :

« 1. Nous savons que l'univers (l'espace, le temps et la matière) a eu un commencement parce que :

a) Il est impossible pour quoi que ce soit de franchir l'infini. L'univers ne peut pas avoir existé pour toujours, sinon nous ne serions pas ici en ce moment.

b) On ne peut avoir un univers qui débute son existence sans cause suite à une explosion, à un moment précis et à partir de rien. Quelque chose de surnaturel, d'immatériel, hors de l'espace, du temps et de la matière a dû le faire naître. ... Les athées n'ont aucune explication sur l'origine de l'espace, du temps et de la matière.

2. Les informations biologiques, telles que le code génétique de l'ADN, contiennent davantage d'informations que de nombreuses bibliothèques réunies. Cela montre qu'il y a dû y avoir un esprit intelligent ou un créateur derrière la création des cellules vivantes.

3. Il existe une loi morale absolue et objective, comme la loi de la gravité ou la loi des mathématiques, qui existe, que l'on y croie ou non. Torturer des bébés, par exemple, c'est quelque chose de mal. La meilleure explication pour une loi morale absolue est l'existence d'un législateur moral absolu qui a le pouvoir de déterminer des obligations et d'imposer des devoirs » [Réf. 62].

Le conférencier et auteur Mark Mittelberg propose d'autres raisons pour lesquelles il est logique de croire en un Créateur :

« 1. La conception de l'univers montre qu'il y a un concepteur intelligent. Si l'on regarde dans l'univers ou à l'intérieur d'une cellule humaine, on voit à quel point les deux sont complexes.

2. Des réglages précis dans l'univers indiquent l'existence d'un 'fin régleur' intelligent. La précision avec laquelle tous les éléments de l'univers fonctionnent ensemble est étonnante.

3. ... l'univers a eu un commencement, et tout ce qui a un commencement a une cause. Cette cause ne peut pas faire partie de l'univers. Elle doit être hors du temps puisque le temps a commencé avec le début de l'univers. Elle doit être assez puissante et intelligente pour créer l'univers » [Réf. 63].

Pour ma part, la foi commence par la prise de conscience qu'une Intelligence Suprême a fait naître l'univers et a créé l'homme. Il ne m'est pas difficile d'avoir cette foi, car il est incontestable que là où il y a un plan, il y a une intel-

ligence. *Le déroulement ordonné de l'univers témoigne de la vérité de la déclaration la plus majestueuse jamais prononcée : « Au commencement, Dieu. »* – Dr Arthur Compton (1892 – 1962, Prix Nobel de physique)

La science soutient l'idée que l'univers a eu un commencement et que quelque chose d'indépendant de l'univers l'a fait naître. La croyance scientifique dans l'origine et l'expansion de l'univers, qui est bien acceptée, et la deuxième loi de la thermodynamique (l'énergie tend à se répandre) soutiennent le commencement absolu de l'univers à partir de rien. Cela ressemble beaucoup à la Genèse 1:1 ! Les chances de voir une chose naître à partir de rien sont exactement nulles. L'être ne peut pas provenir du non-être ; il n'y a aucun potentiel pour cela. Même le sceptique David Hume a qualifié cette hypothèse « d'absurde » – une impossibilité métaphysique. – Paul Copan

Le pouvoir de la foi

Une citation du Dr Peter Kreeft, professeur de philosophie au Boston College et au King's College de New York, dit : « Ce n'est que dans un monde où la croyance est difficile que la foi peut exister. » La foi est comme une aventure. Comme nous ne savons pas tout et ne pouvons pas tout prouver, nous devons accepter beaucoup de choses par la foi. La foi fait partie de notre vie.

Les enfants croient beaucoup de choses de manière innée. Les bébés ont la foi que s'ils pleurent, ils recevront de la nourriture et de l'aide. Ils sont si mignons et sans défense ; comment ne pas prendre soin d'eux ?

La foi peut générer un pouvoir énorme. Comme le dit le proverbe : « La foi déplace des montagnes. » Elle le fait vraiment : des montagnes de découragement, de détresse, d'obstacles – toutes sortes de montagnes.

La foi grandit. Plus nous agissons dans la foi et voyons les bons résultats, plus notre foi augmente. Elle nous donne la force de continuer lorsque les circonstances ne sont pas telles que nous le souhaitons. Nous rencontrons tous des obstacles dans notre vie, et la foi peut nous donner le pouvoir de persévérer et de les surmonter.

La foi et l'amour sont liés. Si nous aimons les autres, nous leur faisons confiance et avons foi en eux, et si nous accordons notre confiance à quelqu'un, cela inclut l'amour. En outre, la foi nous donne de l'endurance, une vision et de la joie dans notre travail. Parfois, je suis tenté de perdre courage lorsque je pense aux défis auxquels nous sommes confrontés en essayant d'améliorer une partie du monde. La foi intervient alors comme une bouée de sauvetage et me relève. Elle me donne la force de continuer, permet de lever les yeux vers le bon côté de la vie et m'aide à accomplir ma tâche.

Les peuples d'Afrique et de la plupart des pays de l'hémisphère Sud ont généralement une forte croyance dans le monde spirituel. Pour la plupart, ils croient en Dieu, avec ses anges, et en Satan, avec ses démons. Bien que de nombreuses personnes dans ces pays soient pauvres et mènent une vie difficile, leur foi les aide à endurer des épreuves amères avec une résilience et une persévérance étonnantes. C'est ce que nous avons observé chez le peuple pygmée. Les Pygmées n'ont pratiquement aucune possession matérielle et leur existence est loin d'être facile, mais grâce à leur foi naturelle en Dieu, ils restent aimants et ont une attitude positive malgré tout ce qui leur manque.

Lorsque je dis à nos amis chrétiens et musulmans du Congo que de nombreux Européens ne croient pas en Dieu, il leur est difficile de le comprendre, car la foi en Dieu est une partie tellement normale et naturelle de leur vie. Ils demandent donc : « En quoi ces gens croient-ils donc ? Comment pensent-ils que tout a commencé ? »

Il est difficile de dire combien de personnes en Europe croient réellement en Dieu et quelle est leur idée de Dieu. Il existe de grandes différences d'un pays à l'autre, mais pour beaucoup d'Européens, j'ai l'impression que Dieu ne joue qu'un rôle d'outsider. Cela est peut-être dû à leur mode de vie matérialiste, à leur éducation ou aux opinions antireligieuses sous-jacentes de certains propagateurs d'opinion dans la société.

Il y a plusieurs décennies, lorsque je discutais de la foi avec certains membres de la vieille génération en Allemagne, ceux-ci me disaient qu'après la Seconde Guerre mondiale, les églises étaient encore pleines. Le missionnaire Otto Koning raconte que pendant cette horrible guerre, même les athées priaient lorsqu'ils se trouvaient dans un abri anti-bombes et savaient qu'ils pouvaient perdre la vie à tout moment. De nombreux individus ne commencent à penser à Dieu que lorsqu'ils sont en détresse ou lorsqu'il est temps de quitter leur vie terrestre.

Mechthild Hahn, une connaissance en Allemagne, m'a parlé du cascadeur allemand, Arnim Dahl, qu'elle a vu une fois à la télévision. Il était célèbre pour ses exploits cinématographiques spectaculaires à vous couper le souffle, avant l'époque de l'infographie. Lors d'une interview, on lui a posé des questions très personnelles. L'une d'entre elles était : « Êtes-vous croyant ou athée ? » Après une hésitation souriante, il répondit : « Vous savez, dès que le deuxième moteur d'un avion tombe en panne, il n'y a plus d'athées à bord. »

Cependant, Dieu n'est pas seulement là lorsque nous sommes en difficulté. Il est aussi avec nous lorsque nous allons bien. En fait, Il veut que nous soyons heureux. Les difficultés font partie de la vie et si nous croyons en Dieu, cela nous aide à les surmonter plus facilement. Il ne les supprime pas toujours, mais Il nous permet de mieux les gérer.

Dans la partie nord du globe, nous rencontrons également des personnes ayant une foi solide en Dieu. Même dans les anciens pays communistes tels que la Russie, la Pologne, l'Ukraine, la Slovaquie, etc., de nombreuses personnes croient en Dieu en dépit de leurs anciens régimes. La vraie foi ne peut être détruite. Elle peut être réprimée, mais pas anéantie. Les chrétiens ont été persécutés et tués pour leur foi depuis le tout début – en commençant par Jésus, Ses apôtres et les premiers chrétiens jusqu'à aujourd'hui.

En dépit du communisme, la Chine d'aujourd'hui est supposée connaître l'une des croissances les plus rapides des mouvements chrétiens. Alors que le leader chinois Xi Jinping rappelle aux membres du parti qu'ils doivent être des « athées marxistes inflexibles » [Réf. 64], les congrégations à domicile dans les villes de l'est de la Chine sont très fréquentées, et on estime à 100 millions le nombre de chrétiens dans le pays [Réf. 65].

Deux de mes amis, qui vivent en Chine depuis 20 ans, m'ont envoyé le commentaire suivant à ce sujet : « En raison de l'absence d'antécédents religieux, les étudiants chinois de la Chine continentale sont plus enclins à devenir chrétiens de nos jours. Ainsi, la répression et la persécution du passé accélèrent le nombre de conversions aujourd'hui. »

Selon plusieurs sites Internet, la République tchèque fait partie des pays les plus profanes et athées au monde [Réf. 66]. Néanmoins, il y a des fervents chrétiens qui ont une forte foi en Dieu, et beaucoup veulent en savoir davantage sur Lui. Nous rencontrons parfois des personnes qui ont commencé à croire en Dieu récemment et qui nous disent avec enthousiasme : « La foi fonctionne ! J'ai prié et quelque chose est arrivé ; ça marche vraiment ! » En d'autres termes, la foi n'est pas une fantaisie, une théorie ou une idée. Elle peut être expérimentée et même prouvée par ceux qui la possèdent.

La prière est probablement le plus grand atout dans la vie de ceux qui ont fait l'expérience de son efficacité. Certains croyants observent de si nombreuses réponses à leurs prières que celles-ci prouvent la puissance invisible qui se cache derrière elles. En voici quelques exemples :

Notre ancien propriétaire à Košice, en Slovaquie, est croyant ; un jour un incendie s'est déclaré dans les bois à côté de sa maison, et un vent fort a fait progresser le feu vers sa propriété. Lui et sa famille ne pouvaient rien faire pour l'arrêter, alors ils ont demandé à Dieu de les protéger. Par miracle, la direction du vent s'est inversée et a éloigné le feu de la maison.

La maison du frère de Lenka, Mirek, est située près d'une rivière, qui sort rarement de son lit. Des deux côtés de la rivière se trouvent de vastes champs qui peuvent absorber une énorme quantité d'eau avant que celle-ci n'atteigne les maisons. En 2013, cette rivière est montée si haut qu'elle a inondé les champs environnants et a atteint les premières maisons.

La mère de Lenka nous a demandé de prier pour que l'eau ne continue plus de monter, ce que nous avons fait volontiers. Les eaux montantes étaient déjà entrées dans certaines des maisons environnantes de la rue de Mirek. Après que nous ayons prié, l'eau s'est arrêtée juste au bord de son jardin et n'est pas entrée dans sa maison.

On peut prouver l'existence de Dieu par les prières. Il y a quelques conditions, et lorsqu'elles sont remplies, la prière fonctionne. Il faut de la foi et la bonne motivation derrière la requête. Et il appartient à Dieu de décider s'il est bon pour nous de recevoir ce que nous demandons et quand. Il n'est pas un distributeur de pièces de monnaie ou un génie qui exauce tous nos vœux.

En tant que créateur, c'est Lui qui nous connaît le mieux, nous et notre situation. Il aime tout le monde, y compris les athées, et veut le meilleur pour nous. Bien souvent, nous recevons ce que nous demandons. Parfois, Il dit « oui » à notre demande, parfois Sa réponse est « non », et d'autres fois, nous devons attendre la réponse. Dans tous les cas, Il entend et répond toujours, même si on dit simplement : « Mon Dieu, aide-moi » et que l'on est sincère.

Lorsque Dieu dit « non » à l'une de nos demandes, cela ne signifie pas qu'Il ne nous a pas entendus ou que la prière ne fonctionne pas. Dans Sa sagesse, il Lui arrive de ne pas nous donner ce que nous voulons, mais quelque chose de mieux. Nous avons peut-être prié pour quelque chose qui semble bon et attrayant, mais qui nous induirait en erreur ou nous ferait du mal. Au lieu de cela, Il peut nous donner une réponse plus simple et plus appropriée à ce que nous avons demandé – exactement ce dont nous avons besoin et au bon moment.

Certains hommes et femmes avaient une foi particulièrement forte dont les exemples continuent de nous encourager aujourd'hui. George Müller (1805 – 1898) croyait fermement au pouvoir de la prière et a obtenu des résultats étonnants. Il s'est occupé de plus de 10 000 orphelins en Angleterre et a créé 117 écoles qui ont offert une éducation chrétienne à plus de 120 000 enfants. Il n'a jamais fait de demandes de dons, faisant explicitement confiance à Dieu. En réponse à ses prières, il a reçu 1 500 000 Livres sterling. Aujourd'hui, cette somme vaudrait plus de 100 000 000 Livres.

À de nombreuses reprises, il a reçu des dons de nourriture sans les avoir demandés, quelques heures seulement avant qu'ils ne fussent nécessaires pour nourrir les enfants. À une occasion bien documentée, tous les enfants étaient assis à table et rendaient grâce pour le petit-déjeuner, bien qu'il n'y eût rien à manger à la maison. Lorsqu'ils eurent fini de prier, le boulanger frappa à la porte avec suffisamment de pain frais pour nourrir tout le monde, car il s'était senti poussé à cuire du pain supplémentaire ce jour-là et de le leur apporter. Quelques minutes plus tard, le laitier sonna à la porte et leur donna du lait frais en quantité suffisante, car son chariot était tombé en panne devant l'orphelinat.

Au cours de sa vie, George Müller a reçu plus de 50 000 réponses à ses prières. Vous pouvez voir une vidéo touchante sur sa vie, présentée par Douglas B. Whitley, Jr. [Réf. 67].

Le Dr Helen Roseveare, médecin et missionnaire, active au Zaïre (aujourd'hui RD Congo) de 1953 à 1973, a raconté l'histoire étonnante suivante de ce que la foi d'un petit enfant peut faire :

« Une maman, dans notre poste de mission, est morte peu après avoir donné naissance à un bébé prématuré. Nous avons essayé d'improviser une couveuse pour garder le bébé en vie, mais la seule bouillotte que nous avions était irréparable. Nous avons donc demandé aux enfants de prier pour le bébé et sa sœur. L'une des filles a répondu : «Mon Dieu, envoie une bouillotte aujourd'hui, demain il sera trop tard ! Et s'il te plaît, Seigneur, envoie une poupée à sa sœur pour qu'elle ne se sente pas si seule».

Cet après-midi-là, un gros paquet est arrivé d'Angleterre. Les enfants ont regardé avec impatience lorsque nous l'avons ouvert. A leur grande surprise, sous des vêtements se trouvait une bouillotte ! Immédiatement, la fille qui avait prié avec tant d'ardeur s'est mise à creuser plus profondément, s'exclamant : «Si Dieu a envoyé ça, je suis sûre qu'il a aussi envoyé une poupée». En effet, elle avait raison ! Dieu connaissait à l'avance les demandes sincères de cet enfant, et cinq mois plus tôt, Il avait laissé un groupe de dames emballer ces deux articles spécifiques ! » Vous pouvez voir ici le Dr Roseveare alors qu'elle raconte cette histoire miraculeuse, filmée au Congo [Réf. 68].

Ma femme et moi prenons la prière au sérieux, car nous savons qu'elle améliore la vie et la situation de ceux pour qui nous prions. Nous tenons une liste de prière détaillée de nos amis dans différents pays et lorsque quelqu'un nous demande de prier ou que nous voyons un besoin, nous ajoutons cette demande à la section correspondante. Chaque semaine, nous prenons le temps de prier pour ces besoins et nous sommes encouragés lorsque nous entendons parler de réponses à nos prières.

La prière est comme l'huile dans une machine : avec des prières, tout fonctionne comme une horloge, et sans elle, il y a des frictions et les choses peuvent tomber en morceaux ou brûler.

Dans ce discours impressionnant [Réf. 69], le scénariste et producteur de cinéma Stephen Kendrick, cofondateur de « Kendrick Brothers Productions », raconte l'histoire fascinante de la façon dont ils ont demandé à Dieu de les guider, étape par étape, pendant la production de leur film « War Room ». Ils ont ainsi vécu de nombreux miracles, et ont fini par créer un blockbuster !

La foi donne un élan colossal lorsque les circonstances sont difficiles et contraires. Avec elle, nous pouvons voir le bien et les possibilités que nous ne percevrions pas sans Lui. Elle ne résout pas toujours tout de suite tous nos pépins, mais elle nous aide à les surmonter. Elle nous donne du courage face aux obstacles, et de l'endurance lors de luttes de longue haleine. Elle nous soutient énormément dans notre ministère au Congo ; sinon, nous aurions abandonné depuis longtemps comme d'autres l'ont fait.

Peter Fries est un bon ami et un partisan de notre travail, et en même temps directeur général d'une entreprise prospère. Alors qu'il rencontrait de graves difficultés dans sa vie professionnelle et privée, je lui ai suggéré de laisser ses problèmes et ses désirs personnels derrière lui et de mettre Dieu avant tout dans sa vie.

Quelques jours plus tard, il m'a envoyé le courriel suivant : « Tes paroles sont encore présentes dans mon esprit et ont un effet positif sur moi. Penser quotidiennement et consciemment à Dieu me donne du tonus. Quoi qu'il arrive, je me sens bien et j'ai le cœur plus léger, je me sens plus fort et plein d'énergie. J'ai du mal à le croire, mais c'est vrai, et je voulais vous le faire savoir. J'ai pris tes conseils très à cœur et cela me fait du bien. Merci beaucoup. »

Certaines personnes sont confrontées à des problèmes plus importants, comme des maladies chroniques ou incurables, des difficultés financières ou autres. Dans de telles circonstances, la foi et une relation personnelle avec Dieu peuvent être d'une aide considérable. Si je suis moi-même confronté à mon impuissance en essayant de combattre l'injustice dans le monde, en particulier au Congo, j'ai le choix. Je peux abandonner comme beaucoup d'autres et me mettre en colère contre les auteurs de ces atrocités ; ou je peux faire de mon mieux pour aider et faire confiance à Dieu pour qu'Il finisse par arranger les choses.

Cela ne signifie pas que je dois m'asseoir et laisser Dieu tout faire. Il attend de nous que nous fassions de notre mieux dans chaque situation. Par conséquent, nous faisons tout ce que nous pouvons pour améliorer les circonstances autour de nous – aussi bien au Congo qu'ailleurs – et nous sommes sûrs que c'est une des préoccupations de Dieu et qu'Il finira par rendre justice.

Il y a un dicton qui dit : « Les moulins de Dieu moulent lentement, mais elles n'en moulent que plus fin. » Il n'intervient pas toujours aussitôt que quelque chose ne va pas. Parfois, Il laisse les choses suivre leur cours, et nous devons faire preuve de patience. Il souhaite peut-être que nous apprenions quelque chose de la situation dans laquelle nous sommes.

Si les réponses souhaitées à nos prières ne viennent pas avant un certain temps, il est bon de nous rappeler que tout finira par s'arranger. Je suis convaincu qu'après cette courte vie terrestre, il y a une vie éternelle au cours de laquelle toutes les maladies seront guéries, les corps restaurés et les récompenses distribuées en fonction de nos actions dans cette vie.

Même si maintenant nous traversons une période difficile, nous pouvons garder les yeux tournés vers le haut au lieu de regarder vers le bas. Comme quelqu'un l'a dit : « Si tu traverses l'enfer, continue. » Il y a une lumière au bout de chaque tunnel.

Bart Millard, musicien et auteur-compositeur de « MercyMe » a écrit une chanson très encourageante – « Even If » (Même si) – qui parle de sa confiance en Dieu et de Sa sollicitude, quelles que soient les circonstances. Voici un lien vers cette chanson touchante [Réf. 70].

La foi nous donne une force et une joie intérieures qui peuvent résister aux difficultés qui nous entourent. Nous ne pouvons pas changer la plupart des problèmes du monde et nous ne devons pas laisser cela gâcher notre vie. Le soleil est toujours là, même au milieu d'une tempête, et ne manque jamais de briller à nouveau après que la tempête se soit calmée. L'amour de Dieu est une puissance spirituelle qui est toujours présente, même lorsque nous ne la voyons pas.

La foi est l'âme du succès. Les personnes qui accomplissent le plus ne le font pas parce qu'elles ne rencontrent jamais de problèmes, mais parce qu'elles croient qu'il existe une solution pour chacun d'entre eux. – Les clés de la réussite

La foi n'est pas logique. Mais elle n'est pas non plus illogique. La foi est théologique. Elle n'ignore pas la réalité ; elle ajoute simplement Dieu dans l'équation. – Mark Batterson

La foi consiste à croire ce que nous ne voyons pas, et la récompense de cette foi est de voir ce que nous croyons. – Saint Augustin

Religion et conceptions de Dieu

Il existe de nombreuses différences entre les diverses religions et leurs adeptes. Certaines sont particulièrement pacifiques comme les Amish et les Quakers qui vivent isolés à bien des égards. D'autres abusent du nom de la religion en commettant toutes sortes d'atrocités, qui n'ont rien à voir avec Dieu, mais sont des luttes de pouvoir entre groupes opposés. Il y a aussi des fanatiques religieux, qui poursuivent et tuent les adeptes d'autres religions. Dieu merci, au Congo comme dans beaucoup d'autres pays africains, il existe diverses religions qui cohabitent pacifiquement. Comme ce n'est pas le cas partout et que certaines personnes pourraient s'étonner de cette affirmation, j'ai demandé au Dr Nour ce qu'elle en pensait et elle m'a répondu :

« Nul doute que c'est le cas. Pendant des siècles, l'Afrique a connu des conflits ethniques, mais jamais de conflits religieux. En Afrique de l'Ouest, la coexistence va jusqu'au mariage entre musulmans et chrétiens. La violence qui sévit aujourd'hui au Proche-Orient et en Afrique subsaharienne n'a rien à voir avec les religions, mais elle est fomentée par les dirigeants occidentaux pour justifier leur occupation militaire de ces régions riches en matières premières. La grande masse des gens à travers toutes les religions est aujourd'hui victime de cette violence et impliquée contre son gré dans cet acte macabre. »

J'ai remarqué que beaucoup de gens ne croient pas en Dieu parce qu'ils n'aiment pas ce qu'ils voient dans certaines institutions religieuses. Les communistes et d'autres athées prêchent contre Dieu en mettant en avant tous les crimes perpétrés au nom de la religion. Ce n'est pas que les communistes et autres athées aient commis moins de mal que certains membres d'institutions religieuses, loin de là. Cependant, tous ces crimes dans les religions n'ont pas été commis par Dieu, mais par des êtres humains faillibles qui avaient le choix de faire le bien ou le mal.

Beaucoup ne croient pas non plus en Dieu parce qu'ils ne savent pas qui Il est vraiment. Ils sont d'avis que Dieu veut restreindre leur liberté de choix ou leur interdire certains plaisirs. Au contraire, Il veut que nous soyons heureux et que nous profitions de la vie ! Il nous aime tous et veut que nous ayons suffisamment de tout ce dont nous avons besoin : nourriture, vêtements, logement, amour, enfants, famille, liberté, ordre et paix. Il souhaite que nous prenions bien soin les uns des autres !

Certains disent qu'ils ne peuvent pas croire en Dieu à cause de tous les problèmes qui nous entourent, et il y en a beaucoup. Ils font certainement partie de la vie et il y a diverses raisons à cela. De nombreux problèmes sont notre faute ou celle de quelqu'un d'autre en raison de choix imprudents faits par nous ou par eux. Chacun a son libre arbitre et, parce que certains choisissent de faire le mal, de terribles conséquences se produisent. Mais ce n'est pas la faute de Dieu. La cause de nombreux problèmes peut être attribuée à nos propres faiblesses. Notre planète est un endroit magnifique, mais la race humaine l'a gâchée d'innombrables façons et nous ne pouvons pas blâmer Dieu pour cela.

Dans ma jeunesse, je ne pouvais pas croire en Dieu parce que je l'assimilais à la religion et à l'église. Pour certaines personnes, ces trois éléments peuvent s'harmoniser, mais pour d'autres, ils ne vont pas du tout ensemble, comme c'était le cas pour moi. Je ne pouvais pas trouver de compatibilité avec les nombreuses règles, les immenses bâtiments d'église, le faste et le pape porté sur son trône à travers la foule à Rome (ce qui n'est plus la pratique depuis 1978).

Les grands bâtiments religieux et non religieux représentent le pouvoir d'une organisation ainsi que son empire. Jésus était différent. Il a dit que nous devons adorer Dieu dans nos cœurs, et non dans un bâtiment en particulier (Jean 4:21-24). Lui-même ne possédait rien de matériel sur cette Terre, mais il a changé le monde plus que quiconque par son amour, son enseignement et son exemple.

À cette époque, je mettais Dieu dans la même boîte que la religion et l'église et j'ai tout jeté par-dessus bord. Je réagissais d'une façon allergique lorsque ce sujet était abordé. Ce n'est que bien des années plus tard que j'ai appris que Dieu était très différent de la façon dont Il m'avait été présenté par certains membres de « son personnel au sol ».

Après avoir vécu des années dans les ténèbres spirituelles – sans foi, sans espoir, sans amour et sans vision de la vie – j'ai fait l'expérience de l'amour de Dieu manifesté à travers d'autres humains. J'ai appris que Dieu veut avoir une relation personnelle aimante avec chacun d'entre nous. Plus tard, j'expliquerai plus en détail comment j'ai appris à connaître Dieu.

Jésus nous a montré et a donné le meilleur exemple de ce que Dieu est vraiment. Il a apporté la lumière dans les ténèbres de son époque et a dissipé les malentendus que la classe dirigeante religieuse avait au sujet de Dieu. Il a résumé en deux points la principale mission de Dieu envers l'humanité et sa solution à nos problèmes : « Aime Dieu de tout ton cœur, de toute ton âme et de toute ta pensée... et aime ton prochain comme toi-même » (Matthieu 22:37-40). Avec la parabole du Bon Samaritain, Jésus explique que notre prochain est toute personne qui a besoin de notre aide. Si nous vivions tous à hauteur de cet exemple, les nécessités de la vie pourraient être satisfaites pour tout le monde. L'amour partage les surplus de nourriture avec les démunis, au lieu de les gaspiller, et fait la paix au lieu de la guerre.

Dès le début, Dieu s'est montré plus intéressé par une relation personnelle avec chaque personne que par des religions et des organisations religieuses. La construction de temples était une idée de l'homme, d'abord conçue par ceux qui adoraient des idoles et des dieux étranges, et puis même par ceux qui croyaient au Dieu de la Bible.

Dans mon enthousiasme de nouveau converti, j'étais tout feu tout flamme pour partager ma foi avec les autres et j'ai pu aider d'innombrables personnes dans leur vie. Mais en même temps, je n'ai pas fait preuve de suffisamment de compréhension et de respect à l'égard des opinions de certains de mes anciens amis, parents et, plus tard, de mes enfants plus âgés.

J'ai fait les mêmes erreurs que l'église avait faites avec moi. **Que nous soyons croyant ou non, comme il est facile de penser que nous avons raison et que les autres ont tort !** C'est une faiblesse humaine. Il existe une telle variété de religions, de dénominations et d'idées sur Dieu, et chacun croit avoir trouvé la bonne.

Certains préfèrent les dénominations traditionnelles et plus conservatrices, tandis que d'autres préfèrent une congrégation de style plus moderne et plus libre. Chacun devrait avoir le droit de vivre selon sa foi, à moins, bien sûr, que son but ne soit de blesser les autres. Nous devons faire preuve de tolérance et accepter des opinions différentes et vivre en paix les uns avec les autres.

C'est comme la parabole des aveugles en Inde qui décrivaient un éléphant. L'un toucha les oreilles de l'éléphant et dit : « C'est comme un éventail ». Le suivant, qui a touché la trompe, proclama : « C'est comme un serpent ». Un autre toucha son ventre et déclara : « C'est comme un mur ». Le quatrième homme toucha sa défense acérée et s'exclama : « C'est comme une lance ». Un autre, dont la main était sur sa jambe, dit : « C'est comme un tronc d'arbre ». Le dernier mit ses mains autour de la queue et déclara : « C'est comme une corde ». Tous ont en partie raison et en partie tort. Chacun de nous peut savoir quelque chose sur Dieu, mais nous ne voyons qu'une partie, car aucun de nous ne L'a jamais vu.

Je ne veux pas dire par là que ce que l'on croit n'a pas d'importance. Toutes les visions du monde, surtout si elles se contredisent, ne peuvent pas être justes. La tolérance a des limites. La liberté nous donne une grande marge de manœuvre et de choix, mais aussi des responsabilités. **L'amour est le meilleur dénominateur commun. Lorsque nous agissons par amour désintéressé, nous évoluons dans un cadre sûr et sommes sur la bonne voie.**

Billy Graham était célèbre pour avoir prêché dans le monde entier devant de grandes foules de tous horizons, ainsi que de toutes les cultures et couleurs de peau différentes. Il a personnellement prêché à plus de 210 millions de personnes dans 185 pays et a insisté pour que ses conférences soient ouvertes à tous. Dans l'un de ses discours devant un immense public mixte, il a dit à propos de Jésus et du christianisme : « Ne dites jamais, c'est une religion d'homme blanc ou d'homme noir. C'est une religion mondiale ! Il appartient au monde », ce à quoi tous les spectateurs du stade ont applaudi avec enthousiasme [Réf. 71].

Une fois, alors que je rendais visite à une chère vieille connaissance et que je lui montrais mon album photo, elle a découvert une photo de Jésus et m'a demandé qui c'était. Je lui ai dit : « C'est Jésus », ce à quoi elle a répondu : « Mais il a l'air différent ». Quand je lui ai demandé comment elle le savait, elle m'a dit de regarder l'image de Lui dans sa chambre. Il y était représenté d'une toute autre manière. Nous avons peut-être tous des conceptions différentes de Jésus et de Dieu, mais la variété n'est-elle pas le sel de la vie ?

Dans la Bible, Dieu est décrit comme étant l'Amour. Dans la première épître de Jean, chapitre 4, versets 7 à 8, il est dit : « Bien-aimés, aimons-nous les uns les autres, car l'amour vient de Dieu, et quiconque aime est né de Dieu et connaît Dieu. Quiconque n'aime pas ne connaît pas Dieu, car **Dieu est amour** ». Quelles que soient les croyances de chacun, nous devrions tous avoir en commun l'amour, qui est ce que Dieu est.

Que quelqu'un croie en Dieu ou non, ce seul fait ne rend personne meilleur ou pire. Certains croyants sont trompés dans leur foi et peuvent faire beaucoup de dégâts, tandis que certains incroyants font beaucoup de bien. Cela dépend de leur attitude. Beaucoup de ceux qui ne croient pas en Dieu sont très généreux et aiment soutenir les nécessiteux. Je crois que tous ceux qui aident les autres et agissent par amour désintéressé sont guidés par l'amour de Dieu, même s'ils n'en sont pas conscients eux-mêmes. Nombre de nos généreux amis et sympathisants sont athées ou agnostiques. Beaucoup de non-croyants sont plus dévoués que de nombreux croyants.

Suivre des règles religieuses ou être membre d'une organisation religieuse ne rend pas une personne meilleure qu'une personne non religieuse. Ce qui compte, c'est l'attitude du cœur et les actions faites avec amour !

Maintenant, je voudrais clarifier quelques malentendus concernant les missionnaires. Des centaines de milliers d'entre eux, originaires de nombreux pays, sont allés dans le monde entier, parmi lesquels je ne citerai que quelques exemples. David Livingstone (1813 – 1873) était un missionnaire qui a exploré l'Afrique, ouvert des voies d'accès à ce continent et tenté de mettre fin à l'esclavage en Afrique de l'Est. Bien sûr, toute invention, découverte ou exploration peut être utilisée pour de bonnes ou de mauvaises fins. Parce que les marchands d'esclaves et les dirigeants coloniaux ont abusé de leurs pouvoirs à des fins égoïstes et cupides, certains disent qu'il aurait fallu laisser l'Afrique tranquille. En ce qui concerne l'exploitation commerciale, je suis d'accord, mais pourquoi ne pas partager les avantages progressifs du monde développé, pour améliorer leur niveau de vie, leur éducation et leurs soins de santé ?

Missionnaire au Nigéria, Mary Slessor a sauvé des centaines d'enfants qui étaient souvent abandonnés ou tués à cause de la superstition sur les jumeaux. Elle s'est également rendue dans des régions dangereuses où des missionnaires hommes avaient été tués auparavant. Elle a adopté quatre enfants, a défendu les droits des femmes et a créé un hôpital missionnaire pour la population locale. Elle a souffert de graves crises de malaria et d'autres maladies tropicales, et est morte à Calabar en 1915, à l'âge de 67 ans.

Gladys Aylward était une missionnaire britannique en Chine au XXe siècle. Au nom du gouvernement chinois, elle a rendu visite à des femmes dans tout le pays pour s'assurer qu'elles respectaient la nouvelle loi contre le bandage des pieds. Elle a également adopté un certain nombre d'orphelins, menant une centaine d'enfants en sécurité pendant l'occupation japonaise. Elle est décédée à l'âge de 67 ans en 1970. Il existe une adaptation cinématographique de l'histoire de sa vie, intitulée « L'auberge du sixième bonheur » [Réf. 72].

C. T. Studd (1860 – 1931) était un célèbre joueur de cricket anglais qui est devenu missionnaire en Chine, en Inde et en Afrique. Lorsqu'il avait une vingtaine d'années, il a servi dans la China Inland Mission, où il a épousé la missionnaire Priscilla Livingstone Stewart. Ils ont vécu en Chine pendant 10 ans, mais sont revenus au Royaume-Uni pour des raisons de santé, avant de repartir en mission en Inde. Ensuite, Priscilla et leurs 4 filles sont restées en Angleterre, tandis que Charles a travaillé en Afrique centrale, principalement au Congo Belge, jusqu'à sa mort.

Jackie Pullinger, née en 1944 en Angleterre, montre de manière exemplaire de ce qu'un missionnaire peut accomplir. Dans cette interview révélatrice [Réf. 73], nous avons un petit aperçu de sa vie dans le vieux Kowloon, à Hong Kong, où elle travaille depuis 1966 parmi les toxicomanes, les chefs de gang et les prostituées.

Dans son récit humoristique, « The Pineapple Story » (NDLT : L'histoire de l'ananas) [Réf. 74], le missionnaire néerlandais Otto Koning parle de son séjour chez les cannibales en Papouasie-Nouvelle-Guinée.

Une autre histoire de vie étonnante est relatée dans cette interview [Réf. 75] du Dr Helen Roseveare. Cette missionnaire dévouée partage ce qu'elle a vécu pendant l'horrible chaos qui a suivi l'indépendance du Congo en 1960.

William Carey (1761 – 1834) était un missionnaire britannique en Inde où il a passé 41 ans sans prendre de vacances. Il était également traducteur, réformateur social et anthropologue culturel. Il a créé des écoles pour les enfants pauvres et a contribué à l'abolition de la pratique du sati, qui consistait à brûler les épouses après la mort de leur mari.

Voici un exemple de quelqu'un que je qualifierais de missionnaire moderne en Occident : le père Greg Boyle, S.J., un prêtre jésuite, fondateur et directeur de « Homeboy Industries » à Los Angeles, le plus grand programme de réhabilitation de gangs au monde. Il s'occupe des marginaux, des membres méprisés et marginalisés de notre société et connaît un énorme succès dans sa tâche difficile. Dans cette interview [Réf. 76], il parle de son extrême compassion et de ses efforts pour aider les membres de gangs.

Les missionnaires en Afrique ont construit des écoles et des hôpitaux pour la population locale et ont renforcé leur foi en Dieu. La vie d'un vrai missionnaire est dure. Beaucoup ont sacrifié leurs vies là-bas, car ils ne pouvaient pas se protéger contre la malaria et d'autres maladies mortelles comme cela est possible aujourd'hui.

Les Jésuites catholiques sont connus pour leur capacité à élever le niveau d'éducation partout où ils sont allés. Le professeur Robert D. Woodberry montre l'influence considérable des missionnaires protestants dans la construction de la démocratie dans son étude « The Missionary Roots of Liberal Democracy » (Les racines missionnaires de la démocratie libérale) [Réf. 77].

Lorsque je suis allé en Amérique du Sud, en Inde et en Afrique, je pensais à chaque fois que je passerais le reste de ma vie dans chacun de ces endroits. Les missionnaires vont là où ils se sentent appelés par Dieu et donnent leurs vies pour ce peuple-là. Depuis plus de deux décennies, je me suis senti appelé à essayer de parvenir à une meilleure coopération entre les riches et les pauvres en Europe et en Afrique. Pour atteindre cet objectif, nos valeurs doivent changer afin que nous nous concentrions sur ce qui compte vraiment dans la vie.

Pour moi, la vraie religion est une affaire de cœur. Il s'agit d'une relation personnelle entre moi et Dieu, qui ne dépend pas de bâtiments, de traditions ou de cérémonies. J'aime passer du temps seul avec Dieu, dans la nature, dans Sa Parole ou avec d'autres personnes qui L'aiment. Cela me donne de la force et recharge mes batteries spirituelles.

Lorsque l'occasion se présente le week-end, j'aime traverser les champs tôt le matin pour assister à un joli lever de soleil. J'aime particulièrement observer les cerfs et les lièvres à l'aube, lorsque la nature est encore calme et paisible. Cela me rapproche de Dieu et rafraîchit mon âme. Loin des bruits et des distractions de la ville, je trouve une paix intérieure qui m'aide à éclaircir mon esprit et à rassembler de nouvelles forces pour les défis des jours à venir.

Si les gens savaient davantage qui est vraiment Dieu et comment Il est, ils seraient plus nombreux à croire en Lui, à Lui faire confiance et à pouvoir ainsi mener une vie plus paisible et plus heureuse.

Nous devons trouver Dieu, et nous ne pouvons pas le trouver dans le bruit et l'agitation. Dieu est l'ami du silence. Voyez comment la nature – les arbres, les fleurs, l'herbe – pousse en silence ; voyez les étoiles, la lune et le soleil, comment ils se déplacent en silence. ... Nous avons besoin du silence pour pouvoir toucher les âmes. – Mère Teresa

Le plan physique et le plan spirituel

Je comprends ceux qui ont du mal à croire en quelque chose qu'ils ne peuvent pas saisir avec leurs cinq sens. J'étais autrefois dans le même bateau. Pourtant, si vous y réfléchissez, les choses les plus importantes de la vie ne peuvent être vues, touchées, fabriquées, vendues ou achetées : l'amitié, le bonheur, la paix, la foi, l'espoir et l'amour. Ces choses ne sont pas matérielles – Nous avons alors affaire à une autre dimension.

Le monde d'aujourd'hui est devenu très matérialiste. Bien sûr, il nous faut les nécessités de la vie telles que la nourriture, les vêtements et le logement. Cependant, nous avons également d'autres besoins en dehors du plan matériel, tels que l'affection, l'amitié et la camaraderie. **Nous avons et un corps et un esprit, c'est pourquoi les choses matérielles seules ne pourront jamais satisfaire tous nos besoins**. Le domaine physique et le domaine spirituel sont des parties intégrantes et inséparables de notre nature. Il nous faut alors apporter aux deux une attention particulière.

Si notre corps ne reçoit pas une alimentation et une attention appropriées, il tombe malade. De la même manière, notre esprit et notre âme souffrent si nous ne prenons pas soin de notre être intérieur. Nous pou-vons vivre notre vie de manière superficielle, en nous orientant uniquement vers ce qui nous est présenté comme important par le système commercial, ou bien nous pouvons donner un sens plus profond à la vie.

Notre vie sera enrichie si nous prenons le temps d'écouter de la musique entraînante, de lire, d'écouter ou de visionner des documents inspirants et motivants, de faire des promenades dans la nature, de nous détendre en famille ou de converser seul à seul avec un ami.

J'ai remarqué que j'apprécie encore plus les choses physiques lorsque mon esprit y participe. Lorsque je me promène, que je savoure un repas ou que je fais une sortie avec ma famille, j'en profite davantage lorsque je pense à la chance que nous avons et combien nous pouvons être reconnaissants pour tout cela.

Chacun a un corps qui est visible et un esprit invisible qui peut être ressenti. Nous parlons des « vibrations, de l'aura, de l'onction ou de l'énergie » positives d'une personne. Ces mêmes « vibrations » existent sous une forme négative. Les yeux d'une personne peuvent révéler le type d'esprit qui l'habite, comme l'exprime le proverbe : « Les yeux sont les fenêtres de l'âme ». Les mots et les expressions faciales peuvent être trompeurs, mais les yeux révèlent généralement ce qui se trouve à l'intérieur.

Le corps est notre chair ; l'esprit est notre cœur et notre être intérieur. Les domaines physique et spirituel de notre vie sont liés, mais certains ne sont pas aussi conscients du côté spirituel de la vie. Cette prise de conscience dépend de notre éducation et de nos prédispositions naturelles, ainsi que de l'intérêt que nous lui portons et de notre volonté de le découvrir.

Nous avons tous :
- Un corps : nos os, nos muscles, nos organes et nos cellules.
- Un intellect : étroitement lié au cerveau, le siège de nos pensées.
- Un esprit : notre lien avec Dieu et le monde spirituel.
- Une âme : la partie spirituelle, notre moi intérieur et notre « cœur ».

Lorsque l'on se regarde ou que l'on regarde les autres, il est important de prendre en compte le domaine spirituel. Plutôt que de juger les autres sur leur apparence, nous devrions considérer ce qui se trouve dans leur cœur. Si nous nous basons uniquement sur leur apparence ou leur statut social, nous pouvons nous tromper et être surpris, positivement ou négativement, par la révélation de leur nature intérieure.

Aujourd'hui, l'esprit est souvent négligé, ignoré ou mis de côté au profit du matériel. Pourtant, si nous prêtons attention à l'aspect spirituel de la vie, nous obtenons des résultats plus satisfaisants et nous profitons davantage de la vie. Comme le dit le proverbe : « L'argent peut construire une belle maison, mais il faut de l'amour pour en faire un foyer ».

La réalité du monde spirituel

Comme indiqué précédemment, en général, la croyance dans le monde spirituel est tout à fait naturelle et très active pour les peuples d'Afrique, d'Inde, et d'Amérique centrale et du Sud. Bien que le monde spirituel existe également dans la partie nord du globe, il est le plus souvent ignoré et négligé en raison des modes de vie intellectuels et matérialistes qui y prévalent.

Lorsque je vivais en Inde et que je demandais aux Indiens s'ils croyaient en Dieu, ils répondaient généralement : « Bien sûr ! Et vous, en quel Dieu croyez-vous ? », la foi étant naturelle pour eux. J'ai également fait l'expérience d'une forte foi en Dieu en Amérique latine et en Afrique. Dans ces régions du Sud, on trouve non seulement un haut degré d'ouverture à Dieu, mais aussi à l'ensemble du monde spirituel, ce qui inclut le côté obscur.

L'occultisme, la sorcellerie et la magie sont des sujets dont nous ne voulons pas parler, mais nous devons être conscients de leur réalité et de leur pratique. Au Congo, comme dans d'autres régions d'Afrique, nous y avons été confrontés à de nombreuses reprises. À mon avis, cette adhésion au côté spirituel obscur est l'un des plus grands obstacles au développement non seulement de ce continent, mais aussi d'autres parties du monde, y compris des régions où le public est moins conscient de son existence. L'avidité, l'égoïsme, la corruption et leurs excès sont en fin de compte tous les fruits du côté spirituel obscur.

La sorcellerie est très répandue en Afrique et beaucoup en ont peur ; cependant, ils ne devraient pas en avoir peur car s'ils restent proches de Dieu, elle ne peut pas leur faire de mal. Beaucoup souffrent de cette peur, et c'est pourquoi la sorcellerie les affecte. La peur est l'un des outils préférés du diable.

Si quelqu'un au Congo est blessé, il a parfois peur d'aller voir les autorités parce qu'il craint que la personne qui lui a fait du mal aille voir un sorcier et lui demande de lui jeter un sort. Ces malédictions fonctionnent en fait sur ceux qui en ont peur. En revanche, si quelqu'un croit en Dieu, il ne doit pas avoir peur, car elles ne peuvent pas lui faire de mal. Voici un exemple :

Pierre, le directeur de notre école, a été attaqué un jour à Mushapo par une boule de feu qu'un villageois pratiquant la sorcellerie avait fait apparaître dans un arbre près de la maison de Pierre. L'homme a alors proposé de la faire disparaître, mais Pierre lui a répondu qu'il croyait en Jésus et n'avait pas besoin de son aide. Il a prié avec notre responsable Jean, et après quelques prières, le feu a disparu.

Lorsque j'ai demandé à Jean plus de détails à ce sujet, il a écrit : « Cette boule de feu est un phénomène magique de la sorcellerie africaine. Elle a la forme d'une boule d'environ 50 cm de diamètre, se trouve dans les branches d'un arbre, dégage beaucoup de lumière et brûle pendant environ 2 à 3 heures. Après la disparition de la boule de feu, il n'y a plus aucun signe de feu dans l'arbre. »

Les croyants africains qui tombent malades vont souvent d'abord à leur église pour être guéris. Si cela ne suffit pas, ils se rendent à l'hôpital. Si la maladie persiste, ils se tournent parfois vers un sorcier. Certains d'entre eux ont l'esprit confus et mélangent parfois le christianisme et la sorcellerie. Ils doivent apprendre à mieux discerner le monde des esprits.

Le Dr Craig Keener, professeur, auteur et érudit, est marié à une femme du Congo Brazzaville et a de nombreux amis africains. Il possède une profonde connaissance de la vie en Afrique. Dans son discours « Les miracles dans l'histoire de l'Église et aujourd'hui » [Réf. 78], il parle de la réalité des démons et explique comment s'en débarrasser.

Le Dr Timothy Keller, ministre et auteur, cite dans un discours le professeur Lamin Sanneh, originaire de Gambie et qui enseigne à Yale ainsi que dans d'autres universités aux États-Unis : « Les Africains ont toujours cru en un monde surnaturel. Ils croient aux bons esprits, aux mauvais esprits, et que le monde est rempli d'esprits. ... Le problème pour les Africains est le suivant : comment se protéger des mauvais esprits ? ... Si vous êtes africain et que vous allez à Harvard, Yale, Princeton, Oxford ou Cambridge, on vous dit qu'il n'y a pas de mauvais esprits et qu'il n'y a pas de bons esprits. Tout a une explication scientifique. ... Ces universités vont arracher le cœur de la culture africaine. »

Le professeur Sanneh explique comment la Bible aide les Africains à vaincre les mauvais esprits parce que Jésus a prouvé que Dieu est plus fort qu'eux. Il note également que « le christianisme a aidé les Africains à être des Africains renouvelés, et non des Européens refaits » [Réf. 79].

En Afrique du Sud, nous avons rencontré Roxana, une jeune Zimbabwéenne blanche qui nous a raconté comment elle avait grandi en tant que sataniste. Les satanistes croient que Satan, le diable suprême, est Dieu. Ils lui demandent de l'aide et voient Dieu comme leur adversaire. Ce n'est qu'à l'adolescence que Roxana a découvert qu'il existait une autre facette de la religion dans laquelle elle avait grandi et elle a voulu la connaître.

Elle nous a raconté qu'après un accident de moto, alors qu'elle était allongée sur le bord de la route, oscillant entre la vie et la mort, un démon, un sujet du diable, s'est approché d'elle et lui a demandé : « Alors, tu veux te détourner de moi ? Si tu le fais, je te tue sur-le-champ. Sinon, je te sauverai la vie. » C'est alors qu'est apparu un ange, envoyé par Dieu, qui lui a proposé de la libérer de son passé en lui disant : « N'aie pas peur de lui. Si tu veux te libérer de lui et apprendre à connaître Dieu, tu peux faire un choix dès maintenant ! Je te protègerai. »

Elle a fait le choix de vouloir connaître Dieu, a survécu et est devenue une chrétienne profondément croyante qui aide maintenant beaucoup d'autres personnes à se libérer de l'emprise de Satan. Elle est d'une aide immense pour les autres, ayant connu et vécu les deux côtés du monde de l'esprit.

Les forces spirituelles obscures se répandent également dans les pays industrialisés, mais de manière plus subtile. Certains films et livres à succès traitent de ce côté obscur, et quelques-uns de ces livres sont même des lectures obligatoires dans certaines écoles publiques ! Nous devons protéger nos enfants de ces influences négatives. Notre jeune ami Simon, programmeur informatique, avait ceci à dire à ce sujet :

« Je suis d'accord avec toi sur le côté sombre de la foi dans l'hémisphère nord. Des livres comme Harry Potter présentent les magiciens et les sorcières comme quelque chose de bien. Et c'est une chose avec laquelle les petits enfants sont déjà familiarisés grâce aux livres sur Bibi Blocksberg. Je trouve cela plus dangereux que la pratique directe, car l'impact est subliminal et passe inaperçu.

Il est également surprenant de voir dans combien de chansons les musiciens admettent avoir vendu leur âme au diable juste pour devenir riches et célèbres. En conséquence, ils souffrent de dépression et veulent mettre fin à leurs jours. Le monde est plutôt sens dessus dessous. »

J'ai remarqué comment le mot « sorcière » est de plus en plus utilisé publiquement en association avec des noms de villages, de piscines, d'hôtels, de parcs d'aventure, de sentiers de randonnée, de stations de taxi, de comédies musicales et même de produits alimentaires. Les signes occultes sont portés à la connaissance du public dans un certain nombre de jeux de cartes, de tee-shirts, comme tatouages, etc.

Dans mon enfance, la Toussaint était encore célébrée comme une fête chrétienne. Aujourd'hui, la nuit qui la précède, le côté obscur du monde spirituel est glorifié avec Halloween.

Outre cette montée plutôt subtile de la propagation du côté spirituel obscur dans l'hémisphère Nord, on y observe également une augmentation de l'adoration du diable et du satanisme non dissimulés. Je ne veux pas m'étendre sur ce sujet, car il est effectivement sombre et démoniaque, mais, comme en Afrique, nous ne devons pas avoir peur du pouvoir du diable si nous sommes proches de Jésus.

Le Dr Peter Kreeft est professeur de philosophie au Boston College et au King's College. Il a écrit plus de 80 livres, dont l'un révèle la réalité des anges et des démons. Il affirme que notre société ignore les anges parce que la plupart des gens pensent qu'ils ne sont pas scientifiques et que, d'une certaine manière, la science a réfuté le surnaturel, les anges et les miracles.

Il affirme ensuite qu'il n'y a pas de preuve scientifique pour ou contre les anges, mais une raison rationnelle et logique de croire en eux est la probabilité de leur existence. Il décrit l'univers comme une hiérarchie de niveaux successifs, des produits chimiques aux roches, en passant par les plantes, les animaux, jusqu'aux humains. Il pense que, de la même manière, il existe une aussi grande variété d'êtres, voire plus, entre les humains et Dieu.

En outre, il souligne que tout dans notre vie fait partie d'un combat spirituel entre le bien et le mal, les anges et les démons, et conclut : « **Peu importe à quel point les choses peuvent être mauvaises... Dieu est aux commandes.** ... Combattez du bon côté et vous serez sûrs de gagner » [Réf. 80].

En ce qui concerne Lenka, moi-même et d'innombrables autres personnes, ce n'est même pas une question de foi que de savoir si Dieu existe ou non. Nous vivons en étroite connexion avec Lui et nous sommes liés profondément à Lui. Nous pouvons apprendre à L'entendre et à recevoir Son conseil sur tout ce que nous voulons et devons savoir. Nous pouvons Lui parler et Il communique avec nous. Vous n'avez pas besoin d'attendre l'avenir pour savoir si Dieu existe ; vous pouvez apprendre à Le connaître et à en faire l'expérience dès maintenant – même si vous commencez simplement par dire : « Montre-moi si tu existes ».

Dans le chapitre suivant, j'en révèle davantage sur la réalité de Dieu, et à la fin du livre, j'explique comment vous pouvez apprendre à Le connaître personnellement. Il existe également beaucoup de précieuses documentations disponibles dans des livres, sur des sites Web, dans des blogs ainsi que des présentations YouTube faites par des représentants de la foi.

Personnellement, je prends chaque jour le temps de lire des publications qui fortifient mon esprit et renouvellent mon âme. C'est de là que j'obtiens de la force pour mes tâches quotidiennes et ma vie personnelle, ainsi que des conseils utiles sur la manière d'aider les autres.

Chapitre 5

Miracles

Si certaines personnes ont des difficultés à se situer par rapport à la dimension spirituelle ou à y croire, d'autres se sentent à l'aise dans ce domaine. Que l'on croie ou non en Dieu et au monde spirituel, il y a beaucoup de belles choses dans ce monde que nous pouvons tous admirer et apprécier. Dans ce chapitre, j'aimerais m'attarder sur les nombreuses beautés naturelles et les aspects surnaturels de la vie, dont les miracles.

Un monde rempli de merveilles

Notre monde et notre univers regorgent de merveilles. Nous, les humains, avons des capacités extraordinaires. Les étapes par lesquelles passent les nouveau-nés sont si mignonnes et agréables pour les parents et les grands-parents. Peu à peu, ces enfants peuvent devenir une mère dévouée, un père fidèle, une aide dans le besoin, un penseur original, un solutionneur de problèmes efficace, un explorateur, un inventeur et bien plus encore.

L'œil humain, le cerveau et le corps humain tout entier sont des créations extraordinaires grâce auxquelles nous découvrons les lois de la nature et les utilisons. Nous pouvons développer et fabriquer toutes sortes de machines et de gadgets complexes. Les artistes créent de magnifiques objets d'artisanat, des dessins, des peintures, des sculptures et des bâtiments architecturaux impressionnants. Les auteurs et les compositeurs écrivent des chansons et des morceaux de musique captivants. Certains musiciens exceptionnellement talentueux peuvent composer des symphonies entières, même s'ils sont sourds, comme Beethoven.

Certaines chanteuses, accompagnées par des musiciens jouant de magnifiques instruments, font pleurer les auditeurs ou les élèvent jusqu'à l'extase. Plusieurs fabricants d'instruments sont des génies ; ils ont trouvé le meilleur bois et le bon moment de l'année pour couper les arbres afin de faire ressortir le meilleur son d'un violon, comme par exemple Stradivarius.

Outre les nombreuses et excellentes réalisations humaines, nous pouvons admirer d'innombrables créations glorieuses – de belles fleurs, des buissons et des arbres, qui poussent à partir de minuscules graines et prennent toutes les formes et toutes les tailles (Photos 69 - 71), avec des fleurs odorantes, des fruits exquis et savoureux (Photos 72 et 73), des légumes et des noix. La même diversité existe chez les oiseaux, les poissons, les reptiles, les insectes et les mammifères colorés et exotiques.

Comment les oiseaux se débrouillent-ils sans GPS ni appareils de navigation de haute technologie ? Ils volent sur d'énormes distances sans machines, ni moteurs, ni carburants coûteux ! Qui leur a appris vers où voler, quand partir pour le sud et quand revenir vers le nord ? Comment un saumon trouve-t-il son chemin de l'océan jusqu'à la bonne rivière pour remonter celle-ci vers son lieu de naissance exact, où il pondra des œufs dont éclosent de nouveaux poissons ?

Les zoos, les aquariums et les jardins botaniques, avec leurs nombreuses créatures amusantes et hors normes ainsi que leur végétation diversifiée, ne montrent qu'une fraction de ce que l'on peut voir dans la nature. La Terre offre des paysages pittoresques de magnifiques montagnes et vallées, de rivières, de lacs, d'océans et de plages (Photo 74), et dans le ciel, nous pouvons observer des formations artistiques de nuages, ainsi que des levers et des couchers de soleil aux couleurs divines (Photo 75).

Par sa beauté, sa variété, sa couleur, sa taille, sa forme et sa continuité, la nature surpasse les créations de l'homme. Elle se répare et se recrée elle-même, alors que tout ce qui est fait par l'homme finit par s'effondrer. Même les phénomènes naturels courants peuvent être frappants, comme le caractère unique de simples et innombrables flocons de neige ou de brins d'herbe, qui ont tous des formes uniques.

À ce sujet, j'aimerais partager avec vous une inspirante vidéo musicale de la chanson « Creation Calls » de Brian Doerksen, avec des images à couper le souffle de la magnifique création de Dieu [Réf. 81].

Des événements magnifiques se produisent continuellement autour de nous, et il est facile pour nous de les prendre pour acquis. Par exemple, n'est-il pas fascinant qu'il y ait généralement la même quantité de mâles et de femelles qui naissent de chaque espèce ? Ou la création d'un bébé : les gens peuvent essayer, avec de gros efforts, de concevoir, mais il n'est pas en leur pouvoir de créer un bébé ; à chaque fois, c'est un miracle de

Dieu. Même s'ils fertilisent artificiellement un ovule avec du sperme, c'est toujours un miracle qu'un bébé naisse de ces deux cellules.

Prendre le temps d'observer les beautés de la création apporte une grande joie et une paix intérieure. L'univers et la vie sur Terre sont uniques et à couper le souffle. L'humanité n'a pas encore découvert une autre planète présentant ces caractéristiques.

La constellation des planètes et des étoiles dans l'univers est parfaite. Le soleil est à environ 150 millions de kilomètres de la Terre. S'il était un tant soit peu plus près, nous mourrions brûlés – et légèrement plus loin, nous serions gelés. Il en irait de même si notre globe était un peu plus grand ou plus petit.

Qu'est-ce qu'un miracle ?

En plus de la création merveilleuse et stupéfiante tout autour de nous, nous pouvons aussi observer des événements exceptionnels qui peuvent être considérés comme des miracles et nous encourager. Avant de plonger dans ce sujet, identifions ce qu'est un miracle.

Il existe diverses définitions et conceptions de ce qui est considéré comme un miracle. Le professeur John Lennox déclare dans son exposé perspicace « Miracles : Is Belief in the Supernatural Irrational ? » (Miracles : La croyance au surnaturel est-elle irrationnelle ?) : « Les miracles sont improbables, ce qui en fait des miracles, mais ils ne sont pas impossibles. Les miracles ne violent aucune loi naturelle : c'est Dieu qui injecte de l'énergie de l'extérieur » [Réf. 82].

C. S. Lewis, l'écrivain irlandais, expert en littérature, l'avait exprimé ainsi : « Les miracles sont une réécriture en petites lettres d'exactement la même histoire que celle écrite dans le monde entier en lettres trop grandes pour que certains d'entre nous puissent les voir ».

D'une certaine manière, tout ce qui est naturel pourrait être qualifié de miracle, car il est vraiment miraculeux de voir comment, dans la nature, tout fonctionne de manière si bien organisée, si complexe et si précise. À mes yeux, le simple fait que quelque chose existe est un miracle. Cette chose *n'a pas* besoin d'exister, mais elle le fait.

Le plus grand miracle est la création de l'espace (qui comprend l'immense étendue de l'univers), du temps (qui est nécessaire à l'existence de toute chose matérielle) et de la matière (qui comprend, entre autres, la Terre et tous les êtres vivants qui s'y trouvent). Tout cela a été créé par Dieu alors qu'il n'existait encore rien de matériel et de temporel – c'est vraiment miraculeux !

Outre le monde physique que nous pouvons percevoir avec nos cinq sens, il existe le monde spirituel, une dimension qui ne peut être perçue que par notre moi intérieur et notre esprit. Le monde spirituel est encore plus miraculeux que le monde physique. Pour l'instant, nous ne pouvons en expérimenter qu'une petite partie et nous ne pourrons le saisir pleinement que lorsque nous entrerons dans la prochaine vie, dans l'éternité.

La création physique à elle seule est quelque chose de très particulier. Elle n'est ni terne, ni ennuyeuse, mais pleine de vie, de vigueur, de variété et de couleurs – passionnante, inspirante et édifiante. La vie en elle-même est un miracle. Non seulement la nature est vivante, mais elle grandit et produit sans cesse de nouvelles créatures et créations. Beaucoup de choses dans la vie sont inexplicables pour nos esprits et nos connaissances limités.

Outre les étonnantes merveilles de la nature, des événements surnaturels se produisent, que l'on appelle généralement des miracles. Ce que certains appellent une coïncidence ou le hasard, d'autres le voient comme des événements planifiés par un Créateur aimant qui intervient parfois dans la création. Quelle que soit la croyance, il existe de nombreuses actions inhabituelles, qui indiquent l'existence de forces invisibles.

Toutes sortes de miracles se produisent, des plus petits aux plus grands. À mon avis, même les petits miracles sont d'une grande importance car ils montrent la présence de Dieu. Certains peuvent considérer ces « signes » de Dieu comme banals, mais, pour moi, les petits miracles sont aussi importants que les grands, car ils se produisent tout le temps dans ma vie. De nombreuses personnes font l'expérience de miracles et n'en sont peut-être même pas conscientes. Je voudrais maintenant raconter quelques miracles auxquels j'ai pu assister au cours de ma vie.

La guérison et la santé

La guérison est un miracle, tout comme la vie elle-même. Il y a plusieurs niveaux de guérison ; certaines sont naturelles, d'autres surnaturelles. Les médecins peuvent accomplir beaucoup de choses, mais même avec toutes leurs connaissances et leurs compétences, leurs équipements et leurs médicaments, ils sont limités dans leur capacité. J'ai eu des maladies que les professionnels de la médecine étaient incapables de guérir ; mais lorsque j'ai demandé à Dieu de me guérir, j'ai été guéri. Ce pouvoir est à la disposition de quiconque y croit – pour tous les types de maladies.

Pendant mes études d'art, j'ai trouvé un emploi de tailleur de pierre lorsque la cathédrale de ma ville natale, Mayence, était en cours de rénovation pour son 1000e anniversaire. J'ai ainsi appris à sculpter la pierre. En faisant ce travail, j'ai tellement forcé sur les tendons de mes mains que je ne pouvais plus utiliser de marteau. Comme mon père était médecin, il connaissait un spécialiste en ville ; celui-ci s'occupait également de l'équipe olympique allemande. Ce médecin avait un équipement spécial que ses assistants utilisèrent pour tenter de m'aider. Je me suis rendu plusieurs fois à son cabinet, mais rien n'y a fait et j'ai dû arrêter de travailler comme tailleur de pierre.

À cette époque, j'ai également développé une infection oculaire et un cercle lumineux se formait autour de chaque lumière que je voyais, à tel point que j'étais incapable de conduire dans l'obscurité. Mon père m'a envoyé chez le meilleur ophtalmologue qu'il connaissait. Au début, ce médecin m'a donné des gouttes pour les yeux, que je devais appliquer le matin. Comme cela ne fonctionnait pas, il m'a prescrit en plus une crème pour la nuit. Comme les deux n'étaient toujours pas efficaces, il a ajouté un gel pour le midi. Tout au long de la journée, j'appliquais ces trois médicaments sur mes yeux, mais sans succès.

Quelques mois plus tard, j'ai commencé à croire en Dieu. Les personnes qui m'ont aidé dans ma nouvelle foi m'ont dit que Jésus guérissait encore aujourd'hui comme il le fit lorsqu'il était sur terre. Je me suis dit : « C'est génial ! » Nous avons prié ensemble pour ma guérison et après seulement une semaine, mes yeux étaient complètement guéris. Les tendons de mes mains et une autre douleur inexplicable dans ma poitrine furent guéris en même temps.

Depuis, j'ai également été guéri d'autres maux tels que des hémorroïdes et des côtes cassées, qui m'avaient fait souffrir pendant de nombreuses années. Dans ma jeunesse, j'avais souvent des infections des sinus. Chaque fois, c'était si grave que les parties infectées devaient être rincées avec une longue « aiguille » sous anesthésie locale. Depuis ma première expérience de guérison, il y a 51 ans, je n'ai plus eu de sinusite.

Lenka a dû subir de nombreuses opérations dans sa vie – depuis sa plus tendre enfance. C'est un miracle de voir à quel point son corps fonctionne encore après tant d'opérations. Après son avant-dernière opération en 2014, j'ai eu l'occasion de parler à son chirurgien et de le remercier pour son travail. Lorsque j'ai mentionné qu'il avait fait tout ce qu'il pouvait et que le processus de guérison réel dépendait de Dieu, il était d'accord avec moi, même s'il ne croyait pas en Dieu.

Récemment, j'ai fait l'expérience d'une guérison miraculeuse de mes dents. J'avais besoin d'un bridge dentaire couvrant une certaine molaire, autour de laquelle je ressentais des douleurs de temps à autre. Je ne voulais pas que le bridge soit fixé de façon permanente tant que la douleur persistait. Le dentiste m'a dit que cette molaire ou la molaire voisine pouvait être à l'origine de la douleur, ce qui pouvait nécessiter un traitement du canal radiculaire. Le problème était que déjà deux dentistes avant lui n'avaient pas pu déterminer d'où venait la douleur.

Je n'avais pas d'autre choix que de prier pour un miracle. Cette fois, le processus de guérison a pris un peu plus de temps, mais après environ un an, la douleur a disparu. La dentiste, qui ne croyait pas aux miracles, a fait une radiographie avant de fixer définitivement le bridge, et elle n'a rien trouvé d'anormal. Maintenant, je peux à nouveau mâcher sans douleur, même des carottes crues et des noix. Il n'est pas difficile pour moi de croire aux miracles quand j'en fais l'expérience à maintes reprises dans mon propre corps.

En 2021, le père de Lenka a été miraculeusement guéri de la CO-VID-19 alors que les médecins avaient perdu tout espoir. Lenka raconte :

« Mon père a dû se rendre à l'hôpital car il ne pouvait plus respirer correctement. En plus du fait qu'on lui avait diagnostiqué la Covid, il était au premier stade d'une pneumonie. Il avait encore bonne mine, mangeait seul, marchait un peu, et avait de temps en temps besoin d'oxygène. Puis, soudainement, les symptômes se sont aggravés et il s'est retrouvé aux soins intensifs. Quelques jours plus tard, il était dans un coma artificiel, sous respirateur. Son état était de plus en plus grave et les médecins ne nous donnaient plus d'espoir.

Nous avons prié pour lui et avons également demandé à nos amis proches de prier pour son rétablissement. Certains ont même fait suivre la demande de prières à d'autres personnes. Dans le monde entier, des gens priaient pour lui... jusqu'à ce que Dieu fasse un miracle ! Mon père a été débranché du système de survie et il respirait tout seul !

La personne qui a eu le plus de foi depuis le début est probablement notre fille Anissa. Ce fut une grande leçon pour moi de voir comment les enfants font simplement confiance. Dans son esprit, c'était simple : « Soit Dieu va guérir grand-père, soit Il l'emmènera au paradis. Dans les deux cas, il sera heureux ! » Une fois, elle a aussi dit : « Peut-être que Dieu le guérira seulement quand ça empirera, parce que là ça sera un vrai miracle ! »

Dieu peut nous guérir non seulement lorsque nous sommes malades ; Il veut aussi nous protéger des maladies. Si nous vivons plus sainement et prenons mieux soin de nous, consommons des aliments et des boissons plus sains, faisons régulièrement de l'exercice, évitons de nous stresser et de nous surmener, dormons suffisamment et gardons un état d'esprit positif face à la vie, nous resterons en meilleure santé et attraperons moins de maladies. Et si nous sommes plus prudents, si nous ralentissons, si nous conduisons moins vite et si nous sommes davantage réfléchis dans nos actes, nous aurons aussi moins d'accidents.

Outre les mesures préventives que je peux prendre personnellement, je demande à Dieu Sa protection. Lui et ses anges sont prêts à nous guider si nous sommes attentifs et si nous faisons notre part ! Il y a de nombreuses années, j'ai vu en Autriche un panneau d'affichage sur le bord de la route qui illustrait bien ce principe. Il montrait une moto avec un ange debout au-dessus d'elle et regardant le motocycliste. Au-dessus de cette scène était écrit : « Gib deinem Schutzengel eine Chance ! » (Donne une chance à ton ange gardien !) [Réf. 83]

Au cours de ma vie, j'ai été protégé de nombreuses maladies et même de maladies mortelles sur les continents du Sud. J'ai vécu dans de nombreuses régions infestées par la malaria, 5 ans en Inde et plus de 10 ans en Afrique, et jusqu'à présent, je n'ai attrapé ni la malaria ni la typhoïde – un miracle à mes yeux !

Depuis que j'ai commencé à œuvrer pour Dieu il y a plus de 50 ans, par sa grâce, je n'ai pratiquement pas eu à prendre de médicaments ou à séjourner dans des hôpitaux. Cela ne signifie pas que je ne tombe jamais malade. J'ai ma part de maux, de temps en temps j'attrape la grippe, et mes dents doivent parfois être soignées. Mais si je fais ma part, Dieu me protège du pire et me guérit à chaque fois.

Ces dernières années, j'ai découvert que je souffrais de quelques maladies liées à l'âge. Bien que je n'en sois pas guéri, je peux encore bien vivre avec elles. En dehors de ces « épines sur le rosier », je suis en bonne santé et je suis reconnaissant de pouvoir poursuivre mon travail sans être dérangé. J'apprécie également les soins médicaux qui nous sont disponibles.

Lorsque je tombe malade, cela me rapproche de Dieu et me pousse à prier davantage pour ceux qui souffrent de maladies plus graves ou d'autres problèmes. Dans l'ensemble, je suis reconnaissant de ma foi, non seulement pour mon propre bien-être, mais aussi parce qu'elle m'aide à aider les autres.

Protection et réparations

De nombreux miracles se produisent sans que nous en soyons conscients. Par exemple, si nous voulons nous rendre à un certain endroit, quelque chose pourrait nous retarder, et plus tard nous pourrions découvrir ce qui nous serait arrivé si ce retard n'avait pas eu lieu.

Un jour à Kinshasa, Jos, notre collègue néerlandais, et moi-même avons vécu un tel scénario. Nous roulions sur une route menant à la maison où nous avions entreposé nos meubles lorsqu'un camion recula d'une rue secondaire sur notre voie, nous obligeant à nous arrêter et à attendre avant de pouvoir continuer.

Quand nous avons enfin repris la route, nous avons vu devant nous une voiture voler littéralement depuis la gauche et atterrir sur son toit de notre côté de la route. Les gens se sont précipités pour aider les passagers à sortir de la voiture.

Je connaissais la route secondaire d'où venait la voiture qui a volé dans les airs, car nous avions vécu à proximité. Juste avant l'intersection avec la route principale, la chaussée de cette rue latérale était déformée et il y avait comme un fossé. Si on roulait trop vite, on risquait de casser son essieu ou d'être projeté dans les airs comme cette voiture.

Si le camion ne nous avait pas barré la route, cette voiture volante aurait pu atterrir sur nous ou nous aurions pu la percuter après son atterrissage. Il y avait certainement un ange gardien qui nous a sauvés la vie !

Je suis sûr qu'il y a des anges qui nous protègent plus souvent que nous ne le pensons. Parfois, lorsque les anges aident les gens, ils apparaissent sous forme humaine puis disparaissent à nouveau, mais, la plupart du temps, lorsqu'ils nous protègent des problèmes, ils sont invisibles.

Une fois, ma petite famille et moi étions devant notre minibus fermé à clé, avec les clés de la voiture à l'intérieur. Il faisait déjà nuit, et nous étions coincés, ne sachant pas comment entrer dans la voiture. Soudain, un homme est apparu et nous a demandé quel était le problème. Après lui avoir expliqué ce qui s'était passé, il nous a dit que nous avions besoin d'une fine tige métallique pour la passer par une fente ouverte dans la fenêtre et atteindre le verrouillage de la portière.

Nous n'avions pas cet outil et il nous a priés d'attendre. Après quelques minutes, il est revenu avec exactement ce dont nous avions besoin et a réussi à ouvrir la portière. Nous étions si reconnaissants, mais quand j'ai voulu courir après l'homme pour le remercier, il était parti, aussi soudainement qu'il était apparu, de nulle part, pour retourner nulle part. J'ai vraiment l'impression que c'était un ange sous forme humaine.

Une autre fois, je conduisais seul sur l'autoroute et je me suis endormi pendant quelques secondes. Par miracle, mon rétroviseur latéral a raclé les planches de l'étroite route alors que nous passions devant un chantier de construction. Ce bruit violent m'a réveillé et m'a secoué, et j'ai roulé jusqu'à la maison sans autre problème qu'un miroir cassé. Je crois qu'avec toutes ces voitures roulant tout autour de moi à des vitesses assez élevées, un ange m'a préservé d'un terrible accident.

Josef Schuster, qui traverse l'Europe de l'Est avec son vieux camion pour livrer de l'aide humanitaire, m'a parlé de deux miracles qui lui sont arrivés et qui l'ont protégé. Une fois, alors qu'il se rendait en Albanie, il a traversé le col du Brenner dans les Alpes à 90 km/h sur l'autoroute avec son 6 tonnes entièrement chargé. Il roulait constamment en pente, et il y avait des glissières de sécurité des deux côtés de la route.

Dans un virage à gauche sans visibilité, il voit soudain devant lui un bouchon, qu'il ne pouvait voir auparavant. Josef a immédiatement freiné, mais à cause de ses 6,5 tonnes, il était clair qu'il allait s'encastrer dans le bouchon. Néanmoins, par miracle, son camion a fortement ralenti et s'est arrêté de justesse derrière les voitures. Il pense que c'est un ange qui a arrêté son véhicule – il n'y avait pas d'autre explication.

Une autre fois, il avait garé son camion sur un parking désert où il avait prévu de passer la nuit dans sa cabine. Alors qu'il prenait son repas du soir sur son siège, il a soudain senti une odeur de fumée et a regardé autour de lui pour savoir d'où elle venait. Derrière son siège se trouvait un petit réfrigérateur qui commençait à flamber.

Il a immédiatement ouvert sa portière, basculé son siège vers l'avant et tenté d'éteindre les flammes. Cependant, elles avaient déjà enflammé ses rideaux ainsi que la literie à côté du réfrigérateur. Le feu s'est rapidement propagé et il ne savait pas comment l'arrêter. Il était si désespéré qu'il a crié à l'aide, demandant à Dieu et aux saints d'être avec lui. Il avait déjà abandonné le camion, quand soudain, sans aucune explication, le feu s'est éteint !

Plus tard, il a découvert que des chiffons derrière son siège avaient pris feu avec la petite flamme de gaz de son réfrigérateur. Josef est un homme de foi et attribue à Dieu le mérite de ce miracle et de sa protection lorsqu'il parcourt seul des milliers de kilomètres en territoire inconnu (Photo 76).

Il y a quelque temps, notre voiture a été miraculeusement protégée pendant une tempête qui a duré toute la nuit. Devant notre immeuble se dressaient deux énormes sapins. Le lendemain matin, lorsque je suis sorti de l'immeuble, l'un des arbres était tombé, fracassant le toit de deux voitures qui étaient garées à côté. Il avait également touché la voiture voisine de la nôtre et avait manqué la nôtre de quelques centimètres. Ce qui est étonnant, c'est que notre voiture était plus proche de l'arbre que celle qui a été touchée. Chaque soir, nous prions spécifiquement pour la sécurité de notre maison et de notre voiture.

Chaque fois que je dois me déplacer avec un petit avion à l'intérieur du Congo, je prie pour une protection supplémentaire, car ces avions sont assez vieux et s'écrasent parfois au sol. En 2015, j'ai voyagé avec la femme de l'ambassadeur allemand, Gabriele Manig, dans un de ces petits avions de Kinshasa à Tshikapa, en route pour Mushapo. L'avion a dû faire demi-tour après seulement 10 minutes de vol en raison de problèmes techniques, et a atterri à Kinshasa.

Le lendemain, nous avons pris un autre avion, le premier ayant été classé comme inapte au vol. L'année suivante, j'ai appris que cet avion ne volait plus après avoir fait un atterrissage forcé.

Il y a plusieurs années, un autre de ces vieux avions a fait un atterrissage en catastrophe à cause d'une erreur humaine. Ces petits avions transportent environ 15 passagers à l'avant et du fret à l'arrière (Photos 77 et 78). À l'époque, les bagages étaient contrôlés à la légère, et les gens transportaient parfois dans leurs sacs des petits animaux comme des serpents. Sur ce vol-là, quelqu'un avait amené à bord un petit crocodile dans ses bagages.

Alors que l'avion approchait de Kinshasa, le crocodile s'est libéré et s'approchait lentement des passagers, qui ont paniqué et se sont précipités à l'avant de l'avion pour échapper au crocodile. Cela s'est produit au moment où l'avion se préparait à atterrir. En raison du poids supplémentaire déplacé vers l'avant, le pilote n'a pas pu faire atterrir l'avion sur ses roues. Malheureusement, l'avion s'est écrasé, et toutes les personnes à bord ont péri. C'est triste à dire, mais le seul à avoir survécu, c'était le crocodile ! Par conséquent, après chaque vol, je suis toujours reconnaissant pour un atterrissage en toute sécurité.

Parfois, Dieu me protège en me faisant prendre un autre avion que celui que j'avais prévu, ou en m'envoyant un « obstacle », comme dans l'histoire de l'homme dont la voiture ne voulait pas démarrer. Il a dû marcher pour attraper un bus et a découvert quelques minutes plus tard qu'à cause de ce désagrément, il avait échappé à une collision sur la route-même qu'il avait prévu de prendre. C'est souvent à notre insu que Dieu nous protège d'une façon incroyable, et ce n'est que très rarement que nous sommes témoins de cette protection.

Outre la protection contre les accidents, j'ai également fait l'expérience de la réparation miraculeuse d'équipements. Une fois, j'ai fait une erreur qu'il faut à tout prix éviter au Congo. J'ai donné ma clé USB à quelqu'un dans un bureau pour qu'il imprime un document. Une fois rentré chez moi, j'ai branché la clé USB sur mon ordinateur portable ; il a immédiatement transmis un virus à mon ordinateur, ce qui a causé des problèmes graves.

Quelques experts ont essayé de résoudre le problème, mais sans succès. Nous avons essayé d'éliminer ce « ver » avec plusieurs programmes antivirus, mais rien n'a fonctionné. Il me gênait dans mon travail en créant jusqu'à 20 Go de fichiers temporaires, ce qui ralentissait mon ordinateur portable. Tout le monde me disait que je devais réinstaller mon ordinateur, ce qui aurait été problématique car j'avais laissé mes disques d'installation et tous les programmes dont j'avais besoin en Europe. Puis un jour – sans aucune action de ma part – mon ordinateur fut libéré de ce « ver ». Ma seule explication est de reconnaître un nouveau type de miracle, un miracle qui peut même réparer des équipements techniques !

Dans les années qui ont précédé la crise du COVID-19, je me suis rendu chaque hiver au Congo. Avant de partir, je garais toujours notre voiture dans le garage souterrain d'un immeuble résidentiel appartenant à l'un de nos amis. Une fois, après mon retour du Congo, la voiture devait passer au « contrôle technique ». Elle a démarré et fonctionné. Nous l'avons conduite pendant un bon moment pour recharger la batterie et nettoyer le moteur, mais lorsqu'un mécanicien a contrôlé les émissions, il nous a dit que la valeur devait être proche du numéro 1, mais que chez nous elle atteignait presque le numéro 5 !

Nous sommes rentrés chez nous en voiture et nous nous sommes demandé ce qu'il fallait faire. Nous avons prié pour un miracle et, quelques jours plus tard, nous nous sommes rendus dans un autre garage pour le contrôle des émissions et le contrôle technique. Cette fois, la voiture a passé les deux tests sans aucun problème. Nous étions très reconnaissants, car elle était trop vieille pour justifier le coût des réparations. Elle fonctionnait toujours bien et nous était indispensable dans notre travail.

Provision miraculeuse

La façon dont ma femme et moi pouvons aider les personnes démunies en Afrique est une autre sorte de miracle. Nous travaillons comme bénévoles à plein temps, sans revenu régulier. La manière dont notre équipe et nos projets sont financés relève vraiment du miracle. Nous sommes toujours surpris de voir à quel point cela fonctionne bien ; d'une manière ou d'une autre, nous nous débrouillons chaque mois et chaque année.

C'est comme dans le film « Mère Teresa », lorsque l'enquêteur du Vatican lui demande : « Comment faites-vous pour vous en sortir ? D'où vient votre argent ? » Il sait qu'elle a commencé avec rien. Elle a quitté sa communauté de religieuses pour aider les enfants de la rue et, au fil du temps, elle a reçu de plus en plus de soutien. Sa réponse est simple : « Ça vient! »

Nous avons commencé sans aucun financement, et avec le temps, nous avons pu construire un petit cercle d'amis et de sympathisants, qui s'est développé lentement. Certains financent nos projets tandis que d'autres prennent en charge nos dépenses personnelles ; quelques-uns soutiennent les deux. Lorsque les gens voient que leurs dons sont effectivement utilisés dans le but auquel ils étaient destinés, cela encourage d'autres personnes à faire de même.

Nous avons quelques donateurs que nous n'avons jamais rencontrés. Ce sont les amis de nos amis. Chaque année, nous essayons de rendre visite au plus grand nombre possible, lors de notre périple en Allemagne. Certains d'entre eux vivent trop loin pour que nous puissions les rencontrer en personne, alors nous nous parlons au téléphone. Même si nous ne nous voyons que rarement, ou pas du tout, nous sommes toujours des amis proches.

J'essaie de les contacter tous une fois par an, soit en les rencontrant, soit en leur téléphonant ou en leur envoyant un courriel. En outre, nous leur envoyons régulièrement des informations sur nos projets. Nous apprécions leur soutien et nous nous préoccupons d'eux. Nous prions pour leur santé, leur vie personnelle et leur travail. C'est une joie de voir à quel point ces amitiés se sont approfondies avec le temps.

Certains sponsors nous fournissent également des biens matériels. Depuis plus de 20 ans, Mme Erika Bauer nous en fournit car elle reçoit de nombreux dons en nature pour l'Europe de l'Est et pour d'autres travailleurs humanitaires comme nous. Elle nous a donné des poussettes pour bébés, des sièges auto pour enfants, un vélo, des ustensiles de cuisine et bien d'autres choses encore. Sa fille Margit a trois filles plus âgées qu'Anissa, et elle nous donne des vêtements, des chaussures, des jouets, et même des équipements de ski et des casques de vélo. L'autre fille d'Erika, Ulrike, nous a récemment offert des affaires flambant neuves pour Anissa : une tente, un sac de couchage extra-chaud, un tapis de couchage et une paire de rollers.

Mme Aurelia Padubrin et son fils Rainer vendent de la bonneterie et des produits similaires sur les marchés. Pendant de nombreuses années, ils ont couvert nos besoins en chaussettes, gants, et autres articles neufs.

Il y a quelques années, grâce à un « cadeau » inhabituel, je m'étais essayé aux rollers pour la première fois de ma vie. Un jour, alors que je sortais les ordures, j'ai ouvert l'une des six grandes poubelles situées à l'extérieur de notre immeuble. À ma grande surprise, juste au-dessus d'un sac en plastique propre, j'ai vu une belle paire de rollers d'occasion. Je les ai essayés et ils m'allaient parfaitement. J'étais sidéré de voir comment les anges m'avaient guidé vers le bon conteneur ! Maintenant, nous pouvons pratiquer ce sport en famille et nous amuser ensemble.

Le père de Lenka m'a donné ses skis de slalom et de fond avec des chaussures de ski ainsi que des patins à glace, car il ne voulait plus pratiquer ces sports. Depuis que je suis allé au lycée dans les Alpes pendant 9 ans, j'ai toujours aimé les montagnes et les sports d'hiver. C'est pour moi un réel plaisir que de pouvoir à nouveau faire du ski et du patin à glace après tant d'années !

Outre un soutien financier, nous avons reçu des dons spéciaux en nature, comme des billets d'avion et de bus sponsorisés, des nuits d'hôtel et des traitements médicaux – parfois même des soins dentaires et des lunettes. L'un de mes anciens camarades de classe, le Dr Thomas Guillery, nous a fait passer plusieurs excellents bilans de santé complets, des analyses de sang, des bilans pré-cancer, etc. – tout cela gratuitement, à une époque où nous venions de rentrer d'Afrique et n'avions pas d'assurance maladie.

D'autres ont offert de la nourriture, des réparations de voitures, des vélos, des appareils photo et des caméscopes ; parfois, nous avons même reçu des visas gratuits pour les pays africains, qui peuvent être assez coûteux. Je n'ai jamais eu besoin d'acheter un téléphone portable, car lorsque d'autres personnes s'en achètent un nouveau, ils me font parfois don de leur ancien modèle qui fonctionne encore, et cela me suffit. Tous ces dons profitent à notre travail et permettent de réaliser d'immenses économies budgétaires.

Une extraordinaire prise en charge

Outre ces nombreux dons matériels, je voudrais mentionner deux cas dans lesquels deux membres de notre association ont reçu une aide généreuse.

Lorsque Lenka et moi sommes arrivés au Congo en 2003, nous n'avions que nos valises et peu d'argent. Nous ne connaissions personne dans ce pays et ne parlions pratiquement pas le français. Tout ce que nous savions, c'est qu'il y avait une grande détresse là-bas, et que Dieu nous avait montré qu'il fallait y aller et aider. Tant de miracles se sont produits. Le premier fut une équipe de volontaires qui font toujours partie intégrante de notre travail, et la plupart de nos réalisations peuvent largement leur être attribuées.

Jos s'est joint à nous plus tard, et voudrait bien continuer à nous aider au Congo encore aujourd'hui, mais son état de santé ne le permet plus. Nous avions déjà travaillé avec lui et sa famille en Slovaquie en 1996. En 2011, il nous a rejoints à nouveau et est allé à trois reprises dans la brousse, à Mushapo,

À deux reprises, il y est resté pendant plusieurs mois, et à la fin de son deuxième séjour, il a failli perdre la vie lorsqu'il a contracté la malaria et le typhus sur le chemin du retour de Mushapo à Kinshasa. Lors de son vol de Tshikapa à Kinshasa, il s'est effondré dans l'avion et a dû être transporté d'urgence dans un hôpital de Kananga, où il est resté dans le coma pendant trois jours.

Kananga est une ville où certains avions font escale lorsqu'ils se rendent de Tshikapa à Kinshasa. Nous n'y étions jamais allés et n'y connaissions personne. Imaginez que « le hasard a voulu » que notre ami François à Kinshasa ait un neveu à Kananga qui était médecin dans le même hôpital où Jos était dans le coma ! C'est un miracle que des personnes serviables l'aient aidé à sortir de l'avion et emmené à l'hôpital où le neveu de François l'a très bien soigné et nourri – ce qui n'est pas courant dans les hôpitaux congolais ! Des soins fabuleux, surtout pour quelqu'un qui venait de passer plusieurs mois dans la brousse !

Jos a raconté cet incident dans une interview accordée à la chaîne de télévision munichoise « München TV ». Lorsqu'on lui a demandé ce qu'il comptait faire ensuite, il a affirmé qu'il allait de nouveau se rendre au Congo. L'animateur, Christopher Griebel, avait du mal à croire ce que Jos venait de lui dire. Il est effectivement retourné dans la brousse pour six mois. Quel homme admirable ! Cette interview peut être vue ici (en allemand) [Réf. 84].

Un autre miracle de soins spéciaux a eu lieu lorsque Lenka a bénéficié d'une opération importante dans un hôpital allemand grâce à un don. Voici le rapport de Lenka :

« Six mois après mon opération de grossesse extra utérine en 2004, je ne me sentais toujours pas bien. Nous venions de quitter le Congo pour rendre visite à nos amis et sympathisants en Allemagne, et nous étions de passage à Duisburg. Sigrid, une amie inquiète pour moi, m'a dirigée vers son gynécologue, un chrétien, qui a diagnostiqué une infection et des kystes de grande taille en pleine croissance et qu'il fallait enlever. Il nous a envoyés dans un hôpital chrétien de la ville.

Lorsque le médecin-chef a examiné mon cas, il a pris le téléphone, a parlé à la personne responsable des finances de l'hôpital et a dit quelque chose que je n'oublierai jamais : «Nous avons ici une missionnaire venue d'Afrique. Elle doit être opérée et n'est pas assurée en Allemagne. C'est presque Noël et nous sommes un hôpital chrétien, que devons-nous faire» ? Ils ont généreusement accepté de faire toute l'opération gratuitement. J'ai passé dix jours à l'hôpital et j'ai reçu d'excellents soins. Sans ce miracle, le seul séjour à l'hôpital aurait coûté des milliers d'euros ! »

Interviews à la télévision

Quelqu'un nous a demandé comment nous étions entrés en contact avec la chaîne de télévision munichoise « München TV » alors qu'à l'époque, nous vivions presque toute l'année à Kinshasa. Encore une fois, par miracle ! De 2007 à 2011, nous avons vécu au Congo. Chaque année, nous faisions un voyage de deux mois en Allemagne pour rendre visite à nos parents, amis et sympathisants. Lors de cette tournée en 2010, Lenka et Anissa ont rencontré Ursula Griebel et son enfant sur un terrain de jeu à Munich.

Pendant que les mamans discutaient entre elles, les enfants jouaient joyeusement ensemble, sans se soucier de choses telles que la différence de couleur de peau ou la barrière de la langue. Ursula était fascinée par notre travail en Afrique et, au moment de se séparer, elle dit à Lenka : « Mon mari est animateur à la télévision de Munich. Il peut probablement faire quelque chose pour vous. Pourquoi ne viendriez-vous pas à notre appartement ce soir ? »

Ce soir-là, nous avons rencontré son mari, Christopher Griebel, et il était également enthousiasmé par notre travail. Il avait travaillé pendant un an en Ouganda comme garde-chasse dans la réserve de Kyambura, il aime l'Afrique et comprend les défis de ce continent. Il nous a demandé combien de temps encore nous allions rester à Munich. Lorsque nous lui avons répondu que nous devions partir deux jours plus tard, il a dit spontanément : « Faisons une interview demain matin », ce que nous avons fait. Il nous a demandé d'inviter certains de nos sponsors de Munich et nous avons eu ensemble une agréable conversation. Depuis lors, chaque année, nous avons enregistré d'autres interviews avec lui (Photo 79), que vous pouvez voir ici (en allemand) [Réf. 85].

En 2013, nous avons eu l'occasion de présenter notre travail au Congo dans l'émission de télévision allemande « ZDF Mittagsmagazin » (NDLT : Le magazine de midi sur la deuxième chaîne allemande ZDF), ce qui nous a permis d'établir de nouveaux contacts. Dieter et Eva Werner qui vivent en France, avaient regardé l'émission et se sont intéressés à notre travail. Nous avons communiqué par e-mail et sommes rapidement devenus amis. Ils soutiennent fidèlement notre travail et ont traduit la majorité du site Web d'ADH en français. Ils nous ont invités dans leur magnifique maison près de la côte bretonne, ont payé nos billets, et nous avons déjà passé deux fois de merveilleuses vacances avec eux.

Traductions, publications et sites Web

C'est merveilleux de voir combien de précieux bénévoles Dieu nous a envoyés au fil des années. Zuzka est une amie et une sympathisante de longue date qui a traduit nos premières publications en tchèque. Magda, qui nous soutient financièrement, est depuis des années notre principale traductrice tchèque, traduisant la plus grande partie de notre site Web ainsi que ce livre. Plus tard, Irena a également aidé à traduire le livre. La relecture a été faite par Klara et Lenka.

Tina et Christian ont accepté de traduire le livre en français. Nous apprécions grandement leur soutien envers notre travail car grâce à leur aide, nous sommes en mesure de mettre ce livre à la disposition de tous les pays francophones, y compris nos amis du Congo.

Jos, qui parle environ six langues, aide à la révision de tous nos textes anglais depuis de nombreuses années. Peter, Steve, Benjamin et Debra, dont la langue maternelle est l'anglais, ont énormément amélioré le manuscrit anglais de ce livre.

Mon frère Klaus, Anita, Franziska, Dorothea et d'autres amis ont passé un temps précieux à vérifier et à améliorer le texte allemand.

De la part des traducteurs et des relecteurs, j'ai également reçu de précieuses réactions sous formes de questions, de commentaires et de propositions pour arriver à une meilleure compréhension du contenu. Leurs contributions ont enrichi le livre à bien des égards.

Nous remercions Andrej pour la conception et l'exploitation du site Internet d'ADH et surtout Jens, qui s'occupe de ce site depuis 2012 et présente ainsi efficacement nos projets en allemand, anglais, tchèque et français. Nous espérons que ce site Web – ainsi que ce livre – inspirera d'autres personnes à devenir également actives et à contribuer à l'aide fournie aux pauvres. Celles-ci pourraient reprendre quelques idées à partir de nos expériences pour des projets similaires dans d'autres parties du monde.

Notre page Facebook a été créée par plusieurs volontaires et est désormais gérée par Simon. Récemment, Tereza, la nièce de Lenka, âgée de 16 ans, a ouvert un compte Instagram pour ADH, avec notre supervision.

Nous sommes extrêmement reconnaissants pour les contributions désintéressées de ces participants, car tous effectuent leur travail sur base volontaire. Pour nous, leurs contributions, leurs idées et leur travail acharné investis dans ces publications représentent un miracle, car nous manquons personnellement de connaissances, d'argent et de temps pour partager nos objectifs avec d'autres personnes par ces canaux.

La publication de ce livre est un autre miracle. Peter D'Orazio, le directeur général de la maison d'édition Frick en Allemagne, a été d'une aide précieuse, offrant de bons conseils et des idées pendant la production du livre.

Entrer en contact avec lui a été un miracle. J'avais contacté 20 autres éditeurs allemands qui ont tous refusé de se charger de ce projet. Un jour, j'ai reçu un courriel de M. D'Orazio, me disant que notre livre semblait intéressant. Au début, je ne savais pas qui il était, car je ne l'avais pas contacté moi-même. J'ai découvert plus tard que j'avais prié l'amie d'une amie de demander à son éditeur s'il était intéressé par mon livre. Je lui avais envoyé les informations nécessaires qu'elle a transmises à M. D'Orazio lequel m'a ensuite contacté. Il a travaillé pendant plusieurs années avec le Service allemand pour le développement (DED) en Afghanistan et en Amérique du Sud et comprend très bien notre travail.

Jarda a été d'une aide précieuse pour la mise en page du livre. Il y a investi beaucoup de temps, d'amour et de travail. Au début, il ne voulait pas être payé pour son travail, mais nous lui avons quand même offert une rémunération, pour avoir travaillé des heures durant sur les photos, la couverture, etc en quatre langues.

Zdenek, notre ami informaticien, qui travaille comme concepteur de sites Web professionnel, s'est porté volontaire pour créer le site Web de ce livre, ce qui n'était pas une tâche facile car il nous le fallait en quatre langues.

Benjamin Davidson, aux États-Unis, a été inspiré par notre travail après avoir regardé ma conférence TEDx. Il m'a contacté au sujet du livre et a voulu aider à le promouvoir. Il a enregistré une interview avec moi et l'a placée sur son site Web pour faire la publicité de notre travail [Réf. 86].

Logement et mobilier

Lorsque Lenka et moi sommes arrivés à Kinshasa pour la première fois en 2003, nous n'avions pas les moyens financiers nécessaires pour louer un logement décent dans un quartier sûr. Comme nous sommes arrivés juste après la guerre, il était important de trouver un logement sûr. À l'époque, la rue la plus sûre de la ville était l'avenue du Roi-Baudouin, où se trouvent la plupart des ambassades. Néanmoins, cette option était inabordable pour nous. Il aurait fallu un grand miracle pour habiter dans cette rue-là, et c'est exactement ce qui s'est passé.

Pendant son séjour au Nigeria en 2000, Lenka a eu des contacts avec l'ambassadeur tchèque à Lagos, M. Juraj Chmiel. Il était même venu, par la suite, nous rendre visite au Cameroun. Lorsque nous avons décidé de nous installer au Congo, il nous a donné le contact de l'ambassade tchèque à Kinshasa. Il se trouve que l'ambassade avait une maison vide dans l'avenue du Roi-Baudouin et qu'elle était prête à nous la louer. La maison avait été pillée et devait être entièrement remise à neuf.

Grâce à la générosité de quelques commerçants serviables, nous avons reçu tous les matériaux dont nous avions besoin pour aménager la maison et nous avons rapidement eu une maison agréable où nous avons pu accueillir d'autres bénévoles. Elle disposait même d'un beau et grand jardin. Ainsi, nous avons vécu dans le quartier résidentiel le plus cher de Kinshasa, près du fleuve Congo, pour seulement 200 dollars par mois ! Le loyer normal pour une telle maison dans cette partie de la ville était au moins dix fois plus élevé.

Après une longue interruption de notre séjour au Congo en raison de l'état de santé de Lenka, nous nous sommes sentis poussés en 2007 à déménager à nouveau à Kinshasa et avions besoin d'une nouvelle maison pour accueillir notre équipe. Avec un partenaire francophone de l'équipe, j'ai pris l'avion pour Kinshasa afin de trouver une maison adéquate. Alors que nous attendions nos bagages à l'aéroport, j'ai remarqué un certain monsieur qui a attiré mon attention, mais je ne lui ai pas adressé la parole. Le lendemain, nous l'avons revu par hasard au milieu d'une ville qui comptait (à l'époque) dix millions d'habitants. Une coïncidence ? Pas pour nous !

De toute évidence, il fallait que nous parlions avec lui ; nous avons donc entamé une conversation. Après un moment, nous en sommes venus à lui mentionner que nous étions à la recherche d'une maison pour notre équipe. Il a ri et a dit qu'il avait une maison, mais qu'elle était inutilisable car elle avait été pillée et était complètement vide. « Oh, ai-je pensé, nous avons déjà vécu une fois dans une telle maison où tout avait été enlevé lors des pillages ! »

« On peut y jeter un coup d'œil ? », avons-nous demandé.

« Bien sûr », a-t-il répondu.

Il n'avait pas exagéré ; cette maison avait littéralement été dépouillée de tout ce qui n'était pas cimenté et pouvait être enlevé : toilettes, éviers, douches, vitres, portes intérieures, prises électriques, et même le câblage électrique dans les murs et le toit. À la place des vitres, de nombreuses fenêtres étaient équipées de planches de bois. Les seules choses qui restaient dans la maison étaient les carrelages et les portes extérieures, qui étaient soudées dans leurs châssis, ainsi que deux baignoires et une table en bois, faite en wengé local, qui ne pouvait pas être emportée à cause de son poids.

La maison possédait un magnifique jardin avec une belle vue sur Kinshasa ! On pouvait voir le fleuve Congo et certaines parties de Brazzaville, la capitale de l'autre Congo (anciennement français), de l'autre côté du fleuve. Il y avait même une piscine, bien que pleine d'eau sale et habitée par des crapauds bruyants. Des deux côtés de la piscine se trouvaient de grands cocotiers avec de délicieuses noix de coco. D'autres arbres fruitiers poussaient dans le jardin, donnant des mangues, des bananes, des avocats et des « pommes » rouges tropicales, en forme de petites poires.

Lorsque nous avons demandé au propriétaire dans quelle mesure il pouvait nous accueillir si nous réparions la maison, il nous en a offert l'utilisation gratuitement pendant deux ans. Plus tard, il nous a accordé encore 6 mois pour soutenir notre travail.

Nous étions très reconnaissants, et une fois de plus, nos amis nous sont venus en aide. Une personne a donné les vitres de toutes les fenêtres et des portes extérieures. Une autre entreprise a donné les 10 portes intérieures et les a adaptées aux différents châssis de la maison. D'autres amis ont fourni les câbles électriques, les fusibles, les interrupteurs, les prises de courant, les éviers, les robinets, les douches, les chauffe-eaux. Il y a toujours eu quelqu'un pour nous fournir tout ce qui manquait.

Notre équipe a bénéficié de cette magnifique propriété pendant quatre ans et, lorsque le propriétaire a voulu récupérer sa maison, nous avons décidé de démarrer de nouveaux projets à d'autres endroits.

Lenka et moi commencions alors notre projet à Mushapo et n'avions plus besoin d'être logés toute l'année à Kinshasa. Chaque fois que nous avions besoin d'un logement pour une période plus courte, plusieurs amis nous ouvraient leurs portes. La plupart du temps, nous logions chez la famille de François, dans une chambre d'amis séparée.

Une fois, lorsque d'autres visiteurs utilisaient la chambre d'amis de François, nous avons dû trouver un nouveau logement. Jacques Moliba, un Congolais que nous avions rencontré à Prague, a demandé à ses amis à Kinshasa si quelqu'un pouvait nous héberger. C'est alors que nous avons rencontré la famille Butsana, qui nous a gentiment accueillis chez elle, même s'ils ne nous connaissaient pas du tout.

Lorsqu'en 2016, ma fille aînée, Angela, a travaillé avec moi pendant un mois au Congo, il nous a fallu une chambre supplémentaire. Alors qu'elle logeait dans la chambre d'amis de François, la famille d'André m'a accueilli dans sa maison, bien que de nombreux enfants et parents y vivaient déjà.

En 2017, la famille Munshi, des amis proches de notre famille, m'a permis de rester dans leur maison annexe. Les Munshi, musulmans d'Afrique de l'Est, sont d'origine Goudjérate, et ils soutiennent notre travail depuis de nombreuses années.

Chacune de ces familles nous a traités comme si nous faisions partie de leur famille – en nous offrant de délicieux repas, un accès à Internet, et en nous aidant autant que possible dans notre travail. Ces portes et ces cœurs ouverts n'ont été, à mes yeux, rien de moins qu'un miracle.

Outre le logement, la nécessité de se procurer des meubles est toujours un autre défi, car chaque fois que nous nous installons dans un nouveau pays ou une nouvelle ville, nous arrivons avec nos seules valises. Après avoir travaillé dans de nombreux pays et vécu dans un plus grand nombre de maisons, nous avons ouvert une nouvelle base en République tchèque en 2012. Lorsque nous avons emménagé dans notre appartement de 58 m², nous n'avions que quelques valises – comme d'habitude.

Tout ce dont nous avions besoin nous a été donné par des parents, des amis et des entreprises de la République tchèque et d'Allemagne : meubles, équipements de cuisine et de salle de bains, machine à laver, congélateur, lampes, carrelage, nouveau revêtement de sol pour la chambre d'Anissa, et même des dalles de pierre polie pour tous les plans de travail de la cuisine. Les parents et amis de Lenka en Allemagne nous ont donné de l'argent pour acheter des armoires de cuisine.

Mirek, le frère de Lenka, a cassé une partie du mur entre le salon et le couloir pour que nous puissions déplacer la cuisine dans le couloir. Nous avons ensuite transformé l'ancienne cuisine en chambre à coucher pour Anissa. Tout ce que nous pouvions réparer nous-mêmes, nous l'avons fait ; le reste, nous l'avons confié à des experts. Jos a été d'une aide précieuse pendant les travaux de rénovation. Zuzka a aidé au nettoyage – une grande bénédiction et un encouragement pour Lenka.

À leur décès, mes parents nous ont laissé une maison pleine de meubles solides et anciens. Comme mes frères et sœurs étaient déjà bien installés, ils nous ont donné tout ce dont nous avions besoin, et notre niveau de vie s'est ainsi amélioré. J'ai également apporté certains de ces meubles à ma première famille, qui a été très reconnaissante pour ces objets de famille.

L'école et les voitures

Lorsque Lenka, Anissa et moi sommes retournés vivre à Kinshasa pour une période plus longue en 2014 – 2015, nous avons cherché un logement comportant plus qu'une seule pièce. Une bonne vieille connaissance, « Maman » Sara, une veuve qui vivait avec six de ses sept enfants, nous a fourni une annexe de deux pièces dans leur beau jardin pour un loyer très bas. Cette annexe était parfaitement située, à quelques pas de l'école d'Anissa et de nos amis François et André.

La famille Munshi a fondé et dirige la Jewels International School de Kinshasa qui compte plus de 1 000 élèves de la crèche à la terminale. Les élèves peuvent choisir entre un programme d'études en anglais et un en français. Nous avons demandé si Anissa pouvait fréquenter leur école gratuitement, ce qu'ils ont généreusement accepté.

Nous étions heureux de pouvoir l'accompagner à pied à l'école et éviter les gros embouteillages du matin et de l'après-midi, lorsque des centaines de voitures déposent et récupèrent les nombreux élèves. Cette année scolaire a été une bénédiction pour Anissa car elle a pu se faire de nouveaux amis, et apprendre à lire et à écrire en anglais ainsi que les bases des mathématiques, avant d'entrer en cours préparatoire en République tchèque.

Elle a d'abord fréquenté la fameuse école maternelle chrétienne « Elias » et, après son séjour à Kinshasa, elle est allée pendant 5 ans à l'école primaire relevant de la même administration – les deux étant presque gratuits. La directrice et les enseignants aimaient beaucoup Anissa – la première enfant africaine dans leur école – et ils se sont occupés d'elle de manière excellente. Là encore, elle s'est faite de nombreux amis, ce qui est particulièrement important pour une enfant africaine, de surcroit une enfant unique qui a besoin de compagnie et n'aime pas rester seule.

Un autre miracle est que nous avons reçu trois voitures, chaque fois au moment où nous en avions le plus besoin. Lorsque notre équipe s'est agrandie en 2008, un membre de l'équipe d'Italie a reçu en don une robuste Land Rover d'occasion. L'importation de cette Jeep a nécessité un autre miracle, car au Congo, une telle procédure est coûteuse et compliquée.

Une fois de plus, nos amis nous sont venus en aide : Andreas Bödeker, un ami et sympathisant allemand de longue date, qui avait déjà transporté gratuitement deux de nos conteneurs en Afrique, a veillé cette fois encore à ce qu'une grande entreprise de logistique sponsorise le transport. Moïse, l'un de nos amis proches à Kinshasa, qui avait déjà fait don de plusieurs articles ménagers par le passé, s'est occupé du dédouanement et des frais.

Comme notre équipe s'était encore agrandie, le besoin d'une deuxième voiture s'est fait sentir. Puisque Gilbert était le directeur général de Vodacom à Kinshasa, cette société de téléphonie mobile a sponsorisé notre nouveau véhicule, un pick-up. Des réparations étaient nécessaires, et il y avait plusieurs impacts de balles dans le compartiment de chargement (Photo 80) en raison d'une guerre de quatre jours en 2007 entre les soldats du président Kabila et ceux du leader de l'opposition Bemba dans le centre-ville de Kinshasa. La société Nissan a généreusement tout réparé pour nous à titre gracieux. Moïse et son partenaire Vincent, deux de nos proches amis belges à Kinshasa, ont souvent fait don de carburant diesel et ont effectué de nombreuses réparations sur ces deux véhicules, réduisant ainsi considérablement nos dépenses opérationnelles.

Lorsque nous avons déménagé en République tchèque en 2012, les parents de Lenka se sont acheté une nouvelle voiture et nous ont donné leur Opel, bien entretenue. Ce véhicule a été une énorme bénédiction, notamment pour nos voyages annuels à travers l'Allemagne.

Envois de conteneurs

Nos trois conteneurs de 12 mètres contenant de l'aide humanitaire ont tous été expédiés en Afrique sans frais. Cela comprenait leur transport depuis notre entrepôt en Allemagne jusqu'au port, l'expédition, les procédures douanières et la livraison à notre domicile ou aux lieux de distribution en Afrique. À chaque fois, c'était un miracle que les conteneurs passent la douane, car cela entraîne normalement des frais élevés.

Dans chaque cas, il a fallu des mois de préparation, mais, finalement, ils sont passés sans que nous ayons à payer quoi que ce soit. À Conakry, nous nous sommes liés d'amitié avec le directeur des douanes. Au Cameroun, deux ministres des affaires sociales consécutifs sont devenus des amies et, à Kinshasa, le Dr Nour, alors directeur de la GTZ, a compris notre problème et nous a aidés à faire entrer le conteneur.

Nous avons souvent entendu parler de personnes qui ont dû payer une somme déraisonnable pour faire entrer leur conteneur d'aide humanitaire dans le pays, ou qui l'ont complètement perdu. À Kinshasa, j'ai rencontré un Canadien qui travaillait pour une organisation humanitaire qui envoyait du Canada des équipements coûteux pour un centre de santé au Congo. À l'aéroport, on lui a demandé de payer des droits de douane élevés. Lorsqu'il a expliqué qu'il s'agissait d'un projet social, on a rejeté sa demande de le faire entrer dans le pays en franchise de douane. Pour donner une leçon aux autorités, l'organisation a payé pour que tout le matériel soit renvoyé au Canada. Une triste perte pour tout le monde !

Étant donné que nous ne sommes qu'une petite organisation humanitaire, l'importation de ces conteneurs dans trois pays d'Afrique sans avoir à payer de frais de transport ou d'importation a été dans chaque cas un véritable miracle.

L'école de Mushapo

L'école que nous avons construite à l'intérieur du pays, à Mushapo, a été notre tâche la plus difficile et la plus stimulante jusque-là ! En 2011, nous avons commencé avec un terrain, 10 hectares de nature sauvage et intacte, qui nous a été donné gracieusement par les chefs locaux. Depuis l'ouverture de notre école en 2012 jusqu'en 2017, plus de 2000 élèves de quatre villages ont pu fréquenter cette école sans payer de frais de scolarité.

Melanie, qui, avec Jens, nous avait rendu visite à Mushapo au début de notre projet en 2011, nous a écrit quelques années plus tard : « C'est toujours formidable de voir comment le travail à Mushapo progresse et combien d'élèves ont maintenant une merveilleuse opportunité d'aller à l'école ! Si je pense à vos débuts et à la situation qui prévalait lorsque nous vous avons rendu visite, j'ai parfois du mal à y croire. Je suis très heureuse quand je lis les bulletins d'information et que je vois tout ce qui s'y passe ».

Il est étonnant de voir l'ampleur du soutien que nous avons reçu de sources inattendues. Au début, nous avions l'aide de la ferme SADR. Après leur faillite un an plus tard, nous étions seuls et ne savions pas ce que nous allions faire.

Je me souviens encore comment Jean, l'un des responsables de la ferme de la SADR avec qui nous avions démarré le projet à Mushapo, a frappé un jour à notre porte à Kinshasa. Il nous a dit, à Jos et à moi, que la ferme avait été fermée et qu'il n'avait plus de travail. Nous lui avons demandé s'il voulait travailler avec nous et poursuivre le projet, en lui expliquant que nous ne pouvions lui verser que la moitié de son salaire de la SADR. Il a gracieusement accepté notre offre et était reconnaissant d'avoir retrouvé un emploi.

Nous étions maintenant une équipe de trois personnes pour poursuivre le projet. Lorsque nous avons demandé à la SADR si nous pouvions utiliser sa propriété et ses bâtiments, elle a accepté. Cela nous a permis d'ouvrir l'école rapidement en transformant leurs anciennes fermes en salles de classe temporaires. L'école a commencé en 2012 avec 120 enfants, et le nombre d'élèves a augmenté chaque année jusqu'à ce que nous enseignions à plus de 500 enfants par an – avec des progrès beaucoup plus rapides et un nombre d'élèves plus important que ce que nous avions prévu au départ.

La SADR nous a laissé deux conteneurs maritimes pour enfermer les objets de valeur ainsi que deux conteneurs résidentiels pour les gardes et les travailleurs. La SADR ayant emporté tout son matériel et ses véhicules, nous avons dû trouver un nouveau moyen de transporter tout le matériel nécessaire et nous-mêmes de Tshikapa à Mushapo.

Par miracle, une grande entreprise belge a lancé à cette même époque un important projet d'eau à Tshikapa. Cette entreprise avait beaucoup plus de ressources que la SADR et a fait avancer notre travail d'un grand pas. Elle a généreusement accepté de transporter gratuitement tous nos meubles et articles ménagers entreposés à Kinshasa jusqu'à Mushapo, soit une distance d'environ 1 000 km par la route. La majorité de nos biens a été transportée par bateau, dans un premier temps, le long des fleuves Congo et Kasai, puis par camion, en même temps que l'équipement pour le projet d'eau de l'entreprise.

Le transport de biens de Kinshasa à Tshikapa était extrêmement onéreux et revenait à un demi-dollar par kilo. Nous n'aurions jamais pu nous permettre d'envoyer ne serait-ce qu'une petite partie de notre équipement à Mushapo, mais, de cette façon, tous nos articles ménagers ont été transportés gratuitement. Une partie des marchandises transportées par camion n'est arrivée que quelques semaines plus tard, tandis que tout le reste, transporté par bateau, a pris quelques mois. Néanmoins, nous avons tout reçu à Mushapo en aussi bon état qu'on pouvait le souhaiter après un voyage aussi éprouvant. La société disposait de solides camions Mercedes à quatre roues motrices, capables d'affronter le terrain accidenté entre Tshikapa et Mushapo.

Nous avions également besoin d'électricité et de connexions Internet. L'un de nos amis libanais à Kinshasa nous a fait don d'un générateur flambant neuf qui produisait suffisamment d'énergie pour recharger les batteries de nos ordinateurs portables et de nos téléphones, et nous fournir de la lumière pendant quelques heures le soir. Nous avons utilisé le générateur avec parcimonie car le diesel est coûteux et difficile à obtenir là-bas.

Pour l'Internet, il nous fallait trouver une connexion sans l'installation satellite de la SADR. Il n'y avait qu'une seule compagnie de téléphonie – Airtel – qui avait du réseau dans la région, et avec l'utilisation d'un modem USB, nous pouvions envoyer et recevoir des e-mails. Lorsque Jos n'a plus été en mesure, pour des raisons de santé, de se rendre à Mushapo, nous sommes restés en contact avec Jean qui nous envoyait régulièrement des informations sur le travail, notamment des photos et des rapports financiers. Pour envoyer des photos, il devait se déplacer jusqu'à Tshikapa, car la connexion internet à Mushapo était trop faible.

Cette ligne de communication est également importante car nous envoyons régulièrement des mises à jour avec des photos pour tenir nos amis et nos sympathisants informés de l'avancement de notre travail. Ensuite, Jens publie ces rapports sur le site Web de notre association, ainsi que les vidéos que nous tournons sur nos projets,

L'ambassade d'Allemagne à Kinshasa nous a permis de faire un grand pas en avant en approuvant une subvention pour les coûts de construction de notre premier bâtiment scolaire en 2011. Obtenir un tel financement est difficile car l'ambassade est sollicitée par des centaines de demandes chaque année, et elle ne peut en accepter que quelques-unes.

En 2014, l'ambassade nous a accordé une deuxième subvention nous permettant de construire un réservoir d'eau, des toilettes pour l'école et un centre de santé. Ce dernier était particulièrement nécessaire, car il n'y avait pas de médecin qualifié ni de soins de santé adéquats disponibles à Mushapo, ni dans les villages environnants.

Dès le tout début, l'un de nos principaux objectifs dans ce projet était de remettre, en temps voulu, l'école à la population locale, afin qu'elle fonctionne indépendamment de nous et soit autonome. Pour atteindre cet objectif, nous avons créé un comité scolaire. Le premier comité était composé des deux chefs de village, de Jean, notre responsable local, de Pierre, notre directeur d'école, et d'un représentant du comité des parents.

Au bout d'un certain temps, les villageois ont élu des représentants différents car les deux chefs se disputaient trop entre eux. Ils ont voté pour la personne qu'ils jugeaient la plus apte à occuper ce poste. La principale responsabilité du comité était de superviser et de gérer le projet afin qu'il se déroule le plus harmonieusement possible.

Il restait un obstacle de taille à surmonter avant que le projet ne puisse devenir autonome. Puisque, dès le début, nous avions nous-mêmes payé les enseignants, notre objectif était de faire en sorte que le gouvernement leur verse un salaire. Mais pour cela, il fallait qu'un énorme miracle se produise, comme je l'expliquerai plus loin. Certains miracles se produisent instantanément, d'autres, comme celui-ci, peuvent demander du temps et de la persévérance.

Notre école est enregistrée depuis 2013 comme une école gouvernementale. Dans d'autres pays, cela signifie que le gouvernement paie également les enseignants – ce n'est pas le cas au Congo ! C'est pourquoi, à l'époque, tous les élèves devaient payer des frais de scolarité, même dans les écoles publiques.

Voici un exemple de la façon dont les obstacles peuvent se transformer en miracles. En 2014, un chef supérieur, qui était à la tête de plusieurs chefs de village dans la région de Mushapo, nous a ordonné d'arrêter la construction de notre prochain bâtiment scolaire. Il a même fait confisquer nos matériaux et a exigé des pots-de-vin avant de nous permettre de reprendre les travaux.

Bien sûr, nous avons refusé de céder. Nos amis à Kinshasa ont essayé d'intervenir et de persuader le chef supérieur de changer d'avis. Mais il n'a pas voulu. André a même contacté le gouverneur de la province du Kasaï à Kananga, mais il ne voulait pas non plus nous aider. Comme les travaux ont dû s'arrêter pendant huit mois, nous avons perdu 70 sacs de ciment, car le ciment durcit après six mois dans ce climat humide. Et le ciment coûte très cher et est difficile à acquérir là-bas.

De nombreuses personnes nous ont dit que c'était la façon dont les choses fonctionnaient dans ce pays et que nous devions payer les pots-de-vin ou abandonner le projet. Nous ne savions vraiment pas quoi faire, car nous ne voulions pas soutenir la corruption. Finalement, André a contacté le ministre de l'Éducation pour tout le Congo à Kinshasa, et il nous a aidés à résoudre le conflit.

Lorsqu'il a appris nos difficultés, il fut choqué, car il avait aidé ce même grand chef à gravir les échelons en politique, d'abord en tant que député à Kananga, puis en tant que membre du Sénat à Kinshasa, où il recevait un salaire de 7 000 dollars par mois. Le ministre nous a demandé de lui donner quelques jours pour régler le problème.

Effectivement, une semaine plus tard, les matériaux de construction confisqués nous ont été rendus et nous avons eu le feu vert pour poursuivre les travaux, sans avoir à payer un centime. Tous ceux qui vivent dans ce pays, savent à quel point ce fut un grand miracle ! En outre, toute cette procédure a permis d'enseigner une leçon importante à la population locale.

Mais ce n'était pas tout ! Lors de notre rencontre avec le ministre, nous lui avions également demandé s'il pouvait faire en sorte que les enseignants soient payés. Nous lui avons dit que cela permettrait à l'école de ne plus dépendre de nous, afin que nous puissions ouvrir une autre école ailleurs.

Il a accepté et effectivement, un an plus tard, nos enseignants recevaient leur premier salaire ! Personne n'aurait pensé que cela se produirait un jour. Un de nos amis missionnaires, qui travaille au Congo depuis plus de 40 ans et connaît bien la situation, nous a dit que le gouvernement ne paierait jamais nos enseignants, surtout étant donné que l'école est située si loin dans la brousse. Le Dr Nour pensait la même chose et a expliqué que l'une des raisons est qu'au Congo, le budget pour l'éducation est très réduit.

Des amis congolais nous ont donné une autre raison qui explique cette triste réalité. Un département du ministère de l'Éducation, appelé SECOPE, est chargé du paiement des enseignants. Les responsables de ce département sont connus pour retenir et empocher les salaires de nombreux enseignants pendant une longue période. Le poste de chef de service est si convoité que certains d'entre eux sont même empoisonnés pour permettre à quelqu'un d'autre d'occuper ce poste.

À l'époque, cela prenait plusieurs années pour que les enseignants d'une nouvelle école primaire soient payés, si tant est qu'ils le soient. Lorsque nous avons appris que nos enseignants recevaient leur salaire, nous avons été très heureux et extrêmement reconnaissants. Jean nous a dit que personne à Mushapo ne pouvait comprendre comment cela était possible, car aucune autre école de la région ne recevait de salaire pour ses enseignants – à moins qu'elle n'ait été créée il y a longtemps et qu'elle soit située dans une plus grande ville.

Un Congolais d'Europe qui connaît la région de Mushapo a dit à l'un de nos amis néerlandais qu'il fallait un miracle pour qu'un projet comme le nôtre démarre au Congo, mais que pour qu'il se réalise dans cette région, il fallait un miracle encore plus grand.

Au fil des années, nous avons été confrontés à toutes sortes d'obstacles. Des personnes dont nous étions proches et avec lesquelles nous avions travaillé pendant une longue période nous ont menti, nous ont menacés et nous ont volés. Nous aurions pu renoncer à plusieurs reprises, et abandonner comme d'autres qui avaient essayé d'aider l'Afrique.

Lorsque nous rencontrons des revers, des défis et des difficultés dans notre travail, cela nous oblige à chercher des solutions, des réponses et de nouvelles voies. Dans ces moments-là, nous avons le choix entre nous décourager, devenir amers et abandonner, ou surmonter les difficultés, continuer et persévérer. Nous sommes confrontés à ces choix dans de nombreuses situations de la vie. J'ai découvert que nous gagnons toujours si nous continuons la course, et qu'après chaque obstacle, nous sommes plus forts qu'avant, tant que nous n'abandonnons pas.

Lorsque les Pygmées du Cameroun ont été maltraités par les Bantous locaux, ils n'ont pas riposté. Ce sont des gens tellement pacifiques qu'ils préfèrent se retirer et s'installer dans une autre région plutôt que de se venger. Nous essayons d'apprendre d'eux comment avoir plus de patience, d'amour et de clémence. L'un des plus grands miracles est probablement celui de pardonner les fautes.

Il y aurait beaucoup d'autres miracles à raconter, mais je voudrais ajouter une autre belle histoire récente – racontée par Lenka – qui montre aussi comment nous pouvons nous tromper sur nos semblables, et combien les prières sont puissantes.

Des sans-abris devenus nos « anges » de Noël

« Lorsque nous avons quitté la maison pour aller fêter Noël à Berlin avec notre famille élargie, nous étions loin de nous douter que nous allions vivre une véritable montée d'adrénaline juste avant la célébration. Alors que nous attendions dans une gare de banlieue locale avec nos sacs remplis de cadeaux, Wolfgang a posé sa sacoche noire d'ordinateur portable sur un banc noir dans les heures sombres du soir (ce n'est pas une bonne idée). Comme nous avions encore du temps jusqu'à l'arrivée du train, il a distribué des tracts de Noël à différentes personnes sur le quai.

Après que nous soyons montés dans le train – environ trois arrêts plus tard – Wolfgang s'est rendu compte qu'il avait laissé son ordinateur portable à la gare. Nous sommes rapidement descendus du train et y sommes retournés, en priant désespérément pour la miséricorde de Dieu car ce n'était pas seulement son ordinateur portable qui était en jeu, mais tout son travail, ses contacts, ses programmes, etc. y compris les e-mails de Noël que nous venions de préparer. Ce soir-là, nous voulions fêter Noël avec notre famille et cela aurait été un coup dur pour nous tous.

Lorsque nous sommes arrivés à la gare de départ environ 30 minutes plus tard, le banc était vide et l'ordinateur portable avait disparu. Aïe ! Nous étions effondrés ! Pour ne rien laisser au hasard, nous avons cherché partout. Finalement, Wolfgang est retourné à la boutique où nous avions acheté nos billets, et le vendeur lui a dit que la seule chance serait de demander aux sans-abris sur le quai en bas s'ils savaient quelque chose.

Il est descendu et a vu deux d'entre eux qui discutaient de façon animée. Il semblait inutile de leur parler. Il s'est quand même approché d'eux, et dès qu'il leur a parlé de son ordinateur portable perdu, ils ont immédiatement dit : «Alors, c'est le vôtre !» Wolfgang avait du mal à croire qu'ils étaient sérieux. Ils l'avaient trouvé et lui ont dit qu'ils avaient cherché une adresse ou un numéro de téléphone dans le sac, mais sans succès.

Ils voulaient le remettre au bureau des objets trouvés le lendemain matin et étaient heureux de pouvoir le rendre à Wolfgang en personne. Il les a abondamment remerciés pour leur honnêteté et leur a proposé de prier avec eux pour apprendre à connaître Jésus, ce qu'ils ont accepté avec plaisir. L'un d'entre eux – Mohamed, de Tunisie – a dit qu'il avait eu la chair de poule en faisant la prière et a par la suite serré Wolfgang dans ses bras.

Nous leur avons donné des tracts et tout l'argent que nous avions sur nous, ce dont ils étaient super reconnaissants (même si ce n'était pas beaucoup). Nous avons appris qu'ils dormaient dans une voiture que leur ami avait laissée ouverte pour eux, et nous étions heureux de pouvoir leur offrir un cadeau de Noël spécial.

Ce fut notre miracle de Noël personnel, et nous remercions Dieu et ses «anges de Noël» sans abri – Sven et Mohamed – d'avoir eu un impact si positif sur notre saison de Noël grâce à leur honnêteté ! »

Si vous voulez en savoir plus sur des miracles bien documentés, je vous recommande cette vidéo de l'auteur Lee Strobel, qui a exploré ce sujet en tant qu'ancien journaliste d'investigation pour le *Chicago Tribune* : « The Case for Miracles » (L'argument des miracles) [Réf. 87]. Le Dr Craig Keener parle dans ce discours de nombreux miracles modernes qu'il a étudiés dans diverses parties du monde [Réf. 88].

Des difficultés naissent les miracles. – Jean de La Bruyère (1645 – 1696)

Chapitre 6

L'amour véritable

On nous demande parfois : « Comment en êtes-vous arrivés à construire une école en pleine brousse, au beau milieu de l'Afrique ? » Eh bien, cela ne s'est pas fait du jour au lendemain. C'était un processus graduel.

Comment tout a commencé

Après avoir laissé derrière moi une enfance belle et protégée et avoir fait connaissance avec certaines des dures réalités de la vie pendant mon adolescence, j'ai commencé à chercher des solutions aux problèmes qui m'accablaient et me tiraient vers le bas. En outre, j'avais perdu ma foi enfantine en Dieu et je ne savais pas quoi faire face aux injustices auxquelles j'étais confronté. Je voulais trouver des réponses à mes questions et des solutions à ces problèmes.

C'était l'époque de la guerre froide entre le capitalisme et le communisme, entre les États-Unis et l'Union soviétique. Il y avait une tension constante et, dans le pire des cas, la menace d'une guerre nucléaire. Mon pays était divisé entre l'Allemagne de l'Ouest (RFA) et l'Allemagne de l'Est (RDA). Je pouvais me rendre presque partout dans le monde plus facilement qu'à l'autre bout de mon propre pays. Berlin était divisée par un haut mur avec des clôtures en fil de fer barbelé, et les soldats du côté Est avaient l'ordre de tirer sur leurs propres compatriotes si ceux-ci tentaient de s'échapper vers l'Ouest. Pour moi, c'est un miracle qu'en 1989, le bloc de l'Est et le mur de Berlin soient tombés et que la nation ait été réunifiée.

Après avoir obtenu mon baccalauréat à Ettal, je ne savais pas quoi faire de ma vie. À la fin de nos derniers examens, notre professeur de religion et de philosophie, qui essayait de nous aider à trouver des réponses à nos questions et de nous préparer à la vie, a demandé à chacun d'entre nous quelle profession nous voulions exercer. Mes camarades de classe savaient tous ce qu'ils voulaient devenir et, pour autant que je sache, ils ont embrassé exactement ces professions : médecins, avocats, etc. Quand vint mon tour de parler, j'ai dit que je ne savais pas ce que je voulais devenir. Le professeur m'a encouragé à ne pas m'en inquiéter.

Il s'agissait d'un internat catholique dans lequel nous avions d'excellents professeurs - tant des moines du monastère que des professeurs laïcs – pourtant, ils n'ont pas pu nous aider à trouver notre foi en Dieu. Autant que je me souvienne, nous n'avions qu'un seul camarade de classe à la fin des neuf années de lycée qui professait croire en Dieu.

Le Dr Thomas Niggl [Réf. 89], un moine dévoué et un brillant professeur qui enseignait le latin, le grec et l'histoire, avait le cœur brisé par notre manque de foi en Dieu. Je me souviens encore d'un incident impressionnant qu'il nous a raconté, à savoir comment Dieu lui a sauvé la vie au combat pendant la Seconde Guerre mondiale. Il a en fait survécu à une balle dans la tête. Comment ? Au moment où la balle est entrée dans sa tête par la mâchoire inférieure, il a ouvert la bouche et la balle est sortie par sa bouche ! On pouvait encore voir une grande cicatrice à l'endroit où la balle lui était entrée dans la tête sous la mâchoire.

Après avoir obtenu mon baccalauréat, je ne savais tout simplement pas quelle carrière poursuivre. La seule chose que j'aimais, c'était l'art. J'ai donc décidé d'étudier la peinture et la sculpture à l'Académie des beaux-arts de Karlsruhe. Comme j'avais perdu ma foi en Dieu, j'exprimais dans mes œuvres ma vision désespérée du monde, faite de tristesse et de solitude.

Je lisais beaucoup de livres et je parlais avec de nombreuses personnes du sens de la vie. J'avais de nombreuses questions en tête auxquelles personne ne pouvait me donner de réponses satisfaisantes. Je tâtonnais dans l'obscurité à la recherche d'un espoir et d'un moyen d'améliorer les conditions de vie de ceux qui n'avaient pas assez de nourriture, de paix et de liberté. En même temps, je cherchais une solution spirituelle pour ceux qui étaient découragés et perdus comme moi. Je voyais la beauté de la nature, mais je ne savais pas pourquoi j'étais sur terre ni comment je pouvais contribuer à améliorer les conditions de vie dans le monde.

C'est alors que j'ai fait l'expérience d'un véritable amour désintéressé de la part de mon frère aîné Klaus, de sa femme Anne et de leurs amis. J'ai senti qu'ils avaient de l'amour entre eux ainsi que pour les autres. Lorsque je leur ai demandé d'où venait cet amour, ils m'ont répondu qu'il venait de Dieu. Je ne savais pas quoi faire de cette réponse, car je ne croyais pas en Dieu et ne voulais rien avoir à faire avec Lui, car j'associais automatiquement Dieu à l'Église et à la religion.

Je n'étais pas contre Dieu, mais je ne pouvais tout simplement pas croire en Lui. Je me souviens avoir réfléchi avec un ami à la question de savoir si l'univers était né tout seul et avait ensuite évolué lentement ou s'il avait été créé par un Créateur. Nous ne connaissions tout simplement pas la réponse.

Quoi qu'il en soit, chaque fois que je rencontrais les amis de mon frère et que je faisais l'expérience de leur amour, j'étais impressionné. C'était réel, et quelque chose que je n'avais jamais vu ou ressenti auparavant. J'essayais de comprendre ce qu'ils disaient, comment l'amour était censé venir de Dieu. Je ne l'ai pas compris à l'époque, et il m'a fallu encore deux ans avant de voir le lien.

Art

Pendant ces deux années, j'ai fait des études d'art et j'ai essayé d'améliorer mon savoir-faire dans ce domaine. C'était cependant difficile, car la plupart des professeurs étaient plongés dans des styles abstraits et ne pouvaient pas m'apprendre grand-chose, étant donné que je visais d'autres formes d'expression. Un bon ami à moi, qui faisait aussi des études d'art dans une autre ville, n'y avait pas appris grand-chose non plus pour la même raison.

Voici quelques échantillons d'une exposition de mes travaux artistiques pendant mon service militaire obligatoire, peu avant que je ne commence mes études d'art (Photos 81 – 84). Comme vous pouvez le voir d'après les expressions de certaines de ces photos, à cette époque, j'étais encore à la recherche d'un but plus profond dans la vie.

À mon avis, les opinions de certains professeurs n'avaient pas de sens. L'un d'entre eux créait des statues de vagins, que le spectateur normal ne pouvait reconnaître comme tels, à part ceux qui savaient qu'il avait pris un modèle vivant.

Quelques étudiants, considérés comme « les plus avancés et les plus progressistes », projetaient des films pornographiques grossiers à l'Académie pour qui voulait les voir. Je ne sais pas trop ce que cela était censé avoir à faire avec de l'art. En tout cas, c'était bizarre.

Certains de mes camarades de classe se moquaient de moi parce que je continuais à valoriser et à défendre un art reconnaissable et chargé de sens. La nouvelle norme semblait être, et dans de nombreux cas elle l'est encore aujourd'hui, l'éloge de l'étrange, du déformé, du déroutant et du carrément fou tandis que le beau, le significatif, l'aimant et l'esthétique sont considérés comme démodés.

Lorsque j'ai peint un paysage du Rhin avec une vue à 180 degrés, mon professeur qui enseignait la peinture m'a déconseillé ce format. Personnellement, je pense que la beauté du paysage est renforcée si l'on peut le regarder d'un horizon à l'autre. De nos jours, les appareils photo peuvent prendre de magnifiques photos panoramiques de la nature de cette façon, car cela donne une bien meilleure impression de la vue d'ensemble.

J'ai même pensé à peindre des tableaux en forme de globe, avec le spectateur au centre du globe, de sorte qu'il soit entouré par l'image de tous les côtés – y compris du haut et du bas. C'est sans doute l'une des raisons pour lesquelles le tableau de Michel-Ange dans la chapelle Sixtine est si impressionnant.

Le seul professeur qui, à l'époque de mes études, enseignait et pratiquait ce que je considère comme un art admirable était le professeur Kindermann [Réf. 90], qui enseignait la sculpture. C'est pour cette raison que j'ai ensuite choisi son cours. Avec son aide, et celle de ses deux assistants, j'ai appris des astuces utiles du métier et développé mes compétences en sculpture.

En plus de façonner des sculptures grandeur nature de personnages humains, j'ai réalisé la sculpture d'une rivière, avec les vagues de l'eau à l'avant, comme si l'observateur était dans la rivière. Puis la statue s'est transformée en un relief montrant la rive du fleuve et la ville au fond. J'ai également pensé à ajouter des peintures à l'arrière-plan de telles sculptures pour donner à la scène une impression plus profonde.

Ma fille aînée, Angela, qui a un talent pour le dessin et la peinture, a demandé à étudier dans plusieurs académies d'art en Allemagne, mais ses travaux artistiques lui ont toujours été rendus avec le commentaire suivant : « Tu dois être plus abstraite. » Je plains tous les artistes potentiels qui ne bénéficient pas d'un soutien suffisant pour développer leur talent dans le domaine des beaux-arts et du réalisme. Ils devraient avoir la possibilité d'apprendre l'art classique pour pouvoir ensuite développer leur propre style. Cependant, je crains qu'il n'y ait trop peu de professeurs formés à l'art classique et capables d'enseigner ces connaissances.

Je pense que beaucoup d'art dit « moderne », ainsi que la musique et les styles de vie modernes sont grotesques et semblent exprimer une perte de valeurs. Qui, dans le sport, la profession médicale ou les affaires, peut se permettre un tel désordre et une telle confusion dans ses performances, ses opérations ou ses produits ? Imaginez seulement l'automobile, l'électronique, la téléphonie ou toute autre industrie, les services publics et le commerce fonctionner de cette manière. S'ils produisent des équipements défectueux, ils doivent rappeler leurs produits, payer des pénalités, et ils pourraient perdre leur réputation. Cependant, les artistes « modernes », peintres et sculpteurs, sont autorisés à faire preuve de toutes sortes d'irrationalité et sont même admirés pour cela !

Un jour, mon père a visité une galerie d'art avec une de ses belles-filles qui peignait de l'art abstrait. Les peintures de cette exposition étaient d'un style classique. Mon père, qui aimait plaisanter, lui a dit : « Ce n'est pas de l'art, hein ? Parce que ceci, j'arrive à le comprendre ! »

En quoi cela embellit-il les bâtiments et les trains de banlieue lorsqu'ils ont été recouverts de graffitis hideux ? J'ai même vu des graffitis sur des terrains de jeux, des arbres, des bancs publics et des statues. Certaines peintures murales sur les murs des écoles et des maternelles sont inspirantes, mais la plupart des graffitis sont généralement laids et repoussants pour le spectateur et défigurent l'objet.

Bien sûr, les murs nus en béton ne sont pas beaux, mais si quelqu'un veut y peindre ou y pulvériser quelque chose d'esthétique, alors pourquoi ne pas y mettre ce qui va réellement embellir les murs afin de ne pas attirer l'attention sur quelque chose d'encore plus laid. Sinon, si l'on veut quelque chose de significatif, l'artiste de rue Banksy offre un excellent exemple d'art de rue qui suscite la réflexion [Réf. 91].

Dans un passage souterrain situé sur le chemin de l'école d'Anissa, le propriétaire du centre d'affaires voisin a fait de son mieux pour éviter d'avoir des affreux graffitis en faisant repeindre les murs à plusieurs reprises. Peu de temps après, cependant, de nouveaux graffitis horribles défiguraient le passage. Après quelque temps, le propriétaire du centre a chargé un artiste d'appliquer une belle mosaïque sur le mur, ce qui a finalement rendu le passage agréable à voir pour les piétons (Photo 85).

Il en va de même pour les dessins de mode. Certains sont attrayants, mais d'autres sont carrément étranges. La question de savoir ce qui est ou n'est pas à la mode a toujours été un sujet controversé et discutable. D'un côté de la planète, les gens portent le même pantalon pendant plusieurs années et le traitent avec soin pour éviter qu'il ne se déchire, tandis que dans d'autres parties du monde, les gens dépensent beaucoup d'argent pour des jeans déchirés délibérément de la « bonne » façon parce que cela correspond au goût du jour en matière de mode.

Pourquoi mettre des pièces de métal énormes, laides et rouillées au milieu d'une place publique ou d'un parc au lieu de quelque chose d'attrayant et de beau ? Quel est le sens de la beauté de nos jours dans certains pays occidentaux ? Malheureusement, la laideur semble être adorée et la beauté méprisée.

Sur ce sujet, j'ai demandé l'avis de certains de mes amis artistes et j'ai reçu des réponses variées. Les évaluations de l'art peuvent être très subjectives. Mais en fin de compte, ce ne sont pas les styles artistiques qui m'inquiètent, mais plutôt la perte malheureuse de valeurs.

Un couple allemand – le mari étant un peintre professionnel et sa femme, auteure à succès – a apporté un éclairage supplémentaire sur le sujet :

« Dans tes remarques sur l'art, nous sommes malheureusement trop souvent d'accord avec vous. Partout, vous voyez des œuvres laides, soi-disant artistiques, louées par les gens. Cependant, l'art devrait être quelque chose de beau, d'attrayant !

Je ne comprends pas du tout pourquoi à notre époque, on propage ce qui est laid et négatif. Nous remarquons cette tendance en particulier dans l'opéra, où la mise en scène et les costumes sont absurdes, laids et généralement complètement dépourvus de sens – ils n'ont donc rien à voir avec le contenu de la pièce, tel que le compositeur l'a voulu autrefois. ... On observe la même chose en architecture – des blocs de béton au milieu de jolies rangées de maisons. On ne peut que regretter cette tendance, mais on ne peut pas l'arrêter. »

Tout au long de mes études de sculpture, Michel-Ange a été l'un de mes modèles. Ses statues, comme la Pietà, Moïse et David, sont des chefs-d'œuvre exceptionnels – d'un niveau supérieur à toutes les autres œuvres d'art de son époque. Il était plus doué que ses contemporains et exprimait à travers ses œuvres une vivacité remarquable. Rodin était, et est toujours, mon autre sculpteur préféré. Malheureusement, aujourd'hui, beaucoup semblent avoir perdu l'amour pour ce type d'art.

Michel-Ange n'était pas seulement un artiste exceptionnel, il croyait aussi en ce qu'il créait. Quand on regarde de près sa Pietà dans la basilique Saint-Pierre, on remarque que Marie est peinte très jeune, encore plus jeune que Jésus. De cette façon, Marie ne représente pas seulement une mère qui a perdu son fils, mais aussi une amoureuse qui a perdu son partenaire. Il y a tant d'amour exprimé dans cette œuvre Réf. 92] !

Michel-Ange a également sculpté une figure en bois très élaborée de Jésus sur la croix, et lorsque je l'ai regardée, la figure s'est animée pour moi pendant quelques secondes, tout comme François d'Assise le vit dans le film « François et le chemin du soleil ».

Amour et espoir

Même si je n'égalerai jamais son exemple de dévotion à Jésus et son amour pour les pauvres, François d'Assise est l'un de mes modèles, et je peux m'identifier à lui à bien des égards. L'Église, la religion et la politique de son époque l'avaient déçu. Tout le butin de la guerre et les richesses ne signifiaient rien pour lui. Il voulait vivre avec les pauvres et les aider. Il les aimait, eux et leur vie simple, et voulait revenir à l'essentiel, au but principal de la vie.

Il a laissé son ancienne vie derrière lui, y compris ses amis et sa famille, et en a commencé une nouvelle, qu'il a consacrée aux pauvres. Il a gagné leur cœur et, après un certain temps, même celui de ses anciens compagnons de route qui ont d'abord pensé qu'il était devenu fou. Peu à peu, de plus en plus de personnes ont compris ses objectifs et l'ont aidé.

Lorsque les soldats de l'évêque ont brûlé l'église qu'il avait construite, il est allé voir le pape pour savoir ce qu'il avait fait de mal. Avec ses méthodes simples, sa foi solide et son obéissance aux Écritures, il a dénoncé l'Église établie et ses richesses. Ses dirigeants étaient furieux, mais le pape l'a compris et l'a renvoyé chez lui avec sa bénédiction, en lui disant qu'il était sur la bonne voie et que l'Église avait perdu sa simplicité originelle, celle de Jésus et de Ses premiers disciples. Voici deux courts extraits [Réf. 93] de cette scène tirée du film de Franco Zeffirelli.

Pendant mes études, j'ai continué à chercher des réponses à mes questions. Même s'il m'était difficile de relier l'amour à Dieu, je savais que l'amour désintéressé dont j'avais fait l'expérience était réel et ne pouvait être simulé. Et une fois que j'ai fait l'expérience de ce genre d'amour, cela m'a donné une étincelle d'espoir et quelque chose vers quoi aspirer. Je pensais que cet amour désintéressé avait le potentiel de changer les choses, de donner un sens à la vie et de donner aux gens une perspective positive. Il m'a fallu du temps avant de faire le lien et de commencer à croire en Dieu, mais au moins j'avais de l'espoir.

L'espoir a deux filles de toute beauté : la colère et la bravoure. La colère face aux choses telles qu'elles sont, et la bravoure nécessaire pour les changer – Saint Augustin

Par-dessus tout, les formes de société qui font obstacle à l'amour doivent être remplacées par celles qui le favorisent. – Erich Fromm

La vérité et l'amour sont deux des choses les plus puissantes au monde ; et lorsqu'elles vont de pair, on ne peut pas facilement y résister. – Ralph Cudworth

Un seul mot nous libère de tous les poids et les douleurs de la vie. Ce mot est amour. – Sophocle

L'amour trouvera un moyen. L'indifférence trouve une excuse. – Auteur inconnu

L'histoire de Lenka

Lenka a grandi à Prague en République tchèque (qui était alors la Tchécoslovaquie) lorsque le pays était encore sous le joug du communisme. Voici son histoire :

« Comme la majorité des gens à cette époque dans les pays communistes, je n'avais aucune notion de Dieu. Personne dans ma famille ne croyait en Dieu et nous n'en parlions jamais. Pour moi, les choses ont changé lorsque j'avais 16 ans et que ma grand-mère, l'une des personnes que je préférais sur terre, est morte. Lorsque j'ai demandé à mes parents où elle était allée, ils m'ont répondu qu'il n'y avait rien après cette vie. Cependant, au fond de moi, je sentais que cela ne pouvait pas être vrai. C'est ainsi qu'a commencé ma quête de la vérité.

Le gouvernement communiste a été renversé environ un mois après la mort de ma grand-mère. Divers croyants ont commencé à affluer dans le pays et à partager leurs croyances. Au début, je prenais des cours de yoga et je me suis un peu intéressée aux religions orientales. Bien que cela m'ait offert un bon exercice physique, l'aspect spirituel ne me donnait pas les réponses que je cherchais.

J'étais une lectrice avide et je lisais jusqu'à dix livres par semaine. Lorsque je lisais des livres de divers auteurs tchèques plus âgés, je me posais certaines questions. Ils utilisaient par exemple des phrases comme 'Que Dieu te bénisse' et parlaient de Dieu si librement que cela m'a fait comprendre que croire en Dieu était quelque chose de naturel, et que la plupart des gens de cette époque le pratiquaient. Je me suis dit que si tant de millions de personnes sont chrétiennes et que la naissance de Jésus est le point de départ de notre calendrier, il doit y avoir une part de vérité dans le christianisme.

J'étais également intéressée par la connaissance de la Bible et je voulais voir si elle pouvait être réfutée. Dans une école voisine, ils proposaient des cours bibliques gratuits. J'y ai participé, mais j'avais trop de questions pour me contenter de suivre le programme. J'ai donc demandé à l'enseignante de venir également dans mon école. Elle m'a dit qu'elle le ferait si je pouvais trouver au moins trois autres élèves intéressés. C'est ce que j'ai fait, et notre groupe a mené des discussions animées.

J'ai finalement compris que la Bible n'était pas un livre comme les autres. Je voyais qu'elle était complètement différente. Elle peut vous parler et prendre vie plus que tout autre livre. J'ai trouvé la Bible fascinante. Elle contient tant d'amour, de sagesse et de bons conseils pour notre vie. Elle décrit également l'histoire et l'avenir. Il est préférable de commencer par le Nouveau Testament, car il est plus facile à comprendre et se rapporte davantage à notre époque qu'une grande partie de l'Ancien Testament.

Puis, pour une raison étrange, mon professeur de lycée m'a choisie parmi tous les autres élèves et m'a donné en privé un magazine chrétien à lire. Il y avait un article intéressant sur un foyer pour handicapés près de la ville de Brno où des soignants chrétiens s'occupaient des patients, au cas par cas. Comme j'avais toujours voulu aider les gens, j'ai pensé que ce qu'ils faisaient était une idée merveilleuse. Pour la première fois de ma vie, j'ai écrit à un magazine et c'est exactement ce que je leur ai dit.

À ma grande surprise, une jeune fille du foyer pour handicapés m'a répondu par une lettre expliquant que croire en Dieu, c'était comme vivre un voyage d'aventures passionnant où l'on découvre sans cesse quelque chose de nouveau. Elle m'a également invitée à leur rendre visite, ce que j'ai fait avec plaisir. Ils témoignaient un amour des plus fascinants envers les patients sérieusement handicapés et entre eux-mêmes. J'avais presque l'impression de pouvoir toucher cet amour physiquement. J'ai passé mon temps à aider à nettoyer une nouvelle propriété que quelqu'un leur avait donnée, et à parler avec l'un des soignants.

J'ai posé tellement de questions qu'il pouvait à peine travailler, le pauvre ! Quand je lui ai enfin demandé comment je pouvais devenir chrétienne, il m'a répondu que je devais prier et demander à Dieu de me pardonner mes péchés.

«Quels péchés ?», ai-je pensé, «je n'ai jamais tué personne !» À cette époque, je n'avais aucune idée que pécher signifie ne pas agir avec amour. Bien sûr, j'en étais coupable ! Il m'a également dit de prier, mais comme je n'avais aucune idée que cela signifiait simplement parler à Dieu, je ne savais pas comment le faire.

Même si j'avais la tête qui tournait avec toutes ces informations, je voulais désespérément avoir le même genre d'amour que ces gens. La nuit précédant mon départ, j'ai marmonné une tentative de prière alors que j'étais allongée dans mon lit, disant à Dieu que je voulais faire l'expérience de l'amour qu'ils avaient, et que je voulais apprendre à Le connaître. Je lui ai également demandé de me prouver qu'Il existe. Ce que j'ai dit ne m'a pas semblé très coordonné ni très saint. Mais quand je me suis réveillée, à ma grande surprise, tout était soudainement différent.

Les arbres et l'herbe semblaient plus verts, le ciel était plus bleu que jamais et je ressentais un amour si profond que j'avais du mal à le retenir. J'avais envie de serrer tout le monde dans mes bras. J'ai réalisé que je souriais tout le temps. Je n'avais jamais été aussi heureuse de toute ma vie. Je savais que c'était la réponse à tous les problèmes de notre vie. C'était comme trouver un remède au cancer ou à d'autres maladies mortelles. J'ai ressenti le besoin d'en parler à tout le monde et je voulais que tout le monde soit aussi heureux que moi.

Soudain, des choses étonnantes et inexplicables ont commencé à se produire dans ma vie. J'ai essayé de tester et de voir si Dieu existait et il m'en a donné la preuve, de nombreuses fois. J'ai découvert par moi-même que Dieu intervient encore aujourd'hui dans nos vies et que, à ma grande surprise, il est très personnel. Il me connaît et m'aime comme personne d'autre ne pourrait le faire – inconditionnellement.

En conclusion, j'ai découvert qu'Il aime tout le monde de la même manière. Il veut seulement que nous lui tendions la main et que nous restions connectés avec Lui. Il est heureux lorsque nous lui demandons de l'aide, surtout lorsque nous avons l'impression de ne pas la mériter. Il veut que nous fassions personnellement l'expérience de son amour. Jésus a dit que la chose la plus importante dans notre vie est d'aimer Dieu et les autres. Si nous pratiquions tous ce principe, le monde s'améliorerait énormément ! »

Le besoin d'amour

Avant de partir en Afrique, nous soutenions le plus grand orphelinat de Slovaquie, à Veľké Kapušany, qui comptait plus de 200 orphelins. Nous avions remarqué que certains de leurs enfants âgés d'un et de deux ans semblaient avoir été mal nourris et avaient pris un peu de retard dans leur développement physique. Avant leur arrivée à l'orphelinat, leurs parents les avaient négligés. Avec le temps, grâce aux soins attentionnés de leurs soignants, leur développement a énormément progressé.

Il en va de même à tout âge. Si nous manquons de respect et d'attention de la part des autres, il nous manque quelque chose et notre comportement le montre. Nous pouvons nous replier sur nous-mêmes, devenir solitaires ou déprimés, commencer à boire, etc. Lorsque l'amour est présent, tout se passe mieux. Comme le montrent finalement l'expérience de Lenka et la mienne, ce qui nous manquait le plus et qui nous a donné de l'espoir et une nouvelle perspective sur la vie, c'était l'amour.

Tout l'argent et la richesse matérielle s'avèrent inutiles dans les moments et les domaines critiques de la vie. Lorsque nous, ou nos proches, nous sentons seuls, tombons malades ou perdons un être cher, nous faisons l'expérience de cette vérité. Les choses les plus importantes dans la vie ne peuvent être vues, touchées, fabriquées, achetées ou vendues : ce sont l'amitié, la joie, la paix, la foi, l'espoir et l'amour.

Que signifie l'amour ?

D'après mes observations, la meilleure façon de changer le monde est de changer les cœurs, les esprits et les attitudes – en commençant par nous-mêmes. Ce n'est qu'ensuite que nous pouvons essayer d'aider les autres à faire de même. D'après mon expérience personnelle, je peux affirmer que l'amour est le meilleur moyen de changer n'importe quel cœur.

Je voudrais préciser ce que je veux dire lorsque je parle d'amour : de nombreuses représentations hollywoodiennes de « l'amour » sont irréalistes, superficielles et ne durent généralement pas très longtemps. L'amour n'est pas simplement un sentiment émotionnel, c'est une décision consciente de montrer son amour à quelqu'un. L'amour ne consiste pas à obtenir quoi que ce soit, mais à donner – notre temps, nous-mêmes ou nos ressources.

Il existe différents formes et niveaux d'amour :
- L'amour entre des parents et leurs enfants.
- L'amour entre frères et sœurs ou amis proches.
- L'amour pour les personnes dans le besoin.

- L'amour pour les personnes qui pensent et agissent différemment.
- L'amour qui est suffisamment fort pour pardonner.
- L'amour pour les inconnus.
- L'amour pour Dieu et de Dieu, qui nous rend capables d'aimer même nos ennemis.

Certaines formes d'amour sont plus égocentriques, comme lorsqu'on attend quelque chose en retour. D'autres sont plus profondes et plus désintéressées. Le véritable amour est généreux et désintéressé. Il comporte toutes les bonnes qualités que nous aimerions avoir et donner, ou recevoir des autres.

L'amour est patient et gentil, plein d'espoir et encourageant ; il fait preuve de courtoisie, de respect et de compréhension ; il n'est pas craintif. La Bible dit : « Il n'y a pas de crainte dans l'amour, mais l'amour parfait chasse la crainte » (1 Jean 4:18).

L'amour est actif. Quand il voit quelqu'un dans le besoin, il fait quelque chose. La célèbre histoire racontée par Jésus au sujet du prêtre, du lévite et du bon Samaritain est une excellente description de ce que signifie l'amour et de ce qu'il ne signifie pas (Luc 10:30-37). Dans cette vidéo [Réf. 94], John Ortberg présente quelques changeurs du monde actifs qui expliquent comment ils appliquent cette parabole dans leur propre vie.

L'amour est un terme collectif qui inclut l'équité, la bonté d'âme, la positivité et la serviabilité. Il est inclusif, indulgent, humble, tolérant et contient tous les attributs positifs, les valeurs et les vertus que nous aimerions avoir.

L'amour est comme un arbre. L'amour peut grandir et porter de bons fruits ou se flétrir, selon la façon dont nous en prenons soin. Certains fruits sont la douceur, la bonté, la patience, la compassion, etc.

L'amour peut aussi être comparé à un muscle qui sera fort et souple si nous l'entraînons bien et régulièrement. L'amour a besoin d'exercice et doit être mis en pratique pour rester souple et en bonne forme. L'amour donne une force énorme et peut nous motiver à rester forts et à persévérer malgré la résistance, les revers et les obstacles jusqu'à ce que nous ayons atteint notre but.

Le pouvoir de l'amour est illustré par la fable d'Ésope sur le soleil et le vent. Ils font un pari : qui réussira le mieux à faire enlever son manteau à un vieil homme qui se promène sur la plage ? Le vent prétend être plus fort et est persuadé qu'il peut le faire plus rapidement. Il souffle, et souffle et râle aussi fort qu'il le peut. Cependant, plus le vent souffle fort, plus l'homme a froid, ce qui l'incite à resserrer son manteau autour de lui. Finalement, le vent s'arrête.

Puis le soleil sort lentement de derrière les nuages et répand ses chauds rayons. Dans le calme après la tempête et avec la hausse des températures, l'homme se sent si bien qu'il enlève son manteau et profite du soleil radieux. L'amour, comme le soleil, donne de bien meilleurs résultats que le fait de s'énerver, qui aboutit exactement au contraire.

Vous pouvez accomplir par la gentillesse ce que vous ne pouvez pas faire par la force. – Publilius Syrus

L'amour est un besoin fondamental pour chaque personne et fait partie d'une vie saine. Je suis très reconnaissant pour les différents types d'amour que j'ai pu expérimenter dans ma vie - de la part de mes parents, de ma famille, de mes amis, de mes professeurs, de mes mentors, etc. La manifestation d'amour la plus remarquable est venue de personnes qui n'étaient pas obligées de me témoigner de l'amour et qui n'attendaient rien en retour.

Il existe aussi un amour extraordinaire, qui peut pardonner les torts des gens. Montrer ce type d'amour ne signifie pas que nous aimons ce qu'ils font ou que nous les aimons en tant que personne. Cela signifie simplement que nous les respectons en tant qu'êtres humains, même si nous détestons leurs actions.

Dans le film « Mère Teresa », il y a une scène touchante où le propriétaire de la maison d'enfants frappe, furieux, à la porte et est sur le point de la défoncer parce que personne n'ouvre. Lorsque « Mère » arrive, il exige de l'argent pour le loyer. Elle répond qu'ils n'en ont pas. L'homme entre alors dans la maison avec ses ouvriers et leur dit de prendre leur nourriture. Il ne laisse qu'un peu de nourriture pour les enfants, et elle lui dit : « Que Dieu vous bénisse ! » Il lui demande alors avec étonnement : « Je vous enlève votre nourriture, pourquoi ne me maudissez-vous pas ? » Sa réponse : « Comment pourrais-je vous maudire alors que Dieu vous aime ? »

Voici un autre exemple de cet amour particulier :

Un jour, Mère Teresa est allée recueillir une femme dans les rues de Calcutta. Elle avait des plaies infestées d'insectes. Mère Teresa a nettoyé et pansé ses plaies tandis que la femme ne cessait de crier et de lui proférer même des jurons. Finalement, la femme a demandé à Mère Teresa : « Ma sœur, pourquoi faites-vous cela ? Tout le monde ne se comporte pas comme vous. Qui vous a appris ? » Mère Teresa a répondu : « Mon Dieu me l'a appris. » La femme a dit qu'elle voulait connaître son Dieu. Mère Teresa l'embrassa sur le front et dit : « Vous connaissez mon Dieu. Mon Dieu s'appelle amour. » – Comme l'a raconté le père Tommy Lane [Réf. 95]

Nous aussi pouvons faire l'expérience d'un tel amour si nous le cherchons et sommes ouverts à lui. Nous ne pouvons le toucher avec nos mains physiques, mais il existe. C'est quelque chose de spirituel. L'amour humain va et vient ; il peut être là aujourd'hui et disparaître le lendemain. Il est limité. Lenka et moi pensons que l'amour authentique vient de Dieu. Même si quelqu'un ne croit pas en Dieu mais manifeste ce genre d'amour inconditionnel, nous pensons que c'est Dieu qui agit à travers cette personne. La Bible dit : « Dieu est amour, et celui qui demeure dans l'amour, demeure en Dieu, et Dieu demeure en lui » (1. Jean 4:8 et 16).

Comme nous l'avons mentionné précédemment, nous avons fait l'expérience d'un tel amour avec les Pygmées – le peuple le plus humble, le plus aimant et le plus pacifique que nous ayons jamais rencontré. Ils ne possèdent presque rien, mais ils ont tant d'amour pour les uns les autres et nous ont offert la même chose, même si nous étions de parfaits inconnus pour eux.

Lorsque les Bantous les traitent comme des personnes de seconde zone et les volent, ils ne ripostent pas. C'est un peuple étonnant ! Ils ont une foi naturelle en Dieu et nous croyons que leur amour provient de leur lien avec Dieu. Ce genre d'amour est surnaturel et Dieu peut nous le donner à nous aussi.

Nous pouvons apprendre beaucoup de ces gens simples, humbles, pacifiques et aimants au lieu de les regarder de haut, en pensant que nous sommes tellement plus instruits et avancés. Nous vivons peut-être dans un monde plus développé à certains égards, mais nous devrions apprendre à nous contenter de choses simples et à vivre à un rythme plus modéré au lieu de toujours vouloir avoir plus et aller plus vite.

Comme les Pygmées, nous devrions nous soucier davantage de l'environnement et de la préservation de la nature, interagir de manière plus pacifique, nous débarrasser de l'hostilité et mettre fin à la violence.

Vous pourriez vous demander : si les Pygmées sont des gens si merveilleux, pourquoi ne pas les laisser tranquilles ? En effet, nous ne devrions pas essayer de les faire s'adapter au reste du monde. Au contraire, nous avons beaucoup à apprendre d'eux et de leur simplicité. Néanmoins, ils apprécieraient de recevoir de l'aide, car ils ont à peine de quoi survivre, surtout dans les régions où leurs arbres sont abattus.

Aimez beaucoup. Il n'y a pas de gaspillage quand on donne de bon cœur.
Donner apporte même plus de bénédictions que recevoir.
Seul celui qui aime beaucoup, trouve que la vie vaut la peine d'être vécue ;
Aimez, malgré le doute et l'obscurité, et croyez
Qu'il n'y a rien que l'amour ne puisse accomplir.
– Ella Wheeler Wilcox

Vous constaterez, en contemplant votre vie, que les moments où vous avez vraiment vécu sont les moments où vous avez fait des choses dans un esprit d'amour. – Henry Drummond

Vivre et travailler ensemble

Certaines personnes ont des difficultés avec le sujet de Dieu et du surnaturel. Chacun a sa propre croyance. Mais que l'on croie ou non en Dieu et au monde spirituel, chacun peut faire quelque chose de bien. Si nous voulons aider, nous le pouvons. Il suffit simplement de vouloir améliorer le cours des choses !

Depuis l'an 2000, jusqu'à l'apparition de la pandémie de COVID-19, j'ai fait chaque année des allers-retours entre l'hémisphère Nord et l'hémisphère Sud. Chaque région de la terre a ses avantages et ses inconvénients, ses forces et ses faiblesses. Le climat et la nature, les gens, les coutumes et les cultures sont si différents d'un pays à l'autre ; mais une fois qu'on s'y est adapté, on peut découvrir la beauté partout.

Aussi différents que nous puissions être les uns des autres, si nous essayons de vivre et de travailler ensemble en paix, nous pouvons tous bien vivre. J'en ai parlé un jour avec quelqu'un qui avait dirigé des réunions au siège de l'ONU à Kinshasa avec des agences d'aide internationale – chacune faisant sa part pour aider le Congo. Certains voulaient apporter une aide humanitaire d'urgence, tandis que d'autres estimaient que les projets de développement à long terme étaient plus importants. Il m'a raconté comment chaque organisation a présenté son point de vue avec de bons arguments, et comment elles se sont heurtées les unes aux autres, comme cela peut facilement arriver lorsque les points de vue sont différents.

Il était d'accord avec moi de tout cœur pour dire que *toutes* les approches sont importantes, et que nous devons tous travailler ensemble. Je lui ai parlé de nos amis musulmans à Kinshasa qui soutiennent nos projets, bien qu'ils sachent que nous sommes des missionnaires chrétiens. Ils savent que nous aidons là où les besoins sont importants et ils soutiennent cet effort. Il m'a dit à quel point il était étonnant que de telles choses – deux religions différentes travaillant ensemble – puissent se produire dans des endroits comme le Congo, contrairement à d'autres nations où parfois les gens, même de la même nationalité et de la même religion, se battent entre eux.

Ma femme et moi travaillons avec de nombreuses personnes, y compris certaines qui sont très différentes de nous. Nous avons des amis de nationalités, de visions du monde, de groupes d'âge et de couches de la société différents, mais nous travaillons tous ensemble pour alléger le sort des pauvres et les aider à mener une existence plus humaine. Nous avons à cœur d'appliquer le principe de « l'unité dans la diversité ». Quelle différence cela fait-il que la couleur de notre peau soit blanche, brune ou noire ? Ne pouvons-nous pas vivre et travailler ensemble en paix pour aider les démunis, que l'on croie en Dieu ou non, que l'on aille à la mosquée, à l'église, au temple ou dans un autre lieu de culte ?

La tâche est bien trop importante pour qu'un groupe de personnes, une organisation, ou une nation puisse la gérer tout seul. Ce qui est merveilleux dans le fait de s'occuper des autres et de les inclure dans notre cercle, c'est que nos bonnes actions reviennent vers nous. C'est une source d'inspiration et d'épanouissement que d'aider quelqu'un d'autre, de vivre en paix avec des personnes aux opinions différentes et d'apprendre les uns des autres.

Pour atteindre cet objectif, nous avons besoin de patience, de tolérance, de compréhension et d'une bonne communication – toutes ces formes de l'amour. L'amour supporte beaucoup de choses et reste pourtant bon ; il n'est ni envieux, ni orgueilleux, ni hautain ; il ne se met pas en colère, n'est pas égoïste et n'est pas facilement irrité ; il ne prend pas plaisir au mal, mais se réjouit de la vérité ; il ne perd pas espoir et croit qu'une solution sera trouvée (cf. 1. Corinthiens 13:4-7).

L'amour aime le non-aimé

Puisque j'ai abordé certains aspects politiques dans ce livre, je voudrais clarifier un point important à ce sujet afin d'éviter les malentendus.

Si j'ai mis en lumière les injustices commises au Congo au cours des 135 dernières années, c'est pour exposer la corruption et les actes de violence aux niveaux national et international, et pour faire le lien entre les maux passés et présents, ainsi que pour exposer l'exploitation qui doit être arrêtée. Je ne veux pas jeter une mauvaise lumière sur les peuples ou les pays qui étaient ou sont encore impliqués dans ce chaos, mais je souhaite plutôt la paix, une bonne gouvernance et le développement du Congo.

Ce que j'essaie de faire dans ce livre, c'est de mettre l'accent sur ce qui doit être rectifié et changé. De nombreux mensonges et fausses nouvelles sont diffusés pour influencer le public dans une certaine direction. Je pense qu'il est important de toujours vérifier d'abord ce qui se passe réellement dans chaque situation donnée.

Malgré tous les torts, les guerres et la propagande trompeuse, j'espère que nous pourrons éviter de tomber dans un type de pensée qui distingue « eux et nous ». Au lieu d'ériger des barrières de division, des sentiments négatifs et de la colère, nous devrions essayer de trouver un moyen de communication avec l'autre partie concernée. Dans certains cas, même les personnes d'un même pays ou d'une même religion se battent entre elles – à plus forte raison les personnes de nations, de confessions et de groupes ethniques différents. Avec une telle attitude, nous n'aurons jamais la paix sur terre.

Voilà mon objectif et mon plaidoyer : nous devons nous respecter mutuellement en tant qu'êtres humains, créés à l'image de Dieu, pour vivre comme Dieu le veut – dans l'amour, la paix et l'harmonie les uns avec les autres. J'espère que nous pourrons apprendre à nous pardonner mutuellement car nous faisons tous des erreurs. Laissons l'amour couvrir les erreurs que nous commettons – des deux côtés. Réglons nos désaccords dans la paix et la bonne volonté, et arrêtons cette folie de nous battre entre nous. Soyons les premiers à dire : « Je suis désolé ! Pardonnez-moi mes erreurs, » et espérons que l'autre partie agira de la même manière.

Je sais que c'est un grand défi et que ce n'est pas facile à mettre en pratique, mais avec l'aide de Dieu et son amour, c'est possible. C'est pourquoi le premier mouvement chrétien a connu un tel succès et a fini par changer l'empire qui était, à l'époque, le plus puissant, le plus cruel et le plus durable de la planète. Dans le Sermon sur la montagne, le sermon le plus radical jamais prêché, Jésus a dit : « Vous avez entendu qu'il a été dit : «Tu aimeras ton prochain et tu haïras ton ennemi». Mais moi, je vous dis : aimez vos ennemis et priez pour ceux qui vous persécutent » (Matthieu 5:43-44).

Notre réaction naturelle à l'injustice est de haïr nos ennemis et d'essayer de leur faire autant de mal qu'ils nous en ont fait. Mais si vous y réfléchissez, cela crée un cycle sans fin de souffrance et d'hostilité. Si, au contraire, nous faisons preuve d'amour, cela donne à l'autre partie une chance de briser ce cycle, de déposer les armes et de faire la paix.

Il existe une autre façon de voir comment l'amour peut nous aider à surmonter les disputes dans nos relations avec les autres. Les personnes qui travaillent ensemble dans une organisation ou une coopération sont parfois incapables de surmonter leurs désaccords et d'adapter leurs différents modes de travail. Récemment, j'ai parlé avec une personne dans une telle situation et je lui ai demandé pourquoi la collaboration n'avait pas fonctionné. Elle m'a répondu que tout le monde a généralement une sorte de « vision en tunnel », n'acceptant que son propre point de vue. Malheureusement, cela semble souvent être le cas. Il serait utile pour tout le monde que nous fassions un effort pour être plus flexibles et ouvrir notre perspective afin de comprendre nos partenaires et ainsi élargir notre horizon.

Bien sûr, ce n'est pas facile à faire, car nous sommes tous généralement convaincus d'être dans le vrai, sinon nous changerions plus facilement d'avis. Je crois que l'amour est la clé pour franchir la ligne et atteindre l'autre côté. Mon souhait est d'apprendre cela moi-même et que nous puissions tous apporter plus d'harmonie et d'amour dans nos relations – au niveau personnel, au sein d'une organisation et entre les nations.

Jamais, jamais il n'est possible d'atteindre quelqu'un si l'on est en colère ou amer, seuls l'amour et la douceur peuvent le faire. Peut-être pas cette fois-ci, mais peut-être la prochaine ou la centième fois. – César Chávez

Quand quelqu'un a été méchant avec vous, pourquoi voudriez-vous être bon avec lui ? Vous ne le voudriez pas. C'est ce qui rend les choses difficiles. Vous le faites quand même. Être bon est difficile. Beaucoup plus difficile que d'être mauvais. – Jeanne DuPrau

La meilleure solution

Obtenir cette capacité d'aimer de manière désintéressée et inconditionnelle n'est pas facile. C'est comme l'ascension d'une montagne. Si nous nous tenions au pied d'une magnifique montagne et que nous voulions profiter de la vue depuis le sommet, nous devrions d'abord nous entraîner pour l'ascension. Atteindre un haut degré d'amour nécessite également de l'entraînement. Nous devrons peut-être changer notre cœur et notre esprit et persévérer jusqu'à ce que nous atteignions le sommet. Nous pouvons apprendre à être moins préoccupés par nous-mêmes et à tourner davantage nos regards vers les autres pour trouver comment nous pouvons vivre en unité et en harmonie avec eux.

L'amour est le facteur décisif – la clé pour changer le monde ! Sans cela, les choses continueront comme maintenant. Les plus grands obstacles auxquels nous sommes confrontés aujourd'hui peuvent être principalement attribués à un manque d'amour. La guerre, la faim, la pauvreté, les réfugiés et la crise migratoire sont tous les résultats de la cupidité et de l'égoïsme. Nous ne devrions pas nous étonner de voir tant de réfugiés tenter de rejoindre l'Occident, alors qu'ils n'ont pas assez à manger dans leur propre pays et sont chassés de chez eux par la force, comme au Congo, ou avec des bombes, comme au Moyen-Orient.

De la même manière que la plupart des problèmes sont liés à des mauvais choix, les solutions peuvent commencer par les bonnes décisions et les actions aimantes. Un seul acte de bonté peut faire une énorme différence et déclencher une réaction en chaîne qui améliore la vie de nombreuses personnes.

La récompense de l'amour est immense. Montrer de l'amour aux autres, contrairement à l'égoïsme, apporte un retour abondant. L'amour se multiplie lorsqu'il est divisé. Lorsque vous agissez par amour, vous recevez de l'amour en retour.

Dans un discours de motivation prononcé devant des diplômés universitaires, l'acteur Denzel Washington a déclaré : « La chose la plus égoïste que vous puissiez faire dans ce monde est d'aider quelqu'un d'autre. Pourquoi est-ce égoïste ? Parce que la gratification, la bonté qui vous vient, le bon sentiment que je ressens en aidant quelqu'un d'autre, rien n'est meilleur que cela : pas les bijoux, pas la grande maison que j'ai, pas les voitures, mais la joie. C'est là qu'est la joie, dans l'aide fournie aux autres. C'est là qu'est le succès » [Réf. 96].

Voilà le miracle qui arrive toujours à tous ceux qui aiment vraiment : plus ils donnent, plus ils possèdent ce précieux amour qui soutient et qui donne de la force aux fleurs et aux enfants et qui pourrait aider tous les hommes s'ils l'acceptaient sans avoir de doutes. – Rainer Maria Rilke

Le fait de donner suit le même principe. Si nous donnons quelque chose, nous recevons souvent beaucoup plus en retour que ce que nous avons donné. Nous en avons fait l'expérience d'innombrables fois dans notre propre vie et avec des amis qui nous aident. Lorsque nous leur rendons visite un an après qu'ils nous ont aidés et que nous leur demandons comment ils vont, nous ne sommes pas surpris d'entendre qu'ils vont bien. Il faut parfois du temps pour que les récompenses de l'aide apportée aux autres arrivent, mais elles arrivent toujours.

L'entreprise de transport « Suerkemper Logistik », qui possédait une flotte de 45 gros camions, en est un exemple. Pendant la crise économique de 2008, un certain nombre d'entreprises qui lui devaient des sommes considérables ont fait faillite, la rendant elle aussi insolvable. Le propriétaire, Heinz Suerkemper, un PDG très compétent, ne savait pas quoi faire. Nous lui avons dit que nous priions pour lui, sa femme et leur entreprise, et que nous croyions que Dieu les bénirait et les aiderait parce qu'ils avaient soutenu si fidèlement notre travail.

Quelque temps plus tard, Heinz m'a raconté que tous ses amis l'avaient abandonné, et ne voulaient plus rien avoir à faire avec lui. Je l'ai rassuré en lui disant que Dieu ne l'abandonnerait jamais. Lorsque je l'ai recontacté un an plus tard, il m'a raconté ce qui s'était passé. Bien qu'il ait été obligé de tout vendre et de payer un loyer pour le bien dont il était propriétaire auparavant, son entreprise fonctionnait mieux qu'avant. Ils ont dû repartir de zéro avec seulement 5 camions d'occasion, et ont pu depuis ce temps-là les remplacer par 9 nouveaux. Lui et sa femme, la nouvelle propriétaire de l'entreprise, ont maintenant moins de travail, moins de stress et, pour couronner le tout, ils ont plus de revenus qu'avant. N'est-ce pas incroyable ? Nous avons souvent entendu de telles histoires sur la façon dont Dieu a béni les personnes qui ont aidé les autres.

L'amour, sous ses différentes formes, peut résoudre un certain nombre de problèmes et améliorer de nombreuses situations, qu'il s'agisse d'une personne individuelle ou de la société dans son ensemble. La question est la suivante : comment pouvons-nous mettre l'amour en action dans notre vie quotidienne ? Voici quelques exemples de ce que l'amour peut faire :

- La toxicomanie, la solitude, la dépression et le suicide peuvent être réduits si nous passons du temps avec les personnes qui combattent ces choses-là et si nous leur montrons un peu d'amour.
- Donner, aider et montrer de l'amour aux autres crée des situations gagnant-gagnant. Cela aide à la fois ceux qui sont dans le besoin *et* la personne qui montre son amour.
- Nous pouvons tous partager quelque chose avec ceux qui ont moins que nous. Cela ne nous fait pas de mal. Au contraire, lorsque nous tendons la main aux autres et les aidons, c'est eux et nous qui en profitons en fin de compte.
- Nous devrions tous agir avec amour : toute famille, entreprise, organisation ou gouvernement devrait se préoccuper de ses membres, de ses collègues et de ses citoyens.
- Les entreprises et les multinationales devraient se soucier des besoins des pauvres et pas seulement de leurs propres profits économiques.
- Une bonne question à se poser concernant tout plan, décision ou action est la suivante : « Est-ce de l'amour ou non ? »
- Si nous agissons avec amour, nous ne volerons pas, ne mentirons pas et ne tricherons pas ; nous ne serons pas paresseux, querelleurs ou cupides ; au contraire, nous aiderons les autres et nous nous soutiendrons mutuellement.

- Une autre forme d'amour consiste à affronter le mal, à le dénoncer et à faire quelque chose pour le changer.

Il ne suffit pas d'avoir vécu. Nous devons être déterminés à vivre pour quelque chose. Je me permets de suggérer qu'il pourrait s'agir de créer de la joie pour les autres, de partager ce que nous avons pour le bien de l'humanité, d'apporter de l'espoir à ceux qui sont perdus et de l'amour à ceux qui sont seuls. – Leo Buscaglia

Vous n'avez pas vécu aujourd'hui tant que vous n'avez pas fait quelque chose pour quelqu'un qui ne pourra jamais vous rendre la pareille. – John Bunyan

Aujourd'hui, il est de bon ton de parler des pauvres. Malheureusement, il n'est pas à la mode de parler avec eux. – Mère Teresa

Après le verbe « aimer », « aider » est le plus beau verbe du monde. – Bertha von Suttner

Ne nous contentons pas d'attendre et de voir ce qui va arriver, mais donnez-nous la détermination de faire en sorte que les bonnes choses arrivent. – Peter Marshall

J'avais l'habitude de croire que le christianisme résolvait les problèmes et rendait la vie plus facile. De plus en plus, je crois que ma foi complique la vie, d'une manière qui devrait être compliquée. En tant que chrétien, je ne peux pas ne pas me soucier de l'environnement, des sans-abris et de la pauvreté, du racisme et des persécutions religieuses, de l'injustice et de la violence. Dieu ne me donne pas cette option. – Philip Yancey

Ce qui compte, ce n'est pas ce que nous faisons, mais l'amour que nous mettons dans notre action. Ce qui compte, ce n'est pas ce que nous donnons, mais l'amour que nous mettons dans le don. – Mère Teresa

À quoi ressemble l'amour ? Il a des mains pour aider les autres. Il a des pieds pour aller vers les pauvres et les nécessiteux. Il a des yeux pour voir la misère et la tristesse. Il a des oreilles pour entendre les soupirs et les chagrins des hommes. Voilà à quoi ressemble l'amour. – Saint Augustin

Où puis-je trouver un tel amour ?

Au cours de notre vie, nous avons constaté que l'amour de Dieu nous aide à ...

- avoir plus de foi et de persévérance pour mener à bien un projet ;
- nous préoccuper davantage des autres ;
- avoir plus d'espoir de changement ;
- être plus reconnaissants pour ce que nous avons ;
- faire preuve de plus de patience dans les situations difficiles ;
- réaliser des choses que nous serions incapables de réaliser sans l'amour de Dieu, car notre tendance humaine naturelle est de penser d'abord à nous-mêmes et de privilégier nos besoins et nos désirs personnels.

Bien sûr, ces vertus sont également accessibles à ceux qui ne croient pas en Dieu. Mais cela dépend alors de notre propre volonté et de notre force, et celles-ci ont des limites. Nous avons constaté qu'avec l'aide de Dieu, étant remplis de sa puissance spirituelle, nous pouvons obtenir de meilleurs résultats.

Vous pouvez vous demander : « Si cela est réel, si Dieu peut réellement m'aider à acquérir plus de ces qualités et à être plus heureux dans ma vie, comment puis-je y prendre part ? »

Lorsque j'ai fait l'expérience de ce genre d'amour spécial pour la première fois et que j'ai demandé à ceux qui me l'ont montré, comment je pouvais le recevoir, ils m'ont répondu que c'était un don de Dieu. Comme je n'avais pas ce don et que je ne savais pas comment me connecter à Dieu, j'ai commencé à Le chercher. J'ai parlé avec des adeptes de nombreuses confessions, mais personne ne pouvait me dire comment établir cette connexion. Après une longue recherche, j'ai rencontré un groupe de jeunes gens qui vivaient ensemble à la manière des premiers chrétiens. Ils m'ont expliqué combien il était simple d'apprendre à connaître Dieu. Il suffit de Lui ouvrir son cœur, son moi intérieur, et de Lui demander de venir dans son cœur, dans sa vie.

Il existe de nombreuses façons de faire cela et différentes manières de faire l'expérience de Dieu. Pour certains, il s'agit d'une expérience profonde qui change soudainement la vie ; pour d'autres, d'un processus plus lent, étape par étape.

De nombreuses personnes, comme moi, ont demandé à Dieu de se faire connaître et d'entrer dans leur vie. Si vous ne le connaissez pas et que vous souhaitez apprendre à le connaître, vous pouvez dire quelque chose comme ceci : « *Mon Dieu, je ne te connais pas, mais je voudrais apprendre à te connaître. Viens dans mon cœur et remplis-moi de ton amour. Pardonne-moi toutes mes erreurs. Donne-moi ton cadeau gratuit de la vie éternelle et remplis-moi de la puissance de ton Saint-Esprit. Amen !* »

Personnellement, j'ai demandé à Jésus de venir dans mon cœur, et quand je l'ai fait, il est entré dans ma vie d'une manière si puissante qu'il est difficile de la décrire. Jésus a une position spéciale en tant que médiateur entre Dieu et nous. Il a vécu sur Terre et nous comprend. Il nous a montré comment vivre une vie droite. Il peut nous aider à construire une relation intime avec son Père et le Saint-Esprit.

Dans mon cas, cette prière a été une expérience extraordinaire, qui m'a instantanément et complètement changé. Mon état vide et perdu a été rempli de tant d'amour que je n'ai pas pu le contenir. En même temps, j'ai ressenti ce genre d'amour pour toute l'humanité. J'avais envie de serrer tout le monde dans mes bras et de leur montrer l'amour de Dieu, ce qui m'est resté jusqu'à aujourd'hui !

Je tiens cependant à souligner que si certaines personnes, après avoir dit une telle prière, ressentent un amour débordant, comme Lenka et moi, d'autres en ressentent moins ou rien. Nous ne devrions pas mesurer notre proximité avec Dieu à l'aune de nos sentiments. Dans la dernière moitié de sa vie, Mère Teresa s'est *sentie* éloignée de Dieu, mais elle a quand même continué à faire son travail héroïque, car elle savait que c'était la volonté de Dieu pour elle, et Dieu lui a donné la grâce, la force et la joie dans sa tâche [Réf. 97].

Lorsque vous Lui demandez sincèrement de venir dans votre vie, vous pouvez être sûr qu'Il viendra et vous permettra de faire l'expérience de Son amour et d'avoir plus d'amour pour les autres.

Au cours des 51 années de ma vie de croyant, des milliers de personnes ont eu des expériences similaires après que j'ai partagé cette prière avec elles – des athées comme des adeptes de nombreuses autres religions. Tout le monde peut la faire. Il n'y a aucune exigence. C'est très simple. Vous pouvez l'essayer. Si vous voulez être rempli de cet amour, vous pouvez simplement dire la prière mentionnée ci-dessus. Vous ne pouvez rien y perdre, vous ne pouvez qu'y gagner.

Si vous n'êtes pas prêt à vous connecter à Dieu maintenant, restez simplement ouvert d'esprit. Vous Le trouverez peut-être plus tard ou par d'autres moyens. Cela m'a pris pas mal de temps aussi. Si vous voulez apprendre à Le connaître et à vous connecter à Lui, vous finirez par y parvenir.

La vie de nombreuses personnes issues de milieux athées ou religieux a merveilleusement changé après qu'elles ont appris à connaître Dieu personnellement et ont été touchées par Son Esprit. Voici quelques exemples :

L'ancien journaliste et auteur Lee Strobel raconte l'histoire fascinante de la façon dont il a, en tant qu'athée convaincu, trouvé Dieu [Réf. 98]. Mme Vani Marshall, qui a grandi en tant qu'hindoue, raconte ce qui lui est arrivé lorsqu'elle a cherché Dieu pour être guérie d'une maladie inexplicable [Réf. 99]. Pour ceux qui s'intéressent à des changements de vie aussi radicaux, voici un excellent site Web [Réf. 100] avec d'autres rapports inspirants.

Une fois que vous avez fait l'expérience de l'amour de Dieu, vous pouvez le partager avec les autres et voir les choses les plus étonnantes se produire. Plus vous donnez d'amour, plus vous en recevrez en retour. Il s'agit d'une force spirituelle qui apporte joie et épanouissement. C'est ce qui nous a permis de nous engager sur une nouvelle voie – d'abord dans notre propre vie, puis dans notre entourage et, petit à petit, dans un cercle toujours grandissant.

En montrant de l'amour à nos familles, à nos amis, à nos voisins et aux inconnus, nous convaincrons d'autres personnes à vivre de cette façon et nous créerons un cercle qui ne cessera de s'agrandir.

Nous n'avons pas besoin d'attendre que les choses changent au sommet. Nous pouvons commencer par le bas – un cœur à la fois, jusqu'à ce qu'il atteigne finalement certaines personnes au sommet. Si chacun d'entre nous peut convaincre une seule personne d'adopter ce mode de vie tous les six mois, et que chacune de ces personnes en convainc une autre tous les six mois, en peu de temps, tout le monde vivra de cette façon.

En commençant par une seule personne :

- En 5 ans, 1 024 personnes agiraient avec amour, soit tout un village !
- En 10 ans, 1 048 576 personnes agiraient avec amour ; c'est une grande ville !
- En 15 ans, 1 073 741 824 personnes feraient preuve d'amour envers leurs voisins ; c'est la taille d'un continent !
- En seulement 16 ½ ans, 8 589 934 592 personnes, soit plus que la population mondiale actuelle, seraient à l'unisson, à s'aimer les uns les autres !

Je sais que c'est un grand rêve, mais il démontre à quelle vitesse le monde pourrait changer si chacun faisait de son mieux pour agir avec amour et convaincre les autres de vivre de cette façon.

Il n'existe aucune difficulté qu'un amour suffisant ne puisse vaincre ; ... aucune porte qu'un amour suffisant ne puisse ouvrir ; aucun fossé qu'un amour suffisant ne puisse combler ; aucun mur qu'un amour suffisant ne puisse abattre ; aucun péché qu'un amour suffisant ne puisse racheter. ... Peu importe la profondeur du problème, le caractère désespéré de la perspective, la complexité de l'enchevêtrement, l'importance de l'erreur. Une mise en pratique suffisante de l'amour résoudra tout. – Emmet Fox (1886 – 1951)

En résumé

Ce livre est un défi pour nous tous, y compris moi-même ! J'espère qu'il aidera chacun à recevoir et à transmettre plus d'amour, afin que notre monde puisse devenir plus aimant.

Si nous travaillons ensemble, même avec des personnes qui pensent différemment de nous, et que nous nous unissons autour de l'objectif commun de changer le monde par des actes d'amour, nous pouvons empêcher les guerres, la pollution et les déchets de toutes sortes, et soutenir les pauvres et les nécessiteux. Soyons réalistes, le monde a suffisamment de nourriture, de terres et d'argent pour tous – ce qui nous manque, c'est suffisamment d'amour pour les partager.

Si vous avez des commentaires ou des questions sur ce livre, vous pouvez me joindre via le formulaire de contact sur le site Web du livre : **www.w-p-schmidt.com/contact**